现代企业经营管理概论

（第二版）

袁 蔚　方青云　杨 青　主编

复旦大学出版社

内 容 提 要

现代企业经营管理是一门比较综合性的微观管理学科,它以一种比较创新的理念来诠释现代企业经营管理的基本内涵,将传统的管理方法和手段为现代企业所用,为现代企业的有效经营管理提供了理论工具和运作方法。

在当代,企业管理的内涵已经发生了一些本质的变化,市场经济的深入发展,对现代企业在经营管理中提出了一些更为现实的课题。现代企业如何通过有效的经营管理,既达到企业目标又体现社会效益是一个非常现实的问题,它关系到企业的生存与发展。

本书用一个比较新颖的构架来体现现代企业经营管理的内容,主要包含了现代企业经营管理的基本内涵、现代企业经营决策与计划、现代企业产品创新与开发、现代企业物流管理、现代企业销售管理、现代企业跨国经营管理、现代企业经营成果控制与分析以及管理中的伦理问题等内容。本书内容精练,结构严谨,每一章都以案例作为引导,开展对相关问题的探讨,结尾都有复习与思考的内容,具有较强的实践指导性。

本书既可作为高等院校经济类和管理类各专业的教学用书,也可作为现代企业经营管理人员的参考读本。

目 录

第一章 现代企业概述 …………………………………………… 1
第一节 现代企业含义与特征 ………………………………… 3
第二节 现代企业类型与组织结构 …………………………… 5
第三节 现代企业制度 ………………………………………… 12

第二章 现代企业经营环境与经营决策 ………………………… 20
第一节 企业经营环境分析 …………………………………… 22
第二节 企业基本竞争战略 …………………………………… 31
第三节 现代企业经营决策 …………………………………… 36

第三章 现代企业经营计划 ……………………………………… 54
第一节 经营计划概述 ………………………………………… 56
第二节 经营计划的编制 ……………………………………… 61
第三节 经营计划编制方法 …………………………………… 67
第四节 经营计划的控制 ……………………………………… 71

第四章 现代企业产品创新与开发 ……………………………… 74
第一节 产品创新概述 ………………………………………… 77
第二节 产品开发与管理 ……………………………………… 83
第三节 产品创新与开发的能力构建 ………………………… 102

第五章 现代企业物流管理 …… 108
第一节 物流与物流管理 …… 111
第二节 现代企业物流 …… 118
第三节 企业物流现代化 …… 136

第六章 现代企业销售管理 …… 145
第一节 销售管理概述 …… 146
第二节 销售人员管理 …… 155
第三节 销售技巧 …… 166
第四节 客户关系管理 …… 173

第七章 现代企业跨国经营管理 …… 190
第一节 跨国经营概述 …… 192
第二节 跨国经营形式 …… 200
第三节 跨国经营管理 …… 211

第八章 现代企业经营成果控制与分析 …… 223
第一节 企业利润与影响因素 …… 224
第二节 利润的控制与分配 …… 228
第三节 企业诊断与经济效益评价 …… 231

第九章 现代企业管理中的伦理问题 …… 241
第一节 企业与员工关系中的伦理 …… 243
第二节 企业与消费者关系中的伦理 …… 249
第三节 企业与环境关系中的伦理 …… 258

参考文献 …… 264

第一章 现代企业概述

 学习目标

完成本章学习后,你应该能够:
- 理解现代企业的含义与特征
- 了解现代企业的类型
- 掌握现代企业的组织结构
- 理解现代企业制度的内涵与特征
- 理解现代企业制度的内容

 **引导案例**

疯狂扩张的代价

中联公司成立于1992年,是经国务院批准注册的国有大公司,注册资金6亿元人民币。

公司组建伊始,高层领导不是按规律经营,客观地分析内外环境,慎重地选择主业,制定正确的战略,脚踏实地打好公司发展的基础,而是四处"招兵买马",急速扩大规模。他们在全国各地迅速地注册公司,短短一年时间之内,注册二级公司20多个,三级公司50多个,四级公司更是遍布全国。在注册资金不到位、资金不足的情况下,本应采取重点战略，以求在部分项目上取得突破，打下基础后再进行扩张，然而，该公司却采取分散兵力、盲目扩张的方式，对其下属的子公司，既没有正确有力的经营战略指导，又没有有效的控制机制，结果，这些公司经营不力，与总公司的关系也极为不正常。挣钱的公司失去控制，不挣钱的公司却围着总公司，要贷款、要担保；欠了债、惹了官司的公司，把官司推给总公司，致使总公司的财务部曾在一年之内被法院封了三次。由于盲目扩张，致使公司从1994年开始，资金周转困难，债台高筑，对下属公司的管理失控，陷入了全面危机。

几年过去了，偌大的一个公司，竟没有像样的主业支撑，没有知名的品牌挑台，再加上内部管理的混乱，注定难逃失败的厄运。

于是，国务院及主管部门下令该公司内部整顿，收缩战线，确定主导产业。但是已病入膏肓的中联公司已无力自救，1997年，国务院不得不派驻工作组，对该公司进行全面清理整顿。一个曾红极一时的国有大公司就这样倒下了。

现代企业是一个具有丰富内涵的经济组织，对它的本质特征以及带有发展性的展望有所了解，有助于我们从真正意义上认识现代企业，有助于我们更好地对现代企业进行有效的管理。本章主要对现代企业的基本概念与基本原理作一介绍。

第一节 现代企业含义与特征

具备何种特质与内涵的组织称得上是现代企业？作为现代企业又有哪些类型？这是我们开宗明义必须掌握的内容。只有在掌握这些基本内容的基础上才能学好现代企业的职能性内容。

一、现代企业含义

现代企业，是指以营利为目的，为满足社会需要，依法从事商品生产、流通和服务等经济活动，实行自主经营、自负盈亏、自我约束、自我发展的法人实体和市场竞争主体。

现代企业可以分为两类：工业企业和商业企业。

工业企业是从事工业性生产的经济组织，为社会提供所需要的产品并从中获利。商业企业是从事商业性服务的经济实体，它以营利为目的，直接或间接地向社会提供货物或劳务，满足顾客需要。

企业是人类经济活动发展到一定历史阶段的产物，是社会生产力发展到一定水平的产物。企业是社会经济的基本单位，它的概念包括以下四方面的含义。

1. 企业是经济实体

企业不同于政府部门和事业单位，它必须追求经济效益，获得盈利。盈利是企业创造附加价值的重要组成部分，也是社会对企业所生产的产品和服务满足社会需要的认可和报酬。

2. 企业必须具备独立的市场地位

企业能够根据市场需要，独立自主地使用和支配其所拥有的资源，并能够对其经济结果独立地享有相应的权益并承担相应的责任。自主经营必须自负盈亏，自负盈亏制约自主经营。

3. 企业必须承担社会责任

企业要满足社会的需要，不仅是满足消费者的需要，而且还应满足包括出资者、银行、职工、供应商、客户、政府、地区以及一切与企业相关的社会团体的需要。同时，企业还应为社会提供就业机会，要防止环境污染、维护生态平衡、节约资源等。

4. 企业必须具有法人资格

企业是依法成立、具有民事权利能力和民事行为能力、独立享有民事权利并承担民事义务的组织，它必须拥有自己独立支配和管理的财产，有专门的组织名称、固定的经营场所和一定的从业人员，有一定的组织机构和组织章程等。

二、现代企业的特征

从生产力角度观察，现代企业主要有以下特征。

1. 经济性特征

经济性是指企业是一个经济实体,拥有一定的资源条件和从事生产经营的人员开展生产经营和服务等经济活动。经济性特征表明企业是国民经济的细胞和微观经济基础,是创造社会财富、满足人们物质文化需要的最基本的经济单位,是构成社会生产力的基础。在现代商品经济条件下,没有企业就没有社会经济活动。

2. 营利性特征

营利性是指企业进行社会经济活动的目的是获得利润。追求经济效益是企业一切活动的中心。企业获得利润既是企业扩大再生产和提高职工生活水平的需要,也是国家财政收入的重要保证。营利性特征是企业区别于事业单位、公益部门和政府机关等组织的最明显的标志。

3. 相对独立性特征

相对独立性是指企业主要以市场需求为准绳,较少受政府的直接干预,拥有相对独立的生产经营自主权,有权自主支配资源,独立核算,自负盈亏。没有生产经营自主权的企业就不是完整意义上的企业。

4. 社会性特征

社会性特征是指企业作为国民经济的细胞,它的生产经营活动关联到社会的方方面面,企业依赖于社会、服务于社会,并对社会承担一定的义务和责任。因为企业生存与发展的环境是社会,企业效益只有通过为社会提供满意的商品和服务才能获得;企业只有通过与其相关的社会团体的有效合作才能得以维持。

5. 法定性特征

法定性特征是指企业在法律上具有"法人"资格,即具有一定的组织机构和法定财产权,能以自己的名义进行民事活动,享有法律规定的权利,履行法律规定的义务。

现代企业的这些特征完全区别于事业组织和慈善机构组织。

第二节　现代企业类型与组织结构

现代企业的组织类型可以根据不同的划分标准加以分类,目的是针对不同类型的组织实施有效管理。

一、企业的类型

根据不同的划分标准,现代企业可以分为以下不同类型。

(一) 按照企业组织形式分类

现代企业按其组织形式一般可以分为单一企业、多元企业、经济联合体和企业集团。

1. 单一企业

单一企业指一厂一店的企业。这类企业的经营领域往往比较专业,比较单一,但也必须承担财产责任和经营责任,独立核算,自负盈亏。

2. 多元企业

多元企业是指由两个以上不具备法人资格的工厂或商店组成的企业,它是按照专业化、联合化以及经济合理的原则由若干个分散的工厂或商店所组成的经济法人组织。如由两个以上分公司组建的公司、由一些分店组成的连锁企业等。

3. 经济联合体

经济联合体是指经济组织之间按照一定的章程或协议,在生产、技术、科研和贸易等领域的经济合作。经济联合体是指由两个以上的企业在自愿互利的基础上,打破所有制、行业、部门和地区的界限,本着专业化协作和合理分工的原则,进行部分和全部统一经营管理所形成的经济实体。它是一个具有法人资格的经济组织,主要形式有专业公司、联合公司、总公司和各类合资经营企业。

4. 企业集团

企业集团是企业联合组织中最成熟、最紧密和最稳定的企业运作模式,是由两个或两个以上的企业以资产为纽带而形成的有层次的企业联合组织,其中的成员企业都是相对独立的企业法人。其特点是规模大型化、经营多元化、资产纽带化。

企业集团一般分为四个层次:第一层为核心层,通常由一个或几个大公司构成,如集团公司、商业银行、综合商社等,它们对集团中其他成员企业有控股或参股行为;第二层为紧密层,它一般由核心层的控股子公司构成;第三层为半紧密层,它由紧密层的子公司或核心层的参股公司构成;第四层为松散层,主要由与前三层的企业有协作或经营关系的企业构成,彼此之间不是资产纽带关系,但可以有资金融通关系。

(二) 按照企业规模分类

按照企业规模分类,一般是按照企业的年销售额、生产能力、资产总额、员工人数等指标来进行划分的,可以分为大型企业、中型企业、小型企业和微型企业。我国政府统计大、中、小型企业划分标准如表1-1所示。

表1-1 大中小型企业的分类

行业名称	指标名称	大型	中型	小型
工业企业	从业人员数/人 销售额/万元 资产总额/万元	2 000 及以上 30 000 及以上 40 000 及以上	300—2 000 3 000—30 000 4 000—40 000	300 以下 3 000 以下 4 000 以下
建筑业	从业人员数/人 销售额/万元 资产总额/万元	3 000 及以上 30 000 及以上 40 000 及以上	600—3 000 3 000—30 000 4 000—40 000	600 以下 3 000 以下 4 000 以下
批发业	从业人员数/人 销售额/万元	200 及以上 30 000 及以上	100—200 3 000—30 000	100 以下 3 000 以下
零售业	从业人员数/人 销售额/万元	500 及以上 15 000 及以上	100—500 1 000—15 000	100 以下 1 000 以下
交通运输业	从业人员数/人 销售额/万元	3 000 及以上 30 000 及以上	500—3 000 3 000—30 000	500 以下 3 000 以下

同时,工业与信息化部、国家统计局、发展改革委、财政部于2011年7月4日发布《中小企业划型标准规定》,根据企业从业人员、营业收

第一章　现代企业概述

入、资产总额等指标,并结合行业特点,将中小企业的类型划分为中型、小型、微型三种,并明确给出了各行业的三种类型标准。

此次规定的工业微型企业,是以从业人员20人以下,或年营业收入300万元以下为定型依据的。

(三)按照企业所有制关系分类

按照企业所有制关系,企业可以分为以下六类。

1. 国有企业

我国的国有企业是生产资料归全民所有,并且代表全民的国家作为所有者的一种企业形式。它的基本特点是:国家作为全体人民的代表拥有企业的财产所有权。国有企业规模较大,技术设备较先进,技术力量强,是我国国民经济的主导力量,也是我国社会主义经济的决定性因素。

2. 集体所有制企业

集体所有制企业是生产资料归群众集体所有的一种企业形式。集体所有制是社会主义公有制的重要组成部分。我国集体所有制企业存在着多种具体形式。农村有生产、供销、信用、消费等各种合作经济组织、股份合作经济组织和股份经济组织,从事农、林、牧、副、渔生产和工业、建筑业、运输业以及其他服务型劳动生产经营活动;城镇主要有手工业合作社或股份合作社、合作或股份合作工厂、街道工业生产或生活服务组织以及机关、学校、部队等单位举办的集体经济组织等。乡镇企业是集体所有制的典型代表。

集体所有制企业的特点有:(1)生产资料归集体所有;(2)坚持自愿结合、自筹资金、自负盈亏的原则,具有较大的经营管理自主权;(3)实行民主管理,企业干部由企业全体成员民主选举或罢免。

3. 个体私营企业

个体私营企业是指生产资料归私人所有,主要依靠雇工从事生产经营活动的企业。在我国现阶段,私营企业的产生和存在是由当前生产力发展水平决定的,是国家政策法令所允许的,它是我国社会主义经济的重要组成部分。目前我国私营企业一般有三种形式:独资企业、合伙企业、有限责任公司。

4. 中外合资经营企业

中外合资经营企业,是把国外资金引入国内,同国内企业合股经营的一种特殊形式的企业。这种企业的特点是共同投资、共同经营、共负盈亏、共担风险。

5. 中外合作经营企业

中外合作经营企业是由中外双方根据平等互利的原则建立的契约式经营企业。中外双方的权利、义务、责任,由共同签订的合同、协议加以确定,而不是根据出资额来确定,合作经营一般由中方提供场地、厂房、设备、设施和劳动力等,由外方合作者提供资金、技术、主要设备、材料等,合作双方根据商定的合作条件,进行合作项目或其他经济活动,确定产品分成、收入分成或利润分成比例。

6. 外资企业

外资企业是指除土地外,全部由外方投资经营的企业,其全部资本都是外国资本,企业所有权、经营权及利润全部归外方投资者所有,但这种外国资本企业,必须遵守我国有关政策和法律,并依法缴纳税金。

(四)按照企业内部生产力要素所占比重分类

按照企业内部生产力各要素所占比重,企业可分为以下三类。

1. 劳动密集型企业

它是指使用劳动力较多,技术装备程度低,产品成本中活劳动消耗所占比重大的企业。如纺织、服装、日用五金、饮食、儿童玩具等企业多属于劳动密集型企业。

2. 资本密集型企业

它是指原材料成本较高,或产品生产技术复杂,所需技术装备水平较高,生产单位产品所需投资较多,使用劳动力较少的企业。它一般具有劳动生产率高、物质和劳动消耗少、竞争能力强等优点。如钢铁企业、重型机械企业、汽车制造企业、石油化工企业等通常属于资本密集型企业。

3. 技术密集型企业

它是指运用现代化、自动化等先进的科学技术装备较多的企业。例如计算机企业、电脑软件企业、飞机制造企业、技术咨询管理企业等。

有的技术密集型企业需要较多具有较高程度科学技术知识和能力的科技人员从事科研与生产经营,因此也被称为知识密集型企业。

(五)按照企业财产组织形式分类

1. 有限责任公司

有限责任公司由一个以上五十个以下股东共同出资设立。股东以其出资额为限对公司承担责任,公司以其全部资产对公司的债务承担责任。

有限责任公司不对外公开发行股票,股东的出资额由股东协商确定,股东之间并不要求等额。股东拥有的股权证书不能自由流通,如若转让,须在其他股东同意的条件下才能进行,并要优先转让给公司原有股东。

这种企业组织形式设立程序比较简单,不必发布公告,也不必公开账目,尤其是公司的资产债务表一般不公开,公司内部机构设置灵活。但是不利的一面是,由于不能公开发行股票,筹集资金的范畴和规模一般较小,难以适应大规模生产经营活动的需要。

有限责任公司一般适用于中小企业。

2. 股份有限公司

股份有限公司的全部资本分为等额股份,股东以其所持股份对公司承担责任,公司以其全部资产对公司的债务承担责任。上市公司通过发行股票来募集资金。

这种企业组织形式筹资能力强,可以广泛吸收社会闲散资本集中使用,有效分散投资风险。公司所有权与经营权的分离使股东个人的变故不会影响公司的长期存在与发展。股份有限公司的弱点有:设立程序比较复杂;定期公布财务报表导致保密性差;少数大股东可以操纵公司;股东流动性较大等。

在市场经济国家,大中型企业通常采用股份有限公司形式。

3. 股份合作制企业

股份合作制企业是指企业全部资本划分为等额股份,主要由员工股份构成,员工股东共同劳动、民主管理、利益共享、风险共担,依法设立的法人经济组织。

股份合作制企业享有全部法人财产权,以其全部财产对企业承担责任;股东以其出资额为限,对企业承担责任。企业实行入股自愿、民主管理、按股分红相结合的投资管理原则。股份合作制企业是股份制和合作制的结合,具有股份制和合作制的双重特征,是一种新型的企业组织形式。股份合作制企业的法律特征如下:

(1) 入股自愿。参加股份合作制企业的成员,可以按照自己的意愿决定是否入股,所投入股份可以转让,在特定情况下可以退出。允许退股是股份合作制与一般股份制的不同之处。

(2) 劳动联合与资本联合相结合。股份合作制企业的员工,一般来说既是企业的劳动者,又是企业财产的出资者,具有双重身份。员工的这种双重身份,能有效地促使员工认真负责地积极工作。

(3) 收益分配实行按劳分配与按股分红相结合。股份合作制企业的收益分配,不仅以入股的份额为标准,而且也以劳动者所提供的劳动为标准进行分配;股份合作制企业还有共同股份及其积累,用于集体福利。留有公股积累,是具有合作经济性质的特征表现。

二、企业组织结构

企业组织结构是指构成企业管理组织各要素的排列组合方式,也就是组织中各部门以及各层次之间所建立的一种人与事、人与人的相互关系,它是管理者实现组织目标的手段。

常见的组织结构类型有以下五种。

(一) 直线制

这是工业发展初期的一种比较简单的组织结构,它是指企业管理权力由最高管理者经过下级管理人员直到组织最基层执行人,以垂直方式传递、流动的组织结构。

这种组织结构的优点是结构简单,责权集中,指挥灵活,管理费用低;缺点是企业缺乏必要的横向协调与沟通,管理者的任务繁重,对管理者素质与技巧要求高。

直线制适用于规模小、生产技术比较简单的小企业。

(二) 直线-职能制

直线-职能制是指在企业内设置两套系统：一套是按命令统一原则组织的指挥系统；另一套是按专业化原则组织的职能系统。职能机构和人员是直线指挥系统的参谋，不能直接对部门发号施令，只能进行业务指导。

这种组织结构的优点是集中领导，统一指挥，职责清晰，灵活性强，能发挥专业管理的作用；缺点是协调困难，信息反馈迟缓，办事效率低。

这是一种在直线制和职能制基础上取长补短建立起来的组织结构，大多数企业都采用这种组织结构。

(三) 事业部制

事业部制是指企业按产品或地区分成各个事业部，从产品设计、原料采购、生产制造、产品销售直至售后服务，完全由事业部负责的一种组织结构形式。可以分为产品事业部和区域事业部两大类。当事业部过多时，可组成超事业部组织结构。

这种组织结构具有三个基本要素：相对独立的市场、相对独立的利益和相对独立的自主权。

这种组织结构的优点是减轻了经营者的负担，责权利明确，能充分发挥各职能机构和事业部的作用；缺点是追求眼前利益，机构臃肿，整体协调性差。

它适用于规模庞大、品种繁多、技术复杂的大型企业。

(四) 矩阵制

矩阵制是指为了完成综合性任务而设立的实行双重领导的组织结构，即既有按职能划分的垂直领导系统，又有按产品(项目)划分的横向领导关系的结构。一般情况下，按项目划分的部门工作人员是从各职能部门抽调组成的，组成后由项目经理领导，项目完成后，这些人员回到原来各自的职能部门。

这种组织结构的优点是灵活机动，任务清楚，能充分发挥专家所长，职能部门与技术部门容易沟通；缺点是双重领导容易产生矛盾，组织稳定性差。

它适用于一些重大攻关项目，一些涉及面广、临时性的、复杂的重大工程项目或管理改革任务,特别适用于以开发与实验项目为主的单位。

(五) 网络型结构

网络型组织结构是一种很精干的中心机构,以契约关系的建立和维持为基础,依靠外部机构进行制造、销售或其他重要业务经营活动的组织结构形式。被联结在这一结构中的各经营单位之间并没有正式的资本所有关系和行政隶属关系,只是通过相对松散的契约(正式的协议契约书)纽带,透过一种互惠互利、相互协作、相互信任和支持的机制来进行密切的合作。

采用网络型结构的组织,所做的就是通过公司内联网和公司外互联网,创设一个物理和契约"关系"网络,与独立的制造商、销售代理商及其他机构达成长期协作协议,使它们按照契约要求执行相应的生产经营功能。由于网络型企业组织的大部分活动都是外包、外协的,因此,公司的管理机构就只是一个精干的经理班子,负责监管公司内部开展的活动,同时协调和控制与外部协作机构之间的关系。

第三节 现代企业制度

现代企业制度是从本质上来界定企业制度的,它是社会经济发展和企业自身发展的制度保障,现代企业制度从根本上解决了企业在财产所有权与经营权上的混淆,从制度上保证了财产所有者与经营者的利益,它是现代企业发展的制度保障。

一、现代企业制度含义与特征

(一) 现代企业制度的含义

现代企业制度是指适合现代市场经济体制,以完善企业法人制度为基础,以有限责任制度为保证,以公司企业为主要形态,以产权清晰、权责分明、政企分开、管理科学为特征的新型企业制度。

给现代企业制度下定义,需要特别把握好四个基本点:

一是从生产关系的角度看,现代企业制度对应的是市场经济;

二是从生产力的角度看,现代企业制度对应的是社会化大生产;

三是从法律的角度看,现代企业制度对应的是企业法人制度;

四是从产权的角度看,现代企业制度对应的是有限责任制度。

因此,现代企业制度是指以市场经济为前提,以规范和完善的企业法人制度为主体,以有限责任制度为核心,适应社会化大生产要求的一整套科学的企业组织制度和管理制度。

(二) 现代企业制度的核心内容

现代企业制度的核心内容包括:(1)规范和完善的企业法人制度;(2)严格而清晰的有限责任制度;(3)科学的企业组织制度;(4)科学的企业管理制度;(5)它的运行环境是市场经济体制;(6)它的生产技术条件是社会化大生产。

(三) 现代企业制度的特征

现代企业制度具有其自身的基本特征,具体如下所述。

1. 产权明晰

产权明晰是指以法律形式明确企业出资者与企业财产的关系,尤其要明确国有资产的直接出资主体。产权明晰主要表现在实现了出资者所有权与企业法人财产权的有效分离。企业资产的所有权属于出资者,出资者享有所有者权益。企业拥有出资者投资形成的全部法人财产权,成为享有民主权利、承担民事责任的法人实体。企业以其全部法人财产依法自主经营、自负盈亏,并对出资者承担资产保值增值的责任。

产权制度的建立,实现了谁出资谁受益,使我国的企业政策大大推进了一步。国有资产所有权与企业法人财产权的分离,是中国走向市场经济的一大突破,是现代企业制度的一个核心特征。

2. 权责明确

现代企业制度下企业的权利是指企业能够做什么,即企业运用其全部法人财产可以依法自主经营、独立核算、自负盈亏、自我发展,具有独立的法人地位。企业的责任是指企业应该履行的义务,即对国家照章纳税,对出资者保值增值。企业的权利与责任的关系是统一的。

我国现代企业制度中,企业的责任制是一种有限责任,即企业以它的全部法人财产为限,对其债务承担有限责任,这种有限责任是出资者实现自我保护的有效形式。

在现代企业制度下,所有者与企业的关系演变成了出资者与企业法人之间的关系,即股东与公司的关系。这种关系与其他企业制度下所有者与企业之间关系的主要区别在于以下四点。

(1) 出资者投入企业的财产与他们的其他财产严格分开,边界十分清楚。出资者将财产投入企业后便成为企业的股东,对企业拥有相应的权利,包括参加股东大会和行使股东大会赋予的权利、按照股本取得相应收益的权利、转让股权的权利等。企业依法成立后,对股东投入企业的资产及其增值拥有法人财产权,即对财产拥有占有、使用、收益和处置权利。

(2) 出资者仅仅以投入到企业的那部分资产对企业的经营承担责任,企业以其全部资产对债权人承担有限责任。

(3) 存在所有权与经营权分离的状况。资产所有者将其资本交给具有经营管理知识与能力的专家经营,而这些专家不一定是股东,或者不是企业的主要股东和大股东,他们只是受股东委托,或者是作为职业经理人来经营管理企业,或者作为股东代表来经营管理企业。

(4) 企业享有全部法人财产并享有依法自主经营、自负盈亏的权利,同时要对出资者负责,承担资产保值增值的责任。

3. 政企分开

政企分开是指企业的政企职责分开。即在理顺产权关系的基础上,实行企业与政府职能的分开,建立企业与政府之间适应市场经济体制的新型的政企关系。

现代企业制度下政府与企业的关系表现为:政府依法管理企业,政府与企业之间的关系体现为法律关系;企业依法经营,不受政府部门直接的行政干预,政府不再直接对企业的生产经营活动发号施令,而是通过经济手段、法律手段对企业宏观调节、引导、服务和监督,以保持宏观经济总量的大体平衡和促进经济结构的优化,保证公平竞争,使市场机制发挥正常的作用,健全社会保障体系,维护社会稳定。

政企分开主要表现在：

（1）把政府的社会管理职能与国有资产所有权职能分开；

（2）把政府的行政管理职能与企业的经营管理职能分开，取消企业与政府之间的行政隶属关系和企业的行政级别，政府不再参与企业的经营管理活动，企业也不再依赖政府。

在现代企业制度下，企业是自主经营的独立法人实体，并以营利为目的。同时，企业也是市场活动的主体，必须按照价值规律和市场要求组织生产与经营，在市场竞争中优胜劣汰。因此，政府与企业在组织上、职能上都是严格分开的，不能以政代企或以企代政。

4．管理科学

管理科学主要体现为企业组织制度科学与现代企业管理制度科学两个方面。

科学的组织制度所设计的一套完整而科学的法人治理结构，使企业的权力机构、监督机构、决策机构和执行机构职责分明，并相互约束。根据这一原则建立的股东大会、董事会、监事会和管理层机构，各司其职、权责明确，分别行使决策权、监督权和执行权，使所有者、经营者和劳动者的积极性都得到调动，行为受到约束，利益得到保障。

现代企业管理制度包括了企业用工制度、工资制度、财会制度、机构设置等一系列的制度。

在现代企业制度下，企业管理既体现社会化大生产的客观要求，又体现市场经济的客观要求，管理者的素质较高，管理组织的结构合理，管理制度健全，管理方法科学，管理手段先进，这些都能极大限度地调动企业员工的积极性，提高工作效率和生产效率。

二、现代企业制度内容

（一）现代企业产权制度

产权制度是对财产权利在经济活动中表现出来的各种权能加以分解和规范的法律制度，它是以产权为依据，对各种经济主体在产权关系中的权利、责任和义务进行合理有效地组合的制度安排。

企业出资人对其投入的资产享有最终所有权，而企业则对出资者投入到企业的资产整体享有法人财产权。出资者的最终所有权随着它的股东化而丧失了诸如占有权、使用权、收益权和处置权等权利,剩下的是作为股东依法享有的资产收益、选择管理者、参与重大决策以及转让股权等权利。而法人企业则享有对出资者投入资本而形成的资产的占有权、使用权、处置权与收益权。当然,企业作为一个整体,它要对出资者负资产保值增值的责任。因此,通过产权制度实现了对所有者和使用者的产权分割和权益界定,使产权明晰化,从而使资源的优化配置得以实现,这也是现代企业制度的核心内容。

(二) 现代企业法人制度

建立现代企业制度,必须完善我国的企业法人制度。法人制度就是通过赋予企业或有关组织在法律上的独立的人格,使其独立承担民事责任、享有民事权利,也包括赋予企业法人地位的各项法律及规定。

现代企业法人制度实现了最终所有权与法人财产权的分离,实行现代企业法人制度是企业具有有限责任的前提。

企业法人的设立必须有出资者,且出资者向企业提供不低于法定限额的注册资本,这些资本一旦注入企业,就不能随意撤出企业。企业法人必须有自己的法人财产、组织机构、章程、法定代表人。企业取得了法人资格,就建立了自己独立的信用,可以对外负债,同时要承担债务责任。

(三) 现代企业组织制度

公司企业在市场经济的发展中,已经形成了一套完整的组织制度。最明显的特征是:所有者、经营者和生产者之间通过公司的权力机构、决策和管理机构、监督机构形成各自独立、权责分明、相互制约的关系,并通过法律和公司章程得以确立和实现。

公司的组织结构一般为:股东大会是公司最高的权力机构,有权选举和罢免董事会和监事会成员,制定和修改公司章程,审议和批准公司的财务预决算、投资以及收益分配等重大事项;董事会是公司的经营决策机构,其职责是执行股东大会的决议,决定公司的生产经营决策和任免公司总经理等;监事会是公司的监督机构,由股东和职工代表按一定比例组成,对股东大会负责;公司的总经理负责公司的日常经营管理活动,对公司的生产经营进行全面的领导,并对董事会负责。

现代企业组织制度具有的特征包括集体决策、经理负责执行、独立监督等。这种科学的公司治理结构在股东大会、董事会和经理人员之间形成了责权利分明的管理体系。

(四) 现代企业管理制度

现代企业管理制度的重点是从企业的机构设置、用工制度、工资制度和财务会计制度等方面入手,建立严格的责任制体系。

1. 企业机构的设置

企业机构的设置应该根据生产经营的特点和市场竞争的需要,按照职责明确、结构合理、人员精干、权利与责任对等原则,由企业自主决定机构的设置。要重点强化开发、质量、营销、财务、服务和信息等管理系统,提高决策水平、企业素质与经济效益。大型企业与企业集团可以根据自身的情况,逐步形成投资中心、利润中心和成本中心的管理体系格局。

2. 建立现代用工制度

企业依法享有用工自主权,劳动者依法享有择业自主权,使劳动合同成为确立和调整劳动关系的基本方式。企业和劳动者之间的劳动关系以双方平等自愿签订劳动合同的方式建立,以合同作为保障双方合法权益的依据。消除企业内干部与工人之间、不同用工形式之间、不同所有制企业之间的职工身份界限,进一步完善社会保障体系和劳动力市场,形成用人单位和劳动者双向选择、合理流动的就业机制。

3. 建立现代企业工资制度

企业自主分配,使劳动力市场的供求状况对工资水平起基础性作用。经营者的收入与资产的保值增值以及企业的利润相联系,职工的收入根据其劳动技能和实际劳动贡献来确定,真正贯彻按劳分配,充分发挥工资的激励作用,使职工工资货币化、规范化。

4. 建立现代企业财务会计制度

建立与国际接轨的企业财务会计制度,改变按不同所有制、不同组织形式、不同经营形式分别确定企业财务会计制度的做法,强化企业内部财务管理,完善企业审计制度,通过内部审计和社会审计力量形成对企业的审计监督制度。

5. 企业文化建设与职工队伍建设

要全面提高企业素质,企业文化建设与职工队伍建设是非常关键的内容,它以软件的形式影响现代企业制度的正常运行。当形成一定的企业文化氛围后,职工的价值认同趋于一致,由此,现代企业制度的推行与落实便有了很好的环境。

三、建立现代企业制度的配套措施

(一)健全法律制度

市场经济中经济主体之间的契约化、经济主体的多元化、经济活动的自主化、公平竞争的有序化、宏观调控的间接化以及经济管理的制度化,都必须通过系统、完备、成熟的法律制度来调节、制约和规范。因此,市场经济的发展,现代企业制度的建立,必须要有健全的法律制度作保障。这些法律制度包括:

确立市场主体的法律制度,如《企业法》《公司法》等;确立市场运行规则的法律制度,如《破产法》《反垄断法》《反不正当竞争法》等;确立宏观调控机制的法律制度,如《投资法》《预算法》《信贷法》《银行法》《税法》等;确立社会保障方面的法律制度,如《社会保障法》《公共安全法》《教育法》《就业法》《保险法》《未成年人保护法》《社会救济法》《残疾人保护法》等;特定的经济行为立法有《国有资产投资法》《专利法》《市场管理法》《合同法》《技术转让法》《商标法》《产品质量法》《计量法》等。

十届人大五次会议又有新的法律制度出台,比如《劳动合同法》等,同时对明显与社会经济发展要求不相适应的法律法规加以修正,更好地健全了法律法规制度,为社会经济发展提供了更有力的保障。

(二)建立社会保障体系

社会保障既是对公民基本生存权利的保障,也是对社会经济体制运行的一种保障。建立现代企业制度,就要为企业创造一个良好的社会环境,重要内容之一就是建立和健全有效的社会保障体系,包括建立失业保险制度、养老保险制度、工伤保险制度、医疗保险制度以及死亡保险制度。

第一章 现代企业概述 19

建立社会保障体系的目的是:落实企业劳动用工权、为企业创造公平的竞争条件、为人才合理流动创造良好环境。

十届人大五次会议对社会保障体系的完善与监督做了民心所趋的工作,有了更符合时代发展要求、更符合百姓利益的各项制度。

复习与思考

主要概念

现代企业 产权制度 有限责任公司 股份有限公司 事业部制 矩阵制 现代企业制度

复习题

1. 企业的组织结构有哪些?
2. 现代企业制度具有哪些特征?
3. 现代企业制度的内容是什么?
4. 现代企业管理制度的内容有哪些?

第二章 现代企业经营环境与经营决策

 学习目标

完成本章学习后,你应该能够:
- 了解现代企业经营环境的含义与特征
- 了解现代企业经营环境类型
- 理解现代企业宏观环境分析内容
- 掌握现代企业行业环境分析内容
- 掌握现代企业内部环境分析内容
- 掌握现代企业基本竞争战略
- 了解现代企业经营决策的含义
- 理解现代企业经营决策的类别
- 理解现代企业经营决策的原则
- 掌握现代企业经营决策的主要方法

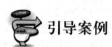 引导案例

兴衰一体,荣辱与共

——美国国民捷运航空公司兴衰的启示

美国从 20 世纪 70 年代末起,经济开始衰退,美元汇率下跌,从

第二章 现代企业经营环境与经营决策

1973年中东国家发起石油禁运以来，油价的上涨给航空业带来沉重的打击，加上1982年美国成立"专业空运管理组织"后，出现了强硬的罢工势力，而里根政府又下令解雇罢工者，使劳资双方矛盾恶化。这一切使整个航空业出现了困难重重的不利局面，正如民航局主席麦克钦所说："即使想象力再丰富，谁也不会想到这么多的不利因素会同时出现。"因此，当时有不少航空公司都曾提出破产申请。

但是，在这凄惨的年代，1981年新成立的国民航空捷运公司，却在短短几年内迅速成长起来，而且蓬勃发展，到1984年就有能力收购边疆航空公司而成为美国第五大航空公司。对于该公司经营成功的直接原因，按总经理马丁的说法，是由于该公司能保持低成本，一方面由于它选用低成本的飞机和低成本的机场，另一方面则由于提高员工和飞机的生产率，而后者之所以成功，在于采用了该公司创办人兼董事长伯尔所倡导的管理风格：既严格督导，又富有人情味，使整个公司充满一种同舟共济的大家庭气氛。该公司充满有干劲的年轻人，他们的薪资很低，例如驾驶员第一年薪资仅4万美元，比其他航空公司的资深售票员还低。公司员工不参加工会，他们经常以工作需要而交叉变换工作，飞机驾驶员有时兼售票员，售票员有时去搬运行李，甚至高层主管从董事长伯尔开始也要到各个岗位去学习业务，有时还得负责调度员与行李处置员的工作；公司不聘请任何秘书，通常也不解雇员工，"铁饭碗"几乎成了不成文的政策。公司鼓励员工参与管理，让大家对经营管理工作多提意见和建议。公司还要求每个员工按折扣和价格购买公司的100股股票，使之成为公司利害攸关的股东，许多资深员工往往已积累了超过5万美元价值的股票。另外，伯尔还是一个鼓动家，他经常鼓励员工："要成为胜利者，就需要有卓越的才能——当一位能干的人。"

但是好景不长，1984年，合并边疆航空公司后9个月，捷运公司就亏损了7000万美元。为了适应规模扩大的局面并扭转亏损的形势，伯尔带头改变了由他自己倡导的管理风格，而逐渐向其他大公司传统官僚制管理风格看齐。他不仅不愿多倾听员工的意见，而且甚至对提意见的人施加压力，直至解雇。连向伯尔建议实行终身雇佣制的执行董事杜博斯也被解雇，董事帕蒂也因不满公司的新规定而主动辞职，她自已创办了"总统航空公司",并沿用原来捷运的管理风格。

伯尔后来改变了管理形态,但仍难逃厄运,捷运公司每况愈下,公司股票不断下跌,直至1986年把捷运卖给德萨航空公司时,每股股票市价只为1983年公司最盛时的四分之一左右。捷运公司员工之所以能接收很低的薪资,是因为他们希望公司昌盛,以便从所持公司股票的升值和高额股利中得到补偿,可是如今股票暴跌,员工自然失去信心。最后,捷运航空公司完全消失,被并入大陆航空公司。

市场经济条件下的现代企业,其经营活动是一种更为规范的经济活动,企业必须在正确的经营理念指导下,通过对外部环境和内部环境的分析,科学地制定经营决策来达到企业的经营目标。

第一节 企业经营环境分析

现代企业生存在一个复杂多变的环境之中,它的经营成效不但取决于经营者的决策水平和前瞻水平,同时还取决于环境因素的影响程度。现代企业所面临的各种环境既可以提供经营机会,也可能带来经营风险,同时,竞争的激烈程度也与环境因素的影响关系密切。

一、企业经营环境概述

(一)企业经营环境的含义与特征

企业经营环境是指各种对企业生产经营活动及对企业生存与发展构成影响,而企业又无法控制的环境因素。

各种环境因素对企业生产经营活动的影响错综复杂、互相交织,有一些因素有利于企业的生存与发展,而另一些因素则会对企业的生产经营活动带来不利的影响。正是由于环境因素的这种两重性作用,使得它对企业的生存与发展既形成了机遇,也蕴含了风险。

企业经营环境的特征有以下三个。

1. 差异性

差异性是指即使两个经营范围相同的企业面对同一环境因素,对环境因素的影响也会有不同的体验与反映。比如,快餐店与传统饭店对于生活节奏加快这一社会因素的感受是不一样的。通货膨胀对于技术密集型企业和劳动密集型企业造成的风险也是有差异的。环境的差异性决定了企业经营战略的多样性。

2. 动态性

任何一种环境因素的稳定性都是相对而言的,而变化则是绝对的。经济环境与技术环境的变化不仅是明显的,而且有显著的趋势。市场供求关系变化的频率在不断加快,消费结构也在不断地变化,所有这些变化既有渐进性,又有突变性,都要求企业以相应的战略去适应。

3. 可测性

各种环境因素之间是相互关联和相互制约的,因此,某种环境因素的变化大多是有规律性的。不过,这种规律性有的比较明显,而有的却比较隐蔽;有的作用周期长,而有的则作用周期相对较短。那些变化规律性明显且作用周期长的环境因素,可测性便较高。基因研究对人类社会发展的影响、对经济发展的影响便是一例。企业战略优势的确立必须建立在对环境变化趋势科学预测的基础上。

(二) 经营机会与经营风险

1. 经营机会

经营机会是指有利于实现企业经营目标的良好条件和客观可能性。这些条件与客观可能性可以通过企业经营战略的制定与实施转变为现实。形成经营机会的因素很多,如新技术、新发明的出现,需求结构的改变,消费结构的改变,政府税制及投资政策的改变,国际关系与国际贸易环境的改变等。

2. 经营风险

经营风险是指企业在创办或经营过程中,由于对未来结果把握的不确定性,而使企业遭受到的风险损失。国内外一切政治、经济、技术、市场等因素的变化都存在着某种对企业经营成果的不确定性。

(三) 经营环境类型

经营机会与经营风险总是并存的，有机会也就会有风险，有风险也必然隐含着某种机会，只不过机会与风险孰大孰小而已。

根据机会与风险程度的大小，可以把企业经营环境分为以下四种。

1. 理想环境

理想环境是指机会大风险小的环境，环境的变化具有一定的确定性。这种环境的竞争必然会日趋激烈，捷足先登者往往会掌握竞争优势。判断与掌握这种机会的前提条件是作出科学的预测，并不失时机地作出经营战略的选择。

餐饮行业和食品行业的环境比较类似这种类型。

2. 冒险环境

冒险环境是指机会大风险也大的环境，环境以及它的变化具有较大的不确定性。这种环境的进入需要有极强的风险意识与承担风险的能力，一旦进入，其退出的障碍也较大。

高档品牌的时装行业、金融服务行业和高科技产业等市场的环境比较类似这种类型。

3. 老化环境

老化环境是指机会小风险也小的环境，环境的变化虽具有一定的确定性，或因投资的收益率很低，或因市场日趋狭窄，对于经营者来说越来越丧失其吸引力。企业在进行维持性经营的同时必须当机立断实行经营战略的转移。

教学仪器、小商品、普通机电产品的市场环境比较类似这种类型。

4. 恶化环境

恶化环境是指机会小风险大的环境。这种环境的形成一般都有其特殊的原因，或者是由理想环境演变而来，或者是老化环境的进一步恶化，有的属于长期恶化，有的属于暂时恶化。

汽车工业应属于较为理想的环境，但是随着我国加入世贸组织后，汽车工业可能会面临更为严峻的形势与局面，此时的环境有可能会恶化。

二、企业外部环境分析

企业外部环境是指给企业带来市场机会或环境威胁的主要外部力量,它们直接或间接地影响企业的经营活动,无形地给企业的生存和发展带来重大的影响。外部环境包括宏观外部环境和行业外部环境。

(一)宏观外部环境

1. 政治环境

政治环境是指制约和影响企业的各种政治要素及其运行所形成的环境系统,即企业市场经营活动的外部政治形势和状况,以及国家方针政策的变化,对市场经营活动带来的或可能带来的影响。

政治环境包括以下几方面的内容。

(1)政治局势。政治局势是指企业经营所处的国家或地区的政治稳定状况。一个国家的政局稳定与否会给企业经营活动带来重大影响。

(2)方针政策。每个国家在不同的经济发展时期根据不同的需要颁布的一些经济政策、发展方针等会有所不同,这些方针政策不仅会影响到本国企业的经营活动,还会影响到外国企业在本国市场的经营活动。

就我国企业而言,国家制定的经济与社会发展战略、各种经济政策等企业都是要执行的,而执行的结果必然会影响到市场需求,可能在宏观上会改变资源的整体供给与配置,在扶持与促进一些行业发展的同时也会限制另一些行业的发展,企业必须按照国家规定加以执行,因此,这是一种直接的影响。同时,国家也可以通过方针政策对企业的经营活动施以间接的影响,如税收政策等。

3. 国际关系

这是指国家之间的政治、经济、文化、军事等关系。不断地发展国际经济合作和贸易关系是未来人类社会发展的必然趋势,世界经济一体化也是一种趋势。企业在生产经营过程中,可能或多或少地与其他国家发生经济往来,开展国际经营的企业更是如此。所以,国家间的关系也就必然会影响企业的经营活动。

2. 经济环境

经济环境是指构成企业生存与发展的社会经济状况及国家的经济政策,主要由社会经济结构、经济发展水平、经济体制和经济政策等要素构成。

(1) 社会经济结构。社会经济结构主要包括产业结构、分配结构、交换结构、消费结构、技术结构等内容,其中最重要的是产业结构。企业必须随时关注社会经济结构的变化,积极稳妥地调整企业的经营活动,推动企业的发展。

(2) 经济发展水平。经济发展水平是一个国家或地区经济发展的规模、速度以及所达到的水准。反映一个国家或地区经济发展水平的常用指标有国内生产总值、人均国内生产总值、经济发展速度、经济增长速度等。

(3) 经济体制。经济体制是指国家组织经济的形式。经济体制规定了国家与企业、企业与企业、企业与各部门的关系,并通过一定的管理手段和方法影响社会经济流动的范围、内容与方式。经济体制对企业的存在形式、内容与途径都提出了系统的基本规则和条件。

(4) 经济政策。经济政策是国家所制定的一定时期国家经济发展目标实现的战略与策略。它包括综合性的全国经济发展战略和产业政策、国民收入分配政策、物资流通政策、金融政策、劳动工资政策、对外贸易政策等。

3. 法律环境

法律环境是指与企业相关的社会法律系统及其运行状态。包括国家的法律法规、国家司法与执行机关和企业的法律意识等。

法律环境对于企业的影响力具有刚性约束的特征,同时也影响企业的发展方向。对于企业来说,法律是评判企业经营活动的准则,只有依法进行的各种经营活动才能受到国家法律的有效保护。因此,企业开展市场经营活动时必须了解并遵守国家或政府颁布的有关经营、贸易、投资等方面的法律法规。如果从事国际经营活动,除了要遵守本国的法律法规之外,还必须遵守所在市场国的法律制度与有关的国际法规、国际惯例和准则。

4. 社会文化环境

社会环境是指一个国家的人口数量、年龄结构、家庭结构、职业结构、民族构成、生活习惯、道德风尚、历史传统、文化传统等。

由于企业是在社会大系统中从事其生产经营活动，因此，企业的各项目标都要适应社会价值观念的要求。

文化环境是指社会环境中由文化诸要素及与文化要素相关联的各种社会现象构成的实际状态。文化环境大体上包括文化的基本要素系列、文化的价值系统和文化教育事业状况。文化教育程度和企业文化是最直接体现这一环境的内容。

5. 科学技术环境

科学技术环境是指企业所处的社会环境中的科技要素以及与该要素相关的各种社会现象的总和。

企业的科技环境包括社会科技水平、社会科技力量、国家科技体制、国家科技政策和立法等要素，这些要素都会对企业的生产经营管理产生巨大的影响。

科技的发展对于社会的进步、经济的增长和人类社会生活方式的变革都起着巨大的推动作用，现代科学技术是社会生产力中最活跃的和决定性的因素，它不仅直接影响企业内部的生产和经营，而且还同时与其他环境因素相互依赖、相互作用，影响企业的经营活动。科技环境的变化会在一定时期内对产业结构产生影响，对产品的技术含量与功效产生影响，对市场供求结构产生影响，等等。科技发展水平是衡量一个国家生产力发达程度的主要指标。

6. 自然地理环境

自然地理环境是指企业所处的地理位置、地形地貌、气候条件和自然资源等，这些因素都会在不同程度上影响企业的生产经营活动。如果企业要避免由自然地理环境带来的威胁，最大限度地利用这种环境带来的市场经营机会，就必须不断地分析与认识自然地理环境变化的趋势，根据不同的环境情况设计、生产和经营企业的产品和服务。自然地理环境是无法选择的，就像个人无法选择出生一样。当然，搬迁是另外一种思路，是一种避开原有环境的做法，而原有的地理环境还是依旧存在。

上述这部分外部环境对于现代企业生产经营活动的影响一般情况下是无法改变的,外部环境因素对现代企业具有一定的制约作用。企业只有在认清环境条件的基础上来适应环境的变化,来顺应环境提出的要求。

(二) 行业外部环境

企业除了要面对宏观外部环境的诸多因素之外,还要面对所处行业的外部环境,在此我们借用美国学者迈克尔·波特的"五种力量模式"来分析行业外部环境。

波特将企业的竞争因素概括为五种基本的竞争力量,提出了一个产业竞争结构的基本模式,创建了波特模型。他认为,这五种竞争力量在不同行业的强弱变化,决定着行业竞争的不同特点和激烈程度,从而决定着行业的平均利润率。而企业竞争的根本内涵就是要使自己占据行业的最佳位置,能有效抵御和抗击外来的五种竞争力量,或根据企业意志来影响着五种竞争力量。

1. 潜在竞争者的威胁

我们把行业外准备或正在进入某行业的企业称为潜在竞争者。由于它们的进入,使行业内原有的竞争力量格局发生或已经发生变化,因为它们要进入某一行业,通常都会向该行业投入新的生产能力和资源,以获取一定的市场份额。这样的结果势必导致原有企业因与其竞争而出现价格下降、成本上升、利润下滑的局面,如果现有竞争者没有有效的针对策略,其竞争的压力便会加大。

潜在竞争者进入行业的障碍因素主要有:(1)规模经济;(2)产品差异化;(3)资金需求;(4)转换成本;(5)销售渠道;(6)成本优势。

2. 现有竞争者之间的竞争

现有竞争者之间通常以价格战、广告战、改进产品和技术、增加对顾客的服务等方式抢夺市场。行业的竞争激烈程度是行业内外多种因素作用的结果,而决定这种竞争激烈程度的因素有以下这几个方面:(1)竞争者的数量和力量对比;(2)固定成本与库存成本;(3)市场增长率;(4)产品差异和用户转换成本;(5)行业生产能力的增加;(6)不同性质的竞争者;(7)退出壁垒。

3. 替代产品的竞争

产品可以替代,且不仅局限于同行业的替代。非同行业的产品只要存在替代可能,就构成竞争的威胁。随着科学技术的发展,跨行业的替代竞争也日益激烈。一般来说,替代产品设置了一个行业中各企业销售产品的上限价格,从而设置了一个行业的赢利潜力。替代产品在价格上对顾客的吸引越大,则行业赢利的"上溢"压得就越紧。特别是在替代产品的生产更容易发展、成本和价格更具有较强优势的行业中,企业的竞争环境就更为复杂。

4. 买方的议价能力

买方作为一个竞争的基本因素是通过压低价格,要求较高的产品质量或更多的服务项目,并且使提供同类产品的各个企业处于彼此对立的状态来参与竞争的。对企业而言,买方议价能力的强弱取决于产品买卖的市场特点,也取决于这种购买相对于买方经营业务的重要程度。一般情况下,如果买方具有以下特点,就能对销售者施加压力:(1)买方大批量和集中购买,占一个企业总销售额的比重很大;(2)买方购买的产品占其成本或购买额的比重很大;(3)买方购买的是标准的、无差异的产品。

5. 卖方的争价能力

卖方是通过提价或降低所供应产品的质量或服务来向企业施加压力的,卖方的提价竞争可能使得一个行业的成本上升而失去利润。

卖方的强弱是与买方压力相互消长的。当卖方集中化程度高于买方,或者是卖方产品尚未有替代竞争时,卖方企业往往能够对买方施加较大的压力。

上述五种竞争力量都有可能在企业的竞争中产生影响。不过,不同的行业这些因素的表现形式和竞争压力可能会有不同。对于企业来说,分析竞争压力的来源,了解企业所处行业的竞争特点,可以更清晰地认识企业的优势与弱点,使企业在竞争中知己知彼,百战不殆。

三、企业内部环境分析

企业内部环境是指影响企业生存与发展的各种内部因素的状况以及这些因素相互结合所形成的企业经营能力。它包括企业自身具备的各种资源条件和企业的生产经营能力。

企业内部环境分析是对影响企业生存与发展的内部因素加以分析。由于企业内部因素一般情况下都是可控因素,因此,企业内部环境分析的目的就在于利用和强化企业优势,克服和改变企业劣势。

(一) 企业资源分析

企业资源是保证企业能够生存与发展的基本条件,企业所有经营战略的制定都必须以企业所具备的资源条件为前提。对企业资源分析的主要内容是评估四方面的资源情况:财力资源、人力资源、物力资源、技术信息资源。对这些资源的评估目的是要查清企业的家产,摸清企业拥有资源的数量与质量。

(二) 企业内部管理分析

企业内部管理水平的高低是影响企业经营成败的关键所在。管理水平的提高需要有健全的管理制度、科学的管理方法、合理的组织结构等方面。企业内部管理分析的主要内容包括对企业决策、计划、组织、激励等管理内容的分析。

(三) 企业市场营销能力分析

企业市场营销能力不仅是企业实施其经营战略的重要能力,也是企业制定经营战略的重要依据。营销能力分析的主要内容包括企业市场营销系统的决策和管理能力、市场营销的生产率、市场营销组合策略的现状和变化趋势。

(四) 企业财务状况分析

判断企业实力和对投资者吸引力大小的最好方法就是进行财务状况分析。了解企业在财务方面的优势和劣势,对企业有效地配置资源、优化经营领域结构等都具有决定性意义。最常用的财务分析方法是各种财务比率分析。

(五) 企业科研开发能力分析

是否具有较强的科研开发能力,对于行业领头企业来说是非常重要的,因为它直接影响到企业未来在行业和市场中的地位。科研开发能力分析的主要内容包括企业科研开发人员的数量与质量,科研开发部门拥有的设备、设施和信息渠道,与其他科研单位的合作关系,科研经费,研究目标等。

(六) 企业生产能力分析

生产能力是企业各种能力最直观的体现,生产能力的高低、生产能力与市场需要相适应的程度,都会对企业产生影响。生产能力分析的主要内容包括生产工艺状况、生产能力、产品质量、成本控制以及管理水平等。

第二节 企业基本竞争战略

现代企业所处的市场环境中竞争无处不在。从企业角度来看,如何应对竞争是一个十分关键的课题。无谓地惧怕竞争对手不是现代企业经营者的处世态度,科学合理地运用有效的竞争工具与方式是面对竞争和迎战竞争对手的有效手段。

一、总成本领先战略

总成本领先战略,是指企业在某一行业领域中使产品总成本低于竞争对手而取得市场领先地位的一种战略。

总成本领先战略的核心目标是,尽一切可能降低成本,做到相同质量的前提下价格较低,或相同价格条件下质量和附加值较高,从而使企业取得较多的利润,保持和扩大市场份额,取得市场领先优势。总成本领先战略是一种使用最为普遍的战略,许多企业在争取竞争优势上都会从降低总成本入手。

采用总成本领先战略可以使企业在面临较强的竞争力量时,仍能获得高于行业平均水平的收益,可以对其他企业或竞争者筑起较高的进入壁垒,使企业进入一个成本-规模的良性循环。

(一)总成本领先的优势来源

第一,规模效应。规模效应是指在合理的规模经济范围内,企业通过扩大活动规模使固定成本能在更多的产量上进行分摊,使单位平均成本降低。规模效应受到市场容量、设备以及其他生产设施不可分割程度、成本结构、技术变化速度、管理的复杂性等因素的限制。

第二,设计优势。设计优势来源于对传统设计过程的改变。在传统设计过程中,企业概念决定其产品的描述,进而进行产品设计,根据产品设计来估算成本和利润水平,一旦企业发现实际利润水平低于预计值,就需要重新进行产品和流程的设计。

新的设计过程是按成本设计,即在提出产品概念之后,根据目标价格决定的目标成本来形成产品描述,并根据这种产品描述设计流程,同时还需要考虑到计划的成本降低,然后进行产品设计。

第三,生产能力的充分合理运用。生产能力的充分合理运用,是指通过对整体生产能力的合理配置,特别是生产能力与销售需要之间的合理配置,减少因市场波动引起的生产能力的闲置与库存积压,以及因产需不符或是市场需求变化而造成的过时产品变价出售等产能的不经济性。

第四,经验效应。经验,对企业获得总成本领先优势具有相当重要的作用。它可以通过学习来积累,可以通过不断的实践来积累。经验可以降低人员成本的比重,继而为降低总成本作出贡献。

(二)总成本领先战略的缺陷

第一,忽视其他能形成竞争优势的战略。一般来讲,在某项业务的整个寿命周期中,只在较短时期内会出现明显的成本竞争效应,当业务进入非成本竞争阶段后,此种战略便会失去其优势。比如非价格竞争手段便可暴露出总成本领先战略的缺陷,因此,它只能作为一种基础战略。

第二,忽视能形成长期竞争优势的创新投资。对成本的过度重视会将管理的重心引向追求短期的成本效益,忽视有利于形成企业长期竞争能力的研究开发以及创新活动,降低企业对未来环境的适应能力。

因为短期成本效益无法维持企业长期生存与发展所需的资金和资源,无法保障企业的持续发展。

第三,成本目标不协调。由于降低成本的目标在企业各职能层面上的要求有所不同,有可能造成企业各项职能活动之间的冲突,无法从根本上追求总成本领先。比如技术部门、质量部门对成本的概念与管理部门、核算部门对成本的概念会有不同,有时甚至会存在很大的落差。这种情况下要完成总成本领先的目标显然会有难度。

二、差异化战略

差异化战略,是指企业提供区别于竞争对手的、在行业内具有独特性的产品的一种战略。

差异化战略的核心是以产品的特色赢得竞争优势。实施差异化战略的前提是:顾客愿意为产品的差异化特征多支付费用,目的是用差异化特征来提高顾客的转换成本,用产品或服务在顾客心目中的优越性来锁定顾客群。

企业实现差异化战略可以运用的手段不只在产品或服务的价格上,还有许多其他的途径可以实现差异化战略与差异化经营,比如产品形成过程中所体现出的差异化、设计的差异化、产品与服务概念的差异化、市场定位的差异化、广告策略的差异化、营销组合的差异化、产品更新换代的差异化等。

(一)差异化的来源

第一,内在来源。差异化的内在来源包括:产品质量上的识别、产品品种的可挑选性、捆绑在一起的服务以及与产品服务有关的时间性等。

产品以及使用上的可靠性、安全性、功能稳定性、耐用性等都可以成为不同顾客识别的标志;产品品种的可挑选性使产品具有个性和与环境的适应性;通过与产品捆绑在一起的服务可以提高顾客对产品的放心使用。通过内在差异化来源建立顾客对企业产品的忠诚度。

第二,外显来源。差异化的外显来源表现为企业长期建立的市场形象与品牌吸引力、产品的外观特质与价格等。

企业的市场形象与品牌吸引力是差异化各项内在来源长期共同作用的结果,它是差异化最直观的显现。当然,产品外观与价格也是实施差异化最简便的途径。

(二) 差异化战略的缺陷

第一,企业提供的差异化特征可能不被市场认可。如果企业提供的某些差异化特征在顾客眼中没有任何意义,或是差异化过度超出了顾客的需求,市场便不会接受这种差异化。比如,差异化没有从根本上形成产品功效的特色,或者是差异化的产品缺乏实际使用的便捷功能等,对于这样的差异化消费者是不认同的。

第二,差异化的价格过高。差异化是需要成本的。企业为了弥补差异化成本并取得利润,会对实施差异化的产品要求有一定的溢价。溢价如果没有考虑顾客的接受程度,超出了顾客愿意支付的价格水平,即便顾客承认这种差异化,但也不会接受这种差异化,更不会购买这种差异化产品。

第三,企业的差异化被模仿。差异化所增加的成本需要在该差异化被新的差异化产品取代之前予以收回。但是,如果企业的差异化产品在投资回收之前就被模仿,或是被其他企业更有价值的差异化所取代,企业的差异化投资就无法回收。科技革命所带来的现实问题可以从中略见一斑。如果企业差异化战略的科技含金量不高,技术被模仿的概率很高,这类差异化就很难说具有实际意义。

第四,技术突破削弱了差异化的效果。新技术的出现和对现有技术的更新都会使某项有效的差异化特征弱化或消失。新技术的出现甚至会根本性地改变对市场的细分方式,或使某一细分市场彻底消失,引起适用该细分市场的差异化特征的消失。打字机市场便是一例。由于电脑与电脑软件技术的快速普及,原来的打字机市场几乎完全消失,替代它的电脑产品,其功效与使用都拔得头筹。

三、集中战略

集中战略,是指企业将市场目标集中在某一特定的顾客群或产品系列的一个细分区域或某一特定的区域市场,在行业中很小的竞争范围内建立独特的竞争优势的一种战略。

集中战略的核心是将企业的力量集中于一点以赢得竞争优势。目标旨在以高效率为某一狭窄的对象服务，从而超过在较广阔领域内竞争的对手，提高企业的收入水平和盈利水平。

（一）集中战略的类型

采用集中战略的逻辑依据是，企业能够比竞争对手更好地为其狭窄的市场服务。但是企业要在狭窄的市场获得竞争优势，就必须在特定的细分市场谋求产品的低成本或产品质量与性能的差异化，或者两者兼而有之。据此，集中战略又可以分为总成本领先集中战略、差异化集中战略和混合集中战略。

总成本领先集中战略，是指企业在某一特定细分市场，通过总成本领先战略建立竞争优势的一种战略。比如农机产品市场。

差异化集中战略，是指企业在某一特定细分市场，通过差异化战略建立竞争优势的一种战略。比如高档轿车市场。

混合集中战略，是指企业在某一特定细分市场，综合运用总成本领先战略与差异化战略而建立竞争优势的一种战略。比如一般的日用品市场和食品市场。

（二）集中战略的优势

集中战略的优势表现在以下两方面。

第一，有利于企业在某一特定细分市场提高市场占有率，扩大产品的销量，降低成本。

第二，有利于企业为某一特定细分市场提供较佳质量或性能的产品，使企业迅速赢得竞争优势，增加收入。

（三）集中战略的缺陷

集中战略有下述三方面的缺陷。

第一，集中于狭窄的特定的细分市场会带来高成本的风险，因为那些狭窄的市场难以支撑必要的规模经营。

第二，在企业所服务的某一特定细分市场可能会有众多的竞争者找到更有效的方法参与竞争。

第三，顾客偏好与需求的变化会使得企业服务的市场变窄。

上述各项战略并不是绝对分割的,企业可以结合自身具备的条件,有效地把各种战略加以组合,使其威力更大。

第三节 现代企业经营决策

决策无处不在。现代企业在面对复杂多变的市场环境时,经营决策的正确性与有效性直接影响到企业的生存与发展,尤其是企业的高层决策者,更应该把决策作为事关企业长期发展的重要事件来认识,通过有效的决策方法来选择决策方案,使企业的发展既能与环境相适应,又能达到企业的战略目标。

一、经营决策及分类

(一)经营决策的含义

1. 决策的含义

决策,其实就是对未来行动所作出的决定。决策有广义决策和狭义决策之分:广义决策是指确定目标、制定和选择方案、方案的实施和验证等决策的全过程;狭义决策仅指对决策方案的最后选择。

在这里我们将决策定义为:在占有大量必要信息的基础上,对未来行动确定目标,并借助一定的手段和方法,对影响因素进行分析研究后,从两个以上的可行方案中选取一个比较满意的方案的运筹过程。

这一定义蕴含着以下内容:首先,决策是为了达到组织的某一既定的目标;其次,决策是在一定条件下寻求实现目标的较为满意的方案;最后,决策必须进行多方案的优选。也就是说,决策是一个提出问题、分析问题、解决问题的系统分析过程。

2. 经营决策的含义

经营决策是指企业为了达到一定的经营目标,在国家宏观产业政策与规划的指导下,在市场调查和市场预测的基础上,运用科学的方法,根据一定的价值准则,从两个或两个以上的备选方案中,选择一个比较满意方案的过程。

经营决策贯穿于现代企业生产经营管理的全过程,因此经营决策是否科学、可行,直接影响到企业经济效益的高低和经营活动的成败。

需要指出的是,经营决策在选择行动方案时,应该用"令人满意的标准"代替"最优化标准"。所谓令人满意的标准,是指在现实条件下,经过经验判断和定量计算,从几个备选方案中选取一个成功可能性大、风险小、效果好的方案。

(二)经营决策的分类

经营决策贯穿于现代企业生产经营活动的全过程,在这一过程的每个环节都离不开决策。经营决策的种类有很多,按照不同的标准可以划分为以下的类型。

1. 按经营决策的重要程度来划分

根据这种划分标准,经营决策可以分为战略决策、管理决策和业务决策。

(1)战略决策。战略决策是指事关企业未来发展的全局性、长期性、决定性的重大决策。这种决策旨在提高企业的经营效能,使企业的经营活动与内外部环境的变化保持正常的动态协调。战略决策一般由企业最高管理层制定,故又称高层决策。如企业经营目标和方针的决策、新产品开发决策、投资决策、市场开发决策等都属于战略决策。

(2)管理决策。管理决策是指战略决策执行过程中的战术性决策。这种决策旨在提高企业的管理效能,以实现企业内部各环节的高度协调和资源的有效利用。管理决策具有指令化、定量化的特点,其正确与否关系到战略决策能否顺利实施。这种决策一般由企业中间管理层作出,故又称中层决策。如生产计划决策、设备更新改造决策等均属此类决策。

(3)业务决策。业务决策是指在日常生产管理中旨在提高生产效率和工作效率,合理组织生产过程的决策。这种决策一般由企业基层管理层作出,故又称基层决策。如生产作业计划决策、库存决策等。

战略决策、管理决策和业务决策之间有时没有绝对的界限,尤其是管理决策和业务决策在一些小型企业中往往很难截然分开。制定决策的各级管理层次也不是不可逾越的,通常,为了发挥各级管理人员的积极性,提高决策的质量和心理效应,各管理层在重点抓好本层次决策的同时,三个层次的决策者都应或多或少地参与相邻管理层决策方案的制定。

2. 按经营决策事件发生的频率划分

根据这种划分标准,经营决策可分为程序化决策和非程序化决策。

(1) 程序化决策。程序化决策是指在日常管理工作中以相同或基本相同的形式重复出现的决策。由于这类决策问题产生的背景、特点及其规律易被决策者所掌握,因此决策者可根据已往的经验或惯例制定决策方案。决策理论将这种具有常规性、例行性的决策称为程序化决策。属于这种决策的有生产方案决策、采购方案决策、库存决策、设备选择决策等。

(2) 非程序化决策。非程序化决策是指受大量随机因素的影响,很少重复发生,常常无先例可循的决策。这种决策由于缺乏可借鉴的资料和较准确的统计数据,决策者大多对处理这种决策问题经验不足,所以在决策时没有固定的模式和规则可循。这样,决策者及其智囊机构的洞察力、思维、知识以及对类似问题决策的经验将起到重要作用。类似这种决策的有经营方向决策、目标决策、新产品开发决策、新市场的开拓决策等。

3. 按经营决策所处环境的可控程度划分

根据这种划分标准,经营决策可分为确定型决策、风险型决策和非确定型决策。

(1) 确定型决策。确定型决策是指决策者对每个可行方案未来可能发生的各种自然状态及其后果十分清晰,特别是对哪种自然状态将会发生有较确定的把握,这时可从可行方案中选择一个最有利的方案作为决策方案的决断过程。

确定型决策一般均可运用数学模型求得最优解,如产量、利润决策可采用线性规划、量本利分析模型,库存决策可用库存模型,设备的更新改造决策可用技术经济分析方法等。

(2) 风险型决策。风险型决策是指未来各种自然状态的发生是随机的,决策者可根据相似事件的历史统计资料或实验测试等估计出各种自然状态的概率,并根据其大小进行计算分析,据此作出的决策。风险型决策可采用决策收益表、决策树等方法。

(3)非确定型决策。非确定型决策是指决策者在无法确定未来各种自然状态的情况下,完全凭借个人的经验、感觉和估计作出的决策。现在,针对这种情况已经有一些不同出发点的决策准则供不同类型和风格的决策者选用。这种决策的正确与否与决策者或决策集团的经验、认知能力和采用的决策方法等有着直接的关系。

4. 按经营决策方法划分

根据这种划分标准,经营决策可分为定性决策和定量决策。

(1)定性决策。定性决策是指决策者主要依靠其知识、智慧和经验,对无法用数量表现的目标和未来行动的方向、方针、原则、性质和类型进行的决策。如组织机构的设置和调整决策、干部的选拔决策、新设备引进决策、新产品开发决策等。

(2)定量决策。定量决策是指决策者运用统计方法和数学模型,对能用数量表现的决策目标和行动方案进行的决策。如投资和生产规模决策、销售额和费用水平决策、利润率和价格水平决策等。

5. 按经营决策影响的时间来划分

根据这种划分标准,经营决策可分为长期决策和短期决策。

(1)长期决策。长期决策是指事关企业未来发展方向的全局性、长期性、决定性的重大决策。如投资方向的选择、人力资源的开发和组织规模的确定等。

(2)短期决策。短期决策是指为实现长期战略目标而采取的短期策略手段,如企业日常营销、库存、生产等问题的决策。

以上是对企业经营决策的一般分类。实际上,还可以按照其他的划分标准来对决策分类。另外,在比较和选择方案时,常常是根据需要采用多种类型的决策,以避免一种决策方法的片面性,保证决策的正确性和科学性。

二、经营决策的原则

决策者要作出科学可行的决策,必须遵循以下原则:

(一)信息准全原则

信息准全原则是指为进行决策所搜集的信息,必须全面准确地反映决策对象的内在规律与外部联系。信息是决策的基础和前提,没有准确、全面、及时、适用的信息,决策就成了无源之水、无本之木,势必导致决策的失误,甚至造成不可挽回的损失。

信息的准确性是指信息要能真实地反映经济发展的客观规律;信息的全面性是指要从多渠道搜集各种信息并对其进行必要的综合整理和筛选,以便能够全面地反映所要研究的问题。

需要注意的是,信息也不是越多越好,决策者不能毫无目的、不计成本地搜集各方面的信息,决策者在决定收集什么样的信息、收集多少以及从何处收集等问题时,都要进行详细的分析,这样才能保证信息既准确又全面。

(二)可行性原则

可行性原则是指决策方案必须与企业现实的资源条件相适应。可行性程度的高低是衡量决策正确性的重要标志,决策方案绝不能超越企业现有的主客观条件。为此,决策者应从实际出发,对各种备选方案进行定性、定量分析,进行方案的可行性论证和评价。任何只考虑需要而不考虑约束条件的决策都会导致决策的失误。

(三)优选原则

优选原则是指要坚持对各种备选方案进行比较和筛选的工作方法,对各备选方案的优劣进行综合评价和分析论证。评价方案优劣的关键在于方案实施后经济效益的高低。优选令人满意的方案,就是在保证达到决策目标的条件下,从多个可供选择的备选方案中,选择耗费人力、物力、财力最少,费用最省,速度最快,需要时间最短,经济效益最理想的方案。

(四)系统性原则

系统性原则是指决策过程中,要运用系统分析的理论和方法,对决策对象进行全面的分析和论证,在决策过程中兼顾各种利益关系,协调各种矛盾,以获得整体功能最优的效果。现代决策都是在错综复杂的动态系统中进行的,这就要求决策者必须针对系统所处的特定环境和条件,坚持整体优化的思想,深入分析系统中各部分、各层次之间的相互关系,进行整体构思、统筹安排、全面考虑,使其产生最佳的系统整体功能。

(五)利用"外脑"原则

利用"外脑"原则是指在决策过程中,要充分发挥专家智慧,广泛利用"智囊团"的作用,实行民主化决策。现代决策面临着非常复杂的外部环境和条件,为了提高决策的科学化水平,在确定目标、拟订方案、方案选优、组织实施等各个阶段,都必须重视专家、顾问、智囊团的作用,充分发挥集体智慧,把决策方案真正建立在民主化、科学化的基础上。

(六)追踪监控原则

追踪监控原则是指在决策方案付诸实施过程中,必须及时进行信息反馈,密切注视环境变化,采取措施及时有效地调查发生的各种偏差。在决策方案实施过程中,往往会遭遇一些事先无法预料的偶然性因素。因此,为了保证目标的顺利实现,必须追踪监控决策的执行情况,掌握反映决策进程以及实际情况与目标要求之间差距的信息,以便于采取有效的调节和控制措施,减少或消除各种偏差,确保决策目标的顺利实现。

三、经营决策方法

(一)确定型决策方法

采用这种方法的前提条件是:需要作决策的事件的各种自然状态是完全肯定和明确的,经过分析和计算可以得到各方案的明确结果,据此可以进行最佳方案的选择。常用的确定型决策方法有盈亏平衡分析法和线性规划等。在此主要讲解盈亏平衡分析法。

1. 盈亏平衡分析的基本原理

盈亏平衡分析又称量本利分析或保本分析。它是通过对产量或销售量、成本、利润三者间关系,以及企业盈亏变化规律的综合分析,运用数学模型来预测利润、控制成本,是为经营决策提供依据的一种数学分析方法。

盈亏平衡分析的关键是找出企业不亏不盈时的盈亏平衡产量或销

售量(保本产量),因为在此条件下,企业的销售收入等于总成本,即利润为零,销售收入高于此点企业盈利,反之企业亏损。因此,企业在组织经营活动时,必须最大限度地缩小盈亏平衡点的产量或销售量或销售额,尽最大可能地扩大盈利区域的产量或销售量,实现企业利润的最大化。

盈亏平衡分析的基本公式如下:

利润=销售额－总成本=销售额－总变动成本－固定成本
　　=(销售单价－单位变动成本)×产量或销售量－固定成本

用字母表示即为:

$$P_{利} = S - C = S - V - F = (P - v) \times Q - F$$

式中:$P_{利}$为利润;
　　　S为销售额;
　　　C为总成本;
　　　F为固定成本;
　　　V为总变动成本;
　　　P为销售单价;
　　　v为单位变动成本;
　　　Q为产量或销售量。

企业利润为零,即为不盈不亏,此时的产量或销售量为盈亏平衡产量或销售量,即保本产量,用公式表示:

(销售单价－单位变动成本)×盈亏平衡点销售量－固定成本=0

盈亏平衡销售量=固定成本/销售单价－单位变动成本

用字母表示即为:

$$(P - v) \times Q_0 - F = 0$$

$$Q_0 = F/(P - v)$$

式中:Q_0为盈亏平衡点销售量;

$P - v = M$ 为单位边际贡献。

盈亏平衡作图分析如图 2-1 所示。

在图 2-1 中，Q_0 即为盈亏平衡点，因此，在这一点上的产量或销售量不盈不亏，刚好保本。

另外，在计算中还会用到一个非常重要的概念——边际贡献率(m)，它等于单位边际贡献(M)除以销售单价(P)，用字母表示即为：

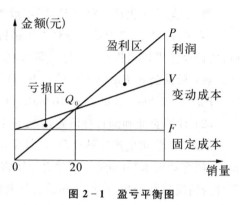

图 2-1 盈亏平衡图

$$m = M/P$$

从上述一系列公式中可以看出，销售额减去总变动成本之后的余额为边际贡献，补偿了固定成本后剩余的部分为利润。边际贡献是对固定成本和利润的贡献。当总的边际贡献与固定成本相当时，恰好是盈亏平衡，这时再增加一个单位产品，就会增加一个单位边际贡献利润。

单位边际贡献＝销售单价－单位变动成本

边际贡献总额 ＝ 固定成本 ＋ 利润 ＝ 总销售收入 － 总变动成本 ＝ 单位边际贡献 × 销售量

利用边际贡献来进行盈亏平衡分析时，有三种情况可以帮助我们界定企业的盈亏平衡点：

边际贡献总额－固定成本＝0，企业盈亏平衡；

边际贡献总额－固定成本＜0，企业亏损；

边际贡献总额－固定成本＞0，企业盈利。

2. 单品种生产的盈亏平衡分析

单品种生产的盈亏平衡分析可以应用于成本控制、经营状况分析、盈利与亏损预测、产品生产与订货等方面，下面举例说明。

(1) 预测销售量一定情况下企业的利润水平。

例1：某公司生产一种产品，固定成本为100万元，单位变动成本1 000元，销售单价1 200元。在对去年销售量和今年市场状况进行分析后，估计今年可以销售10 000件。那么，今年企业可以获得多少利润？

解：根据公式 $P_利 = S - C = S - V - F = (P - v) \times Q - F$

$P_利 = (1\,200 - 1\,000) \times 10\,000 - 1\,000\,000 = 1\,000\,000(元)$

(2) 计算企业利润目标既定情况下的成本控制水平。

例2：某公司生产一种产品，销售单价1 200元，固定成本为100万元，单位变动成本1 000元。在对去年销售利润和今年市场状况以及企业自身情况进行分析后，把今年的目标利润确定为100万元。那么，今年企业为达到此利润水平，应该把成本控制在一个什么水平？

解：根据公式 $P_利 = S - C = S - V - F = (P - v) \times Q - F$

在此目标利润下企业的产量为：

$Q = (P_利 + F)/(P - v)$

$\quad = (1\,000\,000 + 1\,000\,000)/(1\,200 - 1\,000)$

$\quad = 10\,000(件)$

企业总成本应控制在：

$C = Q \times P - P_利$

$\quad = 10\,000 \times 1\,200 - 1\,000\,000$

$\quad = 11\,000\,000(元)$

或者：

$C = Q \times v + F$

$\quad = 10\,000 \times 1\,000 + 1\,000\,000$

$\quad = 11\,000\,000(元)$

即在保证利润100万元的情况下，企业的成本应控制在1 100万元的水平。

(3) 判断企业的经营状况。

利用盈亏平衡分析还可以判断企业经营状况的好坏。一般情况下是根据经营安全率来判断企业的经营状况。经营安全率的计算公式如下：

第二章 现代企业经营环境与经营决策

$$L = (Q - Q_0)/Q$$

式中：$(Q - Q_0)$ 为安全额；

Q 为实际销售量；

Q_0 为盈亏平衡点销售量。

安全额越大，经营安全率就越高，盈利水平也越高。一般可以按照表 2-1 来判断企业的经营安全状况。

表 2-1 判断经营安全率的指标

经营安全率	30%以上	25%—30%	15%—25%	10%—15%	10%以下
经营状态	安全	较安全	不太好	要警惕	危险

例3：某企业生产的某种产品，售价为 1 200 元/件，生产此产品的固定成本为 100 万元，单位产品的变动成本为 1 000 元/件，企业准备实现目标利润 100 万元，问企业的经营安全程度如何？

解：实现 100 万元利润时的销售量为：

$Q = (P_{利} + F)/(P - v)$

$= (1\,000\,000 + 1\,000\,000)/(1\,200 - 1\,000)$

$= 10\,000$（件）

盈亏平衡时的产量为：

$Q_0 = F/(P - v)$

$= 1\,000\,000/(1\,200 - 1\,000)$

$= 5\,000$（件）

经营安全率为：

$L = (Q - Q_0)/Q$

$= (10\,000 - 5\,000)/10\,000$

$= 50\%$

分析：经营状况十分安全。

3. 多品种生产的盈亏平衡分析

在实际的生产经营管理过程中，单品种的盈亏分析只能解决一些最简单的问题，而企业的产品经营一般不会局限于单一品种，因此，多品种的盈亏平衡分析更能帮助企业确定其生产经营的临界点。

盈亏平衡分析在运用到多品种生产与销售时,因为不可以把不同品种的产品销售量直接相加,所以,必须把不同产品的销售量转化为销售额才能进行计算,分析结果一般也是以盈亏平衡销售额来体现。

(1) 分析原理与步骤。

第一,确定分析所需的各类数据:销售额、边际贡献、边际贡献率、固定费用等。

第二,根据边际贡献率,对产品从大至小重新排序。

第三,根据重新排序的产品,计算累计销售额 $\sum S$,累计边际贡献 $\sum M$ 和累计边际贡献与固定费用的差 $\sum M - F$。

第四,根据 $\sum M - F \geqslant 0$ 的原理,在重新排序的产品中确定一个临界区域并计算临界规模,计算公式为:

$$S_0 = S_{n-1} + (\sum M - F)_{n-1} / m_n$$

第五,计算结果即为盈亏平衡规模,也就是保本销售额,此点上企业不盈不亏。

(2) 实例分析。

例 4:某企业生产的产品有 A、B、C、D 四种,生产的固定费用为 7 000 万元。现给出各产品的销售额、边际贡献率,试计算盈亏平衡时的销售额。

表 2-2　某企业各产品的销售额和边际贡献率　（单位:万元）

产　　品	销　售　额	边际贡献率
A	5 000	40%
B	4 000	45%
C	6 000	25%
D	8 000	30%

第二章 现代企业经营环境与经营决策

解：

第一步，计算各产品的边际贡献。

A＝5 000×40％＝2 000

B＝4 000×45％＝1 800

C＝6 000×25％＝1 500

D＝8 000×30％＝2 400

第二步，根据边际贡献率从大至小对产品重新排序，并计算 $\sum S$，$\sum M$，$\sum M-F$。得表 2-3。

表 2-3 据边际贡献率大小排序的各参数

序号 n	产品	边际贡献率	$\sum S$	$\sum M$	$\sum M-F$
1	B	45％	4 000	1 800	－5 200
2	A	40％	9 000	3 800	－3 200
3	D	30％	17 000	6 200	－800
4	C	25％	23 000	7 700	700

第三步，根据 $\sum M-F \geqslant 0$ 的原理，在重新排序的产品中确定一个临界区域并计算临界规模，此题的临界区域为产品C，序号 n 为4，根据计算公式：

$$S_0 = S_{n-1} + |(\sum M-F)_{n-1}|/m_n$$

S_0＝17 000＋800/25％＝20 200（万元）

（二）风险型决策

在进行决策时，如果未来可能发生的情况不止一种，但可以估算出每种情况发生的概率，这就是风险型决策。常用的方法有决策树和决策收益表。在此主要讲解决策树法。

1. 决策树

决策树是用树状图来描述各种决策方案在不同情况下可能产生的收益，并据此来计算各种方案的期望值，然后对各种方案的期望值加以比较,从中选优。

风险情况下决策依据的标准主要是期望值。

期望值实质上是各种自然状态下加权性质的平均值。当决策指标为收益时应选取期望值最大的方案,当决策指标为成本时应选取期望值最小的方案。一个方案的期望值是该方案在各种可能状态下的损益值与其对应的概率的乘积之和。

自然状态的概率一般是从过去的历史资料中进行统计分析求得,是来自决策者主观经验的判断。

决策树的构成有四个要素:决策结点、方案枝、自然状态结点和概率枝。见图2-2。

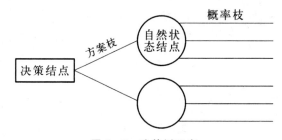

图2-2 决策树示意

在图2-2中,方框为决策结点,圆框为自然状态结点。决策树以决策结点为出发点,引出若干方案枝;每一个方案枝的末端是一个自然状态结点,代表不同的方案;自然状态结点后面引出若干概率枝,每一个概率枝代表一种状态,从左至右层层展开便得到形如树状的决策树。

决策树的决策程序如下:

第一步,从左至右根据已知条件排列出各方案和每一方案的各种自然状态,绘制树形图;

第二步,将各状态概率及损益值标于概率枝上;

第三步,计算各方案的期望值并将其标于该方案对应的自然状态结点上;

第四步,比较各方案的期望时,剪掉劣等方案,并用//标于方案枝上;

第五步,剪枝后所保留的收益最大或成本最低的方案便是最佳方案。

例5：某企业有甲、乙两种产品方案可供选择，每种方案都面临滞销、一般、畅销三种市场状态，各种状态的概率和损益值见表2-4所示，请用决策树法进行方案择优。

表2-4 决策相关数据

损益值 方案	市场状态 概率	滞销 0.2	一般 0.3	畅销 0.5
甲		10	50	100
乙		0	60	150

解：

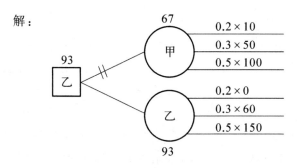

图2-3 决策树决策程序

剪枝后可得知：乙方案为决策最优方案（如图2-3所示）。

三、不确定型决策

不确定型决策是指在决策结果无法预料和各种自然状态发生的概率无法预测的条件下，只能依据经验加以判断并有限地结合定量分析方法所作出的决策。

不确定型决策的方法有：悲观法、乐观法、后悔值法、折中法和等概率法。

1. 悲观法

这种方法是在计算出各种方案在各种自然状态下可能有的收益值

的前提下，找出各种自然状态的最小收益值，然后选择最小收益值中的最大值，并将与它对应的方案作为决策所选方案。这是一种持悲观态度并相对保守的决策方法，故风险性很小。

例6：某企业准备对一种老产品进行改造，共有三个可选方案。经过市场调查与预测，这三个方案改进后的老产品在市场上的销路出现三种状况：销路好、销路差、销路一般，每种状况下的收益预测如表2-5所示。请用悲观法对各方案进行决策。

表2-5　各方案在不同自然状态下的收益（单位：万元）

方案 \ 收益 自然状态	销路好	销路一般	销路差
方案一	160	120	-40
方案二	150	90	-30
方案三	100	60	10

解：根据最小收益值，方案一为-40，方案二为-30，方案三为10，小中取大，选择方案三。

2. 乐观法

这种方法在计算时先找出各种方案在各种自然状态下的最大收益值，然后选择最大收益值中的最大值，并将与它对应的方案作为决策所选方案。这是一种持冒险乐观态度并愿意承担较大风险的决策方案，一般情况下应谨慎采用。

仍以例6为例。根据最大收益，方案一为160，方案二为150，方案三为100，大中取大，选择方案一。

3. 后悔值法

这是一种以各方案对应的自然状态下的后悔值来进行决策的方法。"后悔值"是指在某种状态下，因选择某方案而未选取该状态下的最佳方案而少得的收益值。即由于未采用最大收益值的方案而可能产生后悔的收益上损失的数值。比如，在某种状态下某方案的收益值为100，而该状态下各方案中最大收益值为180，则因选择该方案要比最大收益值方案少收益80，即后悔值为80。

后悔值法的决策步骤如下：第一，计算收益值的后悔值矩阵。计算方法是用各状态下的最大收益值分别减去该状态下所有方案的收益值，从而得到对应的后悔值。第二，从各方案中选取最大后悔值。第三，在已选出的最大后悔值中选取最小者，对应的方案即为后悔值法选取的方案。

仍以例6为例。各方案的后悔值矩阵如表2-6所示：

表2-6　最大后悔值比较　　　　　　　（单位：万元）

后悔值＼自然状态＼方案	销路好	销路一般	销路差	最大后悔值
方案一	0	0	50	50
方案二	10	30	40	40
方案三	60	60	0	60

根据表2-6所示各方案的最大后悔值，取其最小值所对应的方案二，即为后悔值法所选取的决策方案。

（四）折中法

折中法也称为现实估计值法。这种方法是乐观法与悲观法的折中。因为完全乐观的态度与完全悲观的态度都是非常极端的，也是与现实不相符的。折中法认为应该在两个极端间求得平衡。

折中法的决策步骤如下：第一，找出各方案在所有状态中的最小值和最大值；第二，根据决策者的风险偏好程度，给定最大值一个系数，这个系数也称为乐观系数，最小值的系数也随之确定，即1－最大值系数；第三，用给定的乐观系数和对应的各方案最大最小收益值计算各方案的加权平均值；第四，取加权平均值最大的收益值所对应的方案为决策所选方案。

仍以例6为例。各方案的最小值与最大值如表2-7所示。

表 2－7　平均收益值比较　　　　（单位：万元）

方　案	最小值	最大值	加权平均值
方案一	－40	120	80
方案二	－30	150	105
方案三	10	100	77.5

现设定最大值系数为 0.75，最小值系数为 1－0.75＝0.25，各方案的加权平均值计算如下：

方案一：0.25×(－40)＋0.75×120＝80

方案二：0.25×(－30)＋0.75×150＝105

方案三：0.25×10＋0.75×100＝77.5

取加权平均值最大者 105 所对应的方案一为决策所选方案。

说明：用折中法选择方案的结果取决于决策者风险偏好程度所给定的最大值系数，即乐观系数。例题中的最大值系数如果设定的是 0.8，则最小值系数就是 0.2，最终加权平均值的计算结果也会有所不同。当最大值系数为 0 时，折中法的计算结果与悲观法相同；当最大值系数为 1 时，折中法的计算结果与乐观法相同。由此可见，悲观法和乐观法是折中法的两个特例。

5．等概率法

等概率法是在假设自然状态出现的概率相等的情况下，选取期望值收益最大的方案为最优方案的方法。由于假设各种状态的概率相等，这种方法实质上是简单算术平均法。

仍以例 6 为例。各方案的平均值为(单位：万元)：

方案一：160×1/3＋120×1/3＋(－40)×1/3＝80

方案二：150×1/3＋90×1/3＋(－30)×1/3＝70

方案三：100×1/3＋60×1/3＋60×1/3＝73

选取收益值最大的方案一为决策方案。

第二章 现代企业经营环境与经营决策

 复习与思考

主要概念

外部环境　内部环境　经营机会　经营风险　五力模式　总成本领先战略　差异化战略　集中战略　经营决策

复习题

1. 企业经营环境具有哪些特征?
2. 企业宏观外部环境包含哪些内容?
3. 企业内部环境分析的主要内容是什么?
4. 五种力量模式的内容有哪些?
5. 总成领先战略的优势来源与缺陷是什么?
6. 差异化战略的来源与缺陷是什么?
7. 集中战略的优势与缺陷是什么?
8. 根据不同的划分依据,经营决策可以分为哪些类型?
9. 现代企业经营决策时应遵循什么原则?
10. 现代企业经营决策主要有哪些方法可采用?
11. 确定型决策、风险型决策的计算方法是什么?

第三章　现代企业经营计划

 学习目标

完成本章学习后，你应该能够：
- 了解现代企业经营计划的概念与体系
- 理解制定企业经营计划的原则
- 理解现代企业经营计划的编制
- 掌握现代企业经营计划的编制方法
- 掌握现代企业经营计划的控制

 引导案例

计 划 的 收 益

　　英国的世界野生动物基金会（现称为世界自然基金会）于1961年作为慈善机构注册登记，它是一个非营利性组织，它的宗旨是从事保护野生动物、植物、水源以及其他自然资源的教育和研究工作。在机构成立的开始阶段，如同其他非营利性组织一样，均以较低的工资聘用那些有志于慈善事业的人士，到1977年，机构的总收入约75万英镑，这样的收入一直保持了5年。

　　1977年，亚瑟·诺曼爵士（一家英国大公司的董事长）被委任为理

事会理事长。他认为,有必要以可靠的企业管理方法来发展这个慈善组织。1978年1月1日,波约德·泰勒到任,开始对这个以前在管理上较为混乱的慈善组织采用管理企业的方式进行管理。

泰勒认为,首先应该采用有目标的计划管理方式,于是在泰勒的组织下,慈善机构成立了基金会管理小组,它由推广部、信息部、教育部、财务部和行政部等各部门的领导组成。管理小组在主席的召集下,于1978年9月举行了两天的会议,讨论战略规划的制定和实施。在克·菲尔斯德特查的协助下,使得一些原先持怀疑态度的基金会高层领导也认识到了战略规划和目标管理的重要性,认识到了计划的重要性。

制定计划的第一项头等大事便是确定目的,即制定明确又现实的实现目标的参考点。在这次制定战略规划之前,一种流行的观点认为基金会是一个保护野生动物的组织。但是,在经过几次深入的讨论之后,才认识到基金会的实质是一个筹措基金的组织,而且还带有合理支配所筹集的资金的任务。1978年,基金会确定其目标为"从英国的各种渠道筹措尽量多的资金,并保证能合理地用于对自然环境的保护,恢复自然资源,特别是濒临灭绝物种和它们的栖息地资源。"在此目标的指导下,基金会对社会环境进行了详细分析,了解到自己的27大优势,21大劣势,12大机遇,6大威胁,制定了两个战略计划:第一个是增加会员;第二个是增加基金会在全国的自愿赞助单位数目,并收到较好的效果。同时,对与自己有关的9个市场领域进行评估,制定了在这9个有关领域的详细的16项计划目标,自此,基金会开始有了一个明确的短期和中期计划。接着,在战略目标的指导下制定了各项行动计划,要求每一个部门都使用各自的战略并写出达到战略目标的行动计划建议。各部门的建议被综合成为一个文件,成为最终的行动计划,即基金会的工作进程计划。同时制定了计划效果评价的三大尺度,用来评价计划的执行情况。基金会每年进行一次战略规划的讨论和修订。

计划的运行取得了巨大的成功,到1986年底,英国野生动物基金会有会员11万人和捐助人员45万人,而在1978年底还只有会员1.2万人和捐助人员2.5万人。基金会获得了前所未有的成功。

计划是现代企业经营管理的一项重要职能,计划的科学与否、可行与否、可操作与否等直接关系着现代企业的市场应对能力、市场开发能力以及随之而产生的市场收益。计划的重要性体现在各个方面。对现代企业而言,经营计划是否策划到位,是否"算计"到位直接关系到企业实际意义上的运作。计划是企业战略的具体化,是保证企业战略分解落实到位的关键。

第一节 经营计划概述

什么是现代企业经营计划?它与传统计划有何不同?经营计划的体系如何构成?现代企业在制订经营计划过程中必须遵循什么原则?这些内容将在此作一介绍。

一、经营计划概念与体系

(一)经营计划概念

经营计划是指在经营决策基础上,根据经营目标对企业的生产经营活动和所需要的各项资源,从时间和空间上进行具体统筹安排所形成的计划体系。事实上,经营计划是企业围绕市场,为实现自身经营目标而进行的具体规划、安排和组织实施的一系列管理活动。企业经营计划是企业经营活动的先导,并始终贯穿于企业经营活动的全过程。

(二)经营计划体系

经营计划体系,纵向可以分为三个层次:战略计划、业务计划和基层作业计划。它们三者之间的关系是:战略计划提供由上而下的指导;基层作业计划提供由下而上的保证;业务计划发挥承上启下、上传下达的作用。

1. 战略计划

战略计划处于最高层,它包含确定企业战略目标、制定战略方针、设计战略布局等内容,它是结构运行的综合性计划。

2. 业务计划

业务计划处于中层,它是以战略计划为依据,按照专业化分工分别编制各业务分系统计划,包括生产计划、销售计划、研发计划、人事计划、财务计划等,指导各业务分系统合理组织和利用资源,安排程序和协调相互关系。

3. 基层作业计划

基层作业计划处于最底层,它以业务计划确定的程序、指标、定额为依据,合理运用各生产经营要素,实现各类作业过程,保证业务计划的实施和企业目标的实现。

三个层次计划的特性和相互关系见表 3-1。

表 3-1 三层计划的特性与相互关系

特　性	战略计划	业务计划	基层作业计划
作用性质	战略性、统率性	业务性、承上启下	作业性、执行性
详细程度	概略	较具体详细	具体详细
时间单位	长期、中期(年为单位)	一年(季、月为单位)	月、旬、周(日、班为单位)
计划范围	企业全局、综合性	专业领域、分支性	执行单位、具体性
计划要素	市场、产品、经营能力、资源、目标	任务、业务能力、资源限额、资金定额、标准	工件、工序、人、设备、定额、任务单
信　息	外部的、内部的、概括的、预测性的	外部的、内部的、较精确、较可靠	内部的、高度精确、可靠
复杂程度	变化多、风险大、灵活性强	变化易了解、较稳定、关系明确	变化易调整、内容具体、容易掌握
平衡关系	全局综合平衡	上下左右协调	单位内部综合平衡

二、经营计划的任务

制定经营计划的目的是为了使企业的目标与外部环境、内部条件相协调,从而使企业的目标能够顺利实现。经营计划的这一目的就规定了它必须完成的任务。

(一)制定目标,明确责任

目标是企业生产经营活动在一定时期内想要达到的成果,是企业各个部门、每个员工努力的方向。企业要有效地组织生产经营活动,必须在了解社会需求和企业各利益主体投资者、劳动者等的期望基础上,根据需要确定目标及其实现的先后次序以及目标的结构、目标的考核和奖惩办法。同时,要使目标得以实施,必须把它具体分解,使企业中每个部门、每个员工都能明确自己在生产经营活动中的地位,明确自己的任务和职责。

(二)科学合理配置资源

企业要想实现自己的各项目标,必须要有资源作保证。但是由于任何一个企业所能筹集和拥有的资源都是有限的,这样企业目标的实现就受到资源的限制。因此,如何筹集资源和合理配置资源就成了计划的一项重要职能。我们在这里所说的资源是广义上的资源,包括人力、物力、财力、信息、技术和时间等资源。企业在制定目标时要考虑资源筹集和保证条件,在目标既定后,采用现代计划技术,巧妙地配置资源,保证重点需要,使存量资源和增量资源都发挥出最大效率。

(三)协调生产经营活动

企业是一个拥有多种要素、复杂的、开放的系统。在这个系统中,有生产者、管理者、投资者等不同利益需要的行为主体,还有生产所必需的各种生产工具和生产资料,各种行为主体和各种生产要素相结合,就构成了企业错综复杂的生产经营活动,而计划的另外一个主要职能就是协调企业各方面的关系,使生产经营活动良好运转,这些关系包括:企业内外环境同目标的关系,企业各行为主体之间的关系,人与物之间的关系,以及由他们组合而成的生产经营过程中每个环节之间的关系。协调好这些关系,就可使企业中的各个组成部分和生产经营环节,通过相互推动和制约,根据内外部环境变化自觉地调整自己的行为,以求得目标的实现。

(四)提高社会效益和经济效益

任何一个企业要想在市场中生存和发展,没有效益是不可能的。这就要求计划的制定是在预测需求、资源、技术等的基础上,做好企业目标的制定与分解、配置资源、协调生产经营活动等工作,通过综合平衡,用一定的投入,取得最大限度的产出,增加经济效益,使企业保持稳定的持续发展。同时,现在的企业不是孤立存在的,具有一定的社会性,除了要考虑自己的经济效益外,还要考虑社会效益,甚至要优先考虑社会效益,尽可能做到社会效益和经济效益的协调平衡,这些都是我们制订计划时要考虑的。

三、制定经营计划的原则

(一)系统性原则

企业本身是一个小系统,同时又是社会经济这个大系统中的一个个体,不可能脱离社会经济系统中的其他元素而存在。企业作为个体存在,要处理好内部各种关系,实行自主经营、自负盈亏、自我发展、自我约束。企业作为经济社会的一环,要处理好同社会经济系统中的其他个体的关系,承担某些社会责任,也就是说要服务于社会这个大系统。因此,企业在制订计划时一定要坚持系统性原则,不但考虑到企业本身,还要从整个系统的角度出发,要认识到企业是整个大系统中的一个小系统,如果不考虑大系统的利益,只顾个体利益,肯定会受到整个系统的惩罚。

(二)平衡性原则

对于任何一个系统来说,平衡才能保持这个系统的良性运转,否则就可能对系统的运转产生不良影响。企业本身以及内外环境之间都存在着许多矛盾,平衡就是要对影响企业生产经营的各个方面,以及企业内部各部门的产、供、销等各环节进行协调,使之保持一定的、合理的比例关系。当然,影响企业生产经营的因素也不是一成不变的,这些影响因素的变化必然会使计划控制的比例关系出现不平衡的现象,这时就要求能够协调计划执行过程中出现的不平衡现象,使计划所控制的各种比例关系处在一个动态平衡的状态之中,从而使企业的生产经营活动能在新的基础上适应客观环境的要求,得到更好的发展。

(三) 灵活性原则

计划工作必须适应企业自身的特点及其所处的外部环境的发展变化。计划的范围和种类、计划期限的长短、计划指标的繁简、计划制定的程序、计划采用的方法等,都要视企业的需要和可能及其环境变动状况灵活决定,具体情况具体分析,不存在适用于一切企业的最佳模式。计划规定未来的目标和行动,而未来却充满众多的不确定性,因此计划的制定就要保持一定的灵活性,即要有一定的余地,不能把计划制定得过于缺乏弹性,或过分强调计划的稳定性。在计划执行过程中,更要注意不确定因素的出现,对原计划作出必要的调整或修改。

(四) 效益性原则

企业的运营都是以取得社会和经济效益为目的的,以有限的消耗获得最大经济效益和社会效益,是企业生产经营活动的基本原则。因此,企业的经营计划必须以提高经济和社会效益为中心,不仅要取得产品开发和制造阶段的效益,而且还要考虑产品在流通和使用阶段的效益。企业经营计划要以提高经济效益为中心,正确处理和协调好各种关系,不但要注重投入,更要注重产出,每一个目标、每一项活动都要尽可能地以最小的投入取得最大的收益。

(五) 全员性原则

企业的计划制定和执行不是一个部门或部分部门,也不是一个员工或部分员工就可以完成的,计划工作带有全员性的特点。这种全员性并不是说所有的员工都参加到制定计划的工作中去,而是指计划的制定应该让员工们知道和支持,这是计划能够得以实现的保证。全员性原则要求:计划目标的确定应当积极可靠,留有余地,以利于激发员工的积极性和创造性;计划的制定要广泛吸收员工的意见和建议,使计划有坚实的执行基础;在计划执行过程中,要经常将计划完成情况和存在的问题告诉员工,使他们能够自觉地执行计划,纠正出现的偏差,保证计划的实现。

第二节 经营计划的编制

现代企业经营计划是一个广义的概念,包含的内容十分丰富,各种不同计划期限的计划其编制的程序也各有不同。

一、长期经营计划

(一)长期经营计划的含义

长期经营计划是企业5年和5年以上的长远规划。它的任务是选择、改变或调整企业的经营服务领域和业务单位,确定企业的发展方向和目标,确定实现目标的最佳途径和方法。

长期经营计划具有明确的方向性和指导性,具有统率全局的作用,它是一种战略性规划。

(二)长期经营计划的编制

长期经营计划的编制程序如下:

1. 调查研究

调查研究包括外部环境的预测和内部条件的分析,主要从经营理念、经营环境和企业状况三方面来进行。

2. 确定目标期望水平和目标预测水平,明确差距和问题

这是编制长期经营计划的核心阶段。长期经营计划一般以定性目标为主,以定量目标为辅,着重为企业的发展描绘蓝图。具体内容有以下三项。

(1)目标期望水平。长期经营计划本质上是战略计划,因此,主要包括企业发展的规模、速度、效益和稳定程度等方面的目标,即增长率、利润率和稳定性目标。

目标期望水平是企业期望达到的水平,它取决于:企业的所有者、经营者、职工以及其他利益相关者对企业的发展、效益和利润的期望;国民经济和国家有关部门对企业的期望;顾客对企业的期望;竞争形势对企业提出的要求。

(2) 目标预测水平。以企业经营活动的现状和趋势为基础,预测计划期间目标可能达到的水平,它指的是目标的可能状态。它是以企业现有经营业务单位、能力和技术与管理水平为基础进行预测的。

(3) 差距与问题。这是指目标期望水平与预测水平之间的差距。

3. 设计战略,弥补差距

企业的经营战略可以分为两类:一类是对现有业务单位进行改进和合理化;另一类是开发新的业务单位。

通过设计科学合理的、符合内外条件与形势需要的长期经营计划,无疑为企业经营战略的设计奠定了基础,通过有效的战略计划对差距进行弥补。

4. 编制计划,形成文件

由于不同类型的企业在不同发展时期的情况不同,所以长期经营计划一般没有统一的格式,通常可以用文字和表格来表述企业的长期经营计划,如有需要还可加上附件来说明长期经营计划的内容。

文字部分主要叙述计划的主要内容,包括环境和自身条件的分析,未来的发展设想,计划目标以及实现目标的指导思想、方针、原则等;表格部分主要包括计划项目一览表以及保证条件。

二、中期经营计划

(一) 中期经营计划的含义

中期经营计划是企业 2 至 5 年的计划。它的任务是建立企业的经营结构,为实现长远经营计划所确定的战略目标设计合理的设备、人员、资金等结构,以形成企业的经营能力和综合素质。

中期经营计划起着承上启下的重要纽带作用。

(二) 中期经营计划的特征

1. 长期经营计划的具体化

中期经营计划是长期经营计划的细分,它是为实施长期经营计划中规定的战略而制定的计划。

2. 按每项产品制定计划

长期经营计划只制定重点项目的战略,制定一个大概的框架,中期经营计划则对每项产品和每个项目都要制定计划,所以,它是包含全部产品和项目在内的综合性计划,是一种战术性计划。

3. 按职能制定整个企业的综合计划

中期经营计划既要按企业的经营过程分别制定开发计划、营销计划、生产计划、供应计划,又要根据资源情况制定人员计划、设备计划、资金计划等。

由于中期经营计划的重点是结构计划,也就是按照战略目标的要求组建企业的经营结构,核心的问题是合理分配企业的有限资源,因此,要合理安排发展性投资和营运性投资的比例,使企业的繁荣和发展与当前利益很好地结合起来。

4. 中期经营计划是定量化的计划

尽管中期经营计划不如短期经营计划来得详尽,但与长期经营计划相比,中期经营计划仍是定量化的计划。因为中期经营计划是资源分配、组建经营结构的计划,需要有定量的分析作基础;中期经营计划是分年度安排企业营运活动的计划,特别是为短期计划事先做准备的计划,因此,需要进行分年度的量的核算与平衡;中期经营计划需要对计划实施的效果,特别是对收支和利润可能产生的效果以及各项经营目标可能达到的水平,作出较为精确的测算,因而需要有定量分析作基础。

(三) 中期经营计划的编制

在长期经营计划的指导下编制中期经营计划,编制程序如下:

1. 长期经营计划

在编制过程中,首先要以长期经营计划作为中期经营计划编制的根本依据,它是制定中期经营计划的出发点和归宿点。

2. 中期目标

中期经营计划确定企业的整体目标和分产品的目标。主要的目标项目有:销售额、产品结构、新产品比例、利润额、资本结构、资金利润率以及设备投资和人员的限额。一般以长期经营计划数字性目标中前三年的目标值作为中期目标。

3. 中期开发计划

根据长期经营计划确定的项目规划,制定资源投入和收支计划,规定时间进度表和责任部门。

4. 分产品的销售计划、生产计划、结构计划和利润计划

在中期经营计划中,要分别对每一种产品确定发展策略:扶持、撤退或改良,在此基础上安排每一种产品的销售计划、生产计划、结构计划、资源投入计划和利润计划。

5. 企业的销售生产计划

将分产品的销售生产计划经过综合平衡与协调,编制整个企业的销售生产计划。

6. 企业结构计划(设备和人员计划)

将分产品的资源投入与战略项目的资源投入综合起来,编制整个企业的结构计划,包括组成人员的结构和物质资源的结构。其中人员计划和设备投资计划是最重要的部分。这个计划分年度,以数值表示,在中期经营计划中占据重要地位。

7. 企业利润计划和经营比率表

企业利润计划由损益表、借贷平衡表和预算资金占用表构成。通过它不仅可以预测企业的利润水平,而且可以计算各项经营比率,预测各项经营目标可能达到的水平。

三、短期经营计划

(一) 短期经营计划的含义

短期经营计划是企业的年度计划。它的任务是适应企业内外的实际情况,组织和安排好企业的经营活动,以分年度逐步实现企业的经营目标。

(二) 短期经营计划的编制

短期经营计划以长期经营计划和中期经营计划为依据,并根据对短期社会需求和企业内外条件的预测进行编制。

短期经营计划有利润计划、生产计划、销售计划、工资计划、采购计划、生产费用预算和成本计划、资金计划和企业改造计划等单项计划

构成。

1. 利润计划

利润计划既是制定经营计划的前提,又是编制各种计划后的概括。按目的和对象的不同,可以将利润计划分为以下四种。

(1) 概要利润计划。概要利润计划是用来预测企业未来状况的利润计划。它或是从企业的现状出发来预测其未来的利润水平,或是针对某种经营战略方案预测其未来的利润状况。这种利润计划是预测性和概括性的,其目的是用来确定经营计划的战略方案。

(2) 规划项目利润计划。规划项目利润计划是对新项目未来的销售额、运营费用、利润、投资额、投资报酬率等进行计划估算,用来评估规划项目的经济效益。

(3) 产品利润计划。产品利润计划是对产品未来的销售额、费用、成本、利润、各项经营比率所进行的计划。它既是用来分析评价和确定产品战略方案的依据,又是制定企业综合计划的基础。企业产品都要制定产品利润计划,对计划期内要投入市场的新产品也不例外。

(4) 综合利润计划。综合利润计划是整个企业各种利润计划的综合。它的内容包括营业外收支计划、损益计划、借贷对照表计划、资金占用表计划以及反映企业经营目标计划水平的其他重要指标。

2. 销售计划

销售计划是以提高企业产品的市场竞争能力为基本目的而制定的计划,包括产品品质计划、价格计划、促销计划和销售渠道计划。它以确定的目标销售额和目标利润率为出发点,在市场调研与预测的基础上,分析本企业的产品品质、价格、促销、渠道等方面应该采取的最佳方案,据此预测本企业应达到的市场占有率和销售与利润水平,随之编制相应的计划。

3. 生产计划

生产计划是确定销售额目标所需要的生产能力的计划。首先要从质量、成本、时间和可靠性等方面,分析和商定产品的零部件或生产工序是自制还是外购、外协的问题。在此基础上确定企业自身所需的生产能力。在确定生产计划时,不仅要确定生产能力的数量规模,更要确定所需能力的质量水平。

生产计划包括产值计划、质量计划、生产要素投入计划、产品品种计划、生产进度计划等。

4. 工资计划

工资计划主要是确定企业为完成生产任务所需要的各类人员的数量、计划期内劳动生产率提高的水平、职工的工资总额和平均工资水平等。对人员的需要可以从目标利润出发来求得：人员限额＝(销售额目标×从事费用比率)/工资单价。也可以根据劳动生产率目标计划，即平均销售额目标来定员。每人平均销售额目标可以根据同行业平均水平和企业绩效来确定。

人员供给预测以企业现有人员的状况为基础，再预计计划期内将要发生的正常晋升、调动、退休等变化而求得。

5. 采购计划

采购计划主要确定企业生产、科研、维修等所需要的各种资源以及资源的来源和期限。采购计划保证企业生产经营活动的正常进行，它也是计算产品成本的重要依据之一。

6. 生产费用预算及成本计划

生产费用预算及成本计划主要确定企业为完成生产经营任务所需要的全部生产费用。包括单位产品成本计划、全部产品成本计划、可比产品成本降低计划等。它是企业生产经营状况好坏的综合反映，也是利润计划的重要基础。

7. 资金计划

资金计划是确定企业计划期限内所需资金状况、资金来源以及资金使用的计划。包括固定资金计划和流动资金计划。

固定资金计划的主要内容是编制新增固定资产计划和原有固定资产折旧两个方面；流动资金计划主要是在核定定额的基础上确定计划期内定额流动资金需要量。

企业在确定资金需要量后，应多方筹集资金，进行合理的分配使用，提高企业资金使用效率。

8. 企业改造计划

企业改造计划确定企业在计划期限内技术改造的方向和步骤、设备更新程度、组织措施改造的任务和进度等。它是企业为更好地适应客观条件,调整战略和决策变量,从而有效地从事生产经营活动,达到目标要求的计划。

企业在经营过程中除了必须具有以上各主要经营计划之外,还可以根据需要增加计划的内容,细分计划的层次,从而实现更有效的计划控制。

第三节　经营计划编制方法

不同的经营计划类型在编制过程中应采用与之相适应的编制方法。而每一种编制方法都有其自身的特点,在经营计划编制过程中应有针对性和选择性地加以选用。

一、经营计划编制程序

编制一个较完整的经营计划,一般需要经过以下程序:① 调查预测,估量机会;② 统筹安排,确定目标;③ 拟定方案,比较选优;④ 确定预算,综合平衡。

二、经营计划编制方法

(一) 滚动计划法

滚动计划法是将计划分为若干时期,近期计划具体详细,是具体实施部分;远期计划则较为简略笼统,是准备实施部分。计划执行一定时期后,根据环境的变化和具体情况的变化,对以后各期的计划内容进行适当的修改调整,并向前延续一个新的执行期。它是一种连续、灵活、有弹性地根据一定时期计划执行情况,通过定期调整,依次将计划时期顺延,再确定计划内容的方法。如图3-1所示。

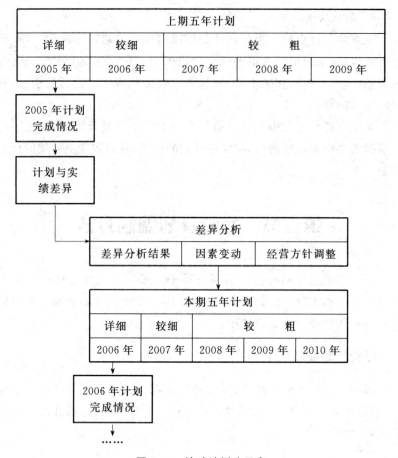

图 3-1 滚动计划法示意

采用滚动计划法可以使计划在环境变化时具有一定的灵活性,通过适当的调整使不利因素减至最少,使各个不同周期的计划前后衔接,使企业与市场衔接。

对于现代企业而言,由于其经营环境具有动态性和不确定性,因此,在经营计划的编制过程中,要有效地应对环境所带来的影响,滚动计划不失为一种比较适用的方法。长短计划有机结合,既可以反映出计划年度的具体性,又可以反映出长期计划的轮廓性。

（二）PDCA 循环法

PDCA 循环法就是按照 P——计划、D——执行、C——检查、A——处理四个阶段的顺序，周而复始地循环进行计划管理的一种方法。

1．计划

计划（plan）阶段的主要工作包括确定经营方针、目标；制定经营计划并将经营计划的目标和措施落实到企业内部的各个部门与环节。

2．执行

执行（do）阶段的主要工作是将制定的各项具体计划，按照落实到各部门各环节的要求组织执行与实施。

3．检查

检查（check）阶段的主要工作是根据对实施情况进行检查，并根据检查结果采取相应的措施，总结成功的经验并将之定成标准，形成制度，加以巩固和发展；同时总结失败的教训，防止再次发生。对没有解决的遗留问题应进一步找出原因，并转入下一个循环去解决。

4．处理

处理（action）阶段的主要工作是针对检查阶段所暴露的问题，及时地进行有效的处理，保证这类问题不会带入下一个循环阶段。

PDCA 循环法的四个阶段首尾相接、不断循环，每一次循环都会有新的内容和要求，它把计划的编制、执行和控制有机地结合在一起，有利于提高企业计划管理的水平。

PDCA 循环法在运行过程中呈现出三个特点：

第一，大环套小环，互相促进。在经营计划工作中，整个企业是一个大的 PDCA 循环，而各部门、各环节、各岗位又都有各自更小的 PDCA 循环，通过小循环保证大循环的有效运行，从而形成了一个大环套小环的综合循环体系，大环为小环提供运转的依据，小环为大环的转动提供保障，彼此协同、互相促进。

第二，各环每循环周转一圈就提高一步。PDCA 的四个阶段依次循环转动一圈就解决了一些问题，并提出了新的需要解决的问题，使计划管理工作提高一个台阶，如此不断循环转动，促使企业的计划管理水平不断提高。

第三，关键在于处理阶段。要抓住这一阶段才能防止同类问题的再次发生，才能肯定成绩、纠正错误，不断提高计划的水平。

还有一点必须说明：在运用 PDCA 循环法时，要以准确的数据资料为基础，用数字来说明存在的问题，这样才能更好地从实际出发，讲求实效地解决问题，杜绝同类问题的再次发生。

（三）综合平衡法

综合平衡法是计划工作的基本方法。所谓综合平衡就是这样一种工作，即通过协调与计划要达到目标有关的因素，使其在计划期内保持合理的比例，以取得最理想的经济效益的活动。做好综合平衡是计划工作的中心内容，也是提高计划水平的关键所在。

综合平衡要解决的核心问题，就是研究如何正确确定企业生产经营活动中的一些主要比例关系，并使这些比例关系协调一致。综合平衡需考虑的关系有以下四种。

1. 资源分配关系

包括物资、人员、财力的分配，要保证资源分配与计划任务尽可能达到平衡。

2. 平衡对等关系

这种平衡对等关系要使生产关系与需求、收入与支出、市场需要与供应保持平衡。

3. 投入产出关系

这对关系也就是生产与投入、消耗与成果、费用与效益的关系。

4. 整体与局部的关系

主要考虑企业生产经营活动由哪些部分组成，如何组成以及各环节、各部门和个人之间的协调衔接关系。

企业综合平衡的任务就是在企业生产经营活动的复杂联系中寻求最优比例的基础上，确定最优的发展速度、最优的经济效益，把比例、速度、效益三者有效地统一起来。

综合平衡不单是指通过反复平衡制定科学的计划，而且要在计划执行过程中，保证企业生产经营活动按比例运行。这就需要综合考虑影响企业生产经营活动的各项因素,创造一些条件,采取一系列措施,对企业生产经营活动进行指导、监督、控制和协调,达到企业综合平衡的要求,实现经营计划预定的目标。

第四节　经营计划的控制

现代企业经营计划是一个整体的概念,经营计划的制定完善并不意味着计划工作的结束,从循环的角度来看,经营计划的制定工作仅仅是计划工作的一部分,而对经营计划的执行与控制可以反馈出经营计划的合理性与有效性,对于不合理的内容及时加以整改。

一、经营计划控制的任务

经营计划控制的基本任务是发现偏差、分析偏差和纠正偏差。

(一) 发现偏差

在经营计划执行过程中通过各类手段和方法,分析计划的执行情况,以便发现计划执行中的问题。对于企业生产经营中出现的任何问题我们都不能放过,都要把它找出来,否则就有可能影响到经营计划的执行和企业目标的实现。

(二) 分析偏差

分析偏差实际上是对经营计划执行过程中出现的问题和偏差进行研究,找出出现问题和偏差的原因,确定到底是计划制定的不合理还是计划执行的不合理。如果是计划执行出现偏差,则找出造成偏差的主要原因、环节和责任单位,以便采取针对性的措施;如果是计划制定得不合理,则要考虑对经营计划作相应的修改。

(三) 纠正偏差

通过分析偏差知道了产生偏差的主要原因,这时就要根据偏差产生的原因采取针对性的纠偏对策,使企业生产经营活动能按既定的经营计划进行,或者通过修改经营计划,使它能继续指导企业生产经营活动。通过发现问题、分析问题、解决问题的控制过程,就可使企业的经营计划达到新的平衡。

二、经营计划控制的步骤

（一）确立标准

判断经营计划是否完成,必须要以客观的标准加以判断,因此,控制必须有标准。企业经营计划的指标、各种技术经济定额、技术要求等,都是检查计划执行情况的标准。

（二）测定执行结果

控制是为了及时纠正经营计划执行结果与目标之间的偏差,因此,对经营计划执行结果的掌握是至关重要的一个方面,需要通过适当的手段来测定经营计划的执行结果。一般可以通过统计报表和原始记录等资料来测定经营计划的执行结果。这些资料越准确、越完整,测定的结果就越准确,越能反映计划执行的实际状况,使得控制恰到好处,取得比较满意的控制效果。

（三）比较执行结果

这一步骤将测定的执行结果与预期目标进行比较、分析。比较分析的目的是看执行结果是否与预期目标发生偏差。因为在实际工作中总会出现一些偶然性偏差,这属于正常现象。但是,如果出现较大的偏差,一要分析这些偏差对经营计划的影响程度,二要查明出现偏差的原因,分析到底是客观条件发生变化导致的偏差,还是经营计划执行不力或是预期目标定得过高而导致的偏差。

比较分析的常用方法是经营计划执行情况图表。现代企业运用电子计算机来完成此项工作,在基础资料准确的基础上,应用计算机可以提高效率和分析的准确度,及时发现问题和偏差,及时提出改进的设想。

（四）纠正偏差

纠正偏差的方式有两种:一种是采取措施使经营计划的执行结果接近预期目标;另一种是修正预期目标。在选择纠正偏差的方式时一定要慎重,经营计划的修正可以说是牵一发而动全身的工作,因此,只有在发现对预期目标有重大影响的一些条件和因素发生意外变化,或是对影响经营计划的前提条件和因素的预测估计出现较大误差的情况下才进行纠正偏差。如果对这两种情况即便采取了措施也不能使偏差消失,那就必须修订预期目标本身,调整整个经营计划的框架。

经营计划的执行和控制与经营计划的制定一样带有全员性,需要全体员工在经营计划的执行过程中,随时注意自己所要完成的经营计划与执行情况之间有什么不同,对出现的任何一点偏差都不要放过,及时反馈经营计划的执行情况,甚至还要根据过去的经营计划执行情况加以分析和预测,以便发现影响经营计划完成的隐患,有预见性地采取调整措施,尽可能使企业的运营不偏离经营计划的指导。如果确实需要调整经营计划,也要尽可能地做到准确预见、及时调整,尽量减少调整的负面影响。

 复习与思考

主要概念

经营计划　滚动计划法　PDCA 循环法

复习题

1. 经营计划体系包含哪些内容?
2. 经营计划的任务是什么?
3. 制定经营计划要考虑哪些原则?
4. PDCA 循环法有哪些特点?
5. 经营计划控制的任务是什么?

第四章 现代企业产品创新与开发

 学习目标

完成本章学习后,你应该能够:
- 掌握产品创新的含义和特点
- 熟悉产品创新的类型和模式
- 了解企业开发新产品的原因及风险
- 理解新产品开发的准则
- 熟悉新产品开发的程序
- 了解新产品开发的组织特征和形式
- 了解基于市场导向的新产品开发能力

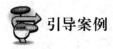 引导案例

润妍的退市

宝洁公司自 1987 年登陆中国市场以来,在中国日用消费品市场可谓是所向披靡。但 2002 年宝洁却在中国市场上打了败仗,其在中国本土推出的第一个原创品牌——润妍洗发水,输得一败涂地,短期内就黯然退市。

1997 年,重庆奥妮洗发水公司根据中国人对中药的传统信赖,率

先在全国大张旗鼓地推出了植物洗发全新概念,并且在市场上表现极为优秀,迅速取得了显著的市场份额。其后,夏士莲着力打造黑芝麻黑发洗发露,利用强势广告迅速对宝洁的品牌形成新一轮的冲击。而宝洁旗下产品却被竞争对手贴上了"化学制品"和"非黑头发专用产品"的标签。为了改变这种被动的局面,1997年宝洁调整了其产品战略,决定在旗下产品中引入黑发和植物概念品牌,提出研制中草药洗发水,并且邀请了许多知名的中医,向来自研发总部的技术专家们介绍了传统的中医理论。

在新策略的指引下,宝洁按照其一贯流程开始研发新产品。先做产品概念测试,找准目标消费者的真正需求,研究全球的流行趋势。为此,宝洁公司先后请了300名消费者进行产品概念测试。

——"理想中的黑发是什么?"

——"具有生命力的黑发。"绝大多数消费者如是说。

——"进一步的心理感受?"

——"我就像一颗钻石,只是蒙上了尘埃,只要将她擦亮,就可以让钻石发出光芒。"

在调查中,宝洁公司又进一步了解到,东方人向来以皮肤白皙为美,而头发越黑,越可以反衬皮肤的白皙美。经过反复多次的概念测试,宝洁公司基本上握住了消费者心目中的理想护发产品——滋润而又具有生命力的黑发最美。

经过了长达3年的市场调查和概念测试,宝洁公司终于在中国酝酿出一个新的产品:一种全新的展示现代东方女性黑发美的润发产品,取名为"润妍",意指"滋润"与"美丽"。在产品定位上,宝洁舍弃了已经存在的消费群体市场而另辟蹊径,将目标人群定位为18—35岁的城市高收入女性。宝洁认为,这类女性不盲目跟风,她们知道自己的美在哪里。融传统与现代为一体、最具表现力的黑发美,也许就是她们的选择。但是,重庆奥妮最早提出了黑头发的利基,其经由调研得出的购买原因却是因为明星影响和植物概念,而夏士莲黑头发的概念更是建立在"健康、美丽夏士莲"和"黑芝麻"之上,似乎都没有着力强调"黑发"。并且,润妍采用的是和主流产品不同的剂型,洗发和润发分两个步骤,将洗头时间延长了一倍。宝洁公司认为,专门用润发露护发的方法已经是全球的趋势,发达国家约有80%的消费者长期使用润发露。因此,宝洁认为润发露在中国具有巨大潜在的市场。针对细分市场的需求,宝洁的日本技术中心又研制开发出了冲洗型和免洗型两款"润妍"润发产品。其中,免洗型润发露是专门为忙碌的职业女性创新研制的。

产品研制出来后,宝洁公司继续请消费者做使用测试,并根据消费者的要求,再进行产品改进。最终推向市场的"润妍"产品强调专门为东方人设计,在润发露中加入了独创的水润中草药精华(含首乌),融合了国际先进技术和中国传统中草药成分,能从不同层面上滋润秀发,特别适合东方人的发质和发色。

宝洁还通过设立模拟货架让消费者检验其包装的美观程度。即将自己的产品与不同品牌特别是竞争品牌的洗发水和润发露放在一起,反复请消费者观看,然后调查消费者究竟记住什么,忘记什么,并据此做进一步的调整与改进。

在广告测试方面,宝洁让消费者选择她们最喜欢的广告。先请专业的广告公司拍摄一组长达6分钟的系列广告,组织消费者来观看;然后请消费者选择她们认为最好的三组画面;最后,根据绝大多数消费者的意见,将神秘的女性、头发芭蕾等画面进行再组合。广告片的音乐组合也颇具匠心,现代的旋律配以中国传统的乐器古筝、琵琶等,进一步呼应"润妍"产品的现代东方美的定位。

在润妍广告的最终诉求上体现的是:让秀发更黑更漂亮,内在美丽尽释放。即润妍信奉自然纯真的美,并认为女性的美就像钻石一样熠熠生辉。"我们希望能拂去钻石上的灰尘和沙砾,帮助现代女性释放出她们内在的动人光彩。"在推广策略上,宝洁公司认为,杭州是著名的国际旅游风景城市,既有浑厚的历史文化底蕴,富含传统的韵味,又具有鲜明的现代气息,受此熏陶兼具两种气息的杭州女性,与"润妍"着力塑造的既现代又传统的东方美一拍即合。于是,宝洁选择了从中国杭州起步再向全球推广,并在"润妍"产品正式上市之前,委托专业的公关公司在浙江进行了一系列的品牌宣传。

从产品研究与市场推广来看,宝洁体现了它一贯的谨慎。但在三

第四章　现代企业产品创新与开发

年漫长的准备时间里,宝洁似乎在为对手创造蓄势待发的机会。奥妮败阵之后,联合利华便不失时机地将夏士莲"黑芝麻"草本洗发露系列推向市场,并以低价格快速占领了市场。2002年4月,在经历了中国市场两年耕耘后,润妍全面停产,逐渐退出市场。

在急剧变动的经营环境中,追求成长是企业的主要经营目标之一。企业经营首先要求生存,其次则应获得成长。唯有通过不断的成长,企业才能维持生存的活力。而企业获得成长的关键在于不断创造新产品和改进旧产品,创新是企业得以发展的唯一途径。

第一节　产品创新概述

美国著名管理学家杜拉克说:"任何企业只有两个——仅仅是两个基本功能,就是贯彻市场营销观念和创新,因为它们能创造顾客。"因此,创新是企业的基本功能之一,是基本的企业行为。

一、产品创新基本概念

(一) 产品创新的定义与特点

1. 产品创新的定义

产品创新是现代企业发展的焦点,但是对产品创新的含义至今还未形成严格而统一的定义,归纳起来,比较有影响的观点主要有以下几种。

经济合作与发展组织对产品创新的定义是:为了给产品用户提供新的或更好的服务而产生的产品技术变化。

曼斯菲尔德认为,产品创新是企业以新产品构思开始、以新产品的销售和交货为终结的探索性活动。

厄特拜克等认为,产品创新是为了满足用户市场的需求而引进的一项新技术或技术的组合并实现商业化。

刘希宋认为,现代产品创新是建立在广义的产品整体概念基础上的以市场为导向的技术创新系统工程,即在强大的利润动机和潜在利益的前景推动下,以新的概念出发,将产品要素合理组合,研究、制造出尚未为消费者知晓的或与过去产品有新的质的不同的新产品,并实现市场销售的活动过程,它包括产品从研究开发到试制、生产和销售的全部活动。

苏珊·哈特和许庆瑞认为,凡是技术创新活动引向开发新产品的,都称为产品创新。

傅家骥将产品创新定位为创新的目的是得到新的或有某种改进、改善的产品,包括工业设备,即技术上有变化的产品的商业化。按照技术变化量的大小,产品创新可分成重大的产品创新和渐进的产品创新。

本书将产品创新概括为:产品创新是建立在产品的整体概念基础上,以市场和技术为诱导机制,贯穿于产品研究开发和商业化扩散全过程的活动,是功能创新、形式创新、服务创新的多维创新组合,它包括新产品的开发和老产品的改进。

2. 产品创新的特点

(1) 产品创新有较大的风险性。产品创新的风险性是指产品创新投入是否获得收益或获得多少收益,具有很大的不确定性。这是因为产品创新作为一种具有创造性的过程,必然包含许多可变因素以及事先难以估计、不可控制因素的作用,如果某项开发遇到突发因素没有获得成功,那么对这项产品创新的投入也就无法收回。产品创新过程中的主要风险包括:环境风险、技术风险、生产风险、市场风险和管理风险。

(2) 条件的依存性和发展的动力性。不同的条件环境下,企业产品创新的模式也不同,在相关环境约束下,企业产品创新是对现有技术条件的优势集成和突破性扩张。创新依存于企业技术经济水平和生产经营条件,企业技术状况的不平衡和条件优势决定着创新的目标、内容和力度。反过来,企业技术进步又依赖于产品创新,它是全面加速企业发展的根本推动力。产品创新可以促进产品、设备的更新换代,实现生产过程的机械化、自动化和管理技术的科学化、现代化;可以节约劳动,节约材料,节约能源,降低成本;它对于克服短期行为,增强企业实力,积蓄发展后劲具有重要意义。

第四章　现代企业产品创新与开发

(3) 结构的多维性与变量的关联性。技术结构、经济结构与组织结构相互交织使企业产品创新呈现高度复杂的多维特征。仔细观察一项成功的创新活动,就会发现创新结构是由目标、对象、力度、动力、主体、组织等多要素支撑起来的,每个要素的变化都会导致产品创新模式的转化和变化。也正是这种多维的变化组合,推动了企业丰富多彩的技术创新局面。然而,一定创新活动的变量选择不是任意的,除了受制于企业经营条件、环境以及其他创新特性的约束外,变量间的关联也是一项重要的制约函数。创新目标确定以后,创新的对象和内容就有了依据,从而可以进一步地对创新力度和参与主体做出规划,决定采取何种组织模式。

(4) 产品创新活动的国际化趋势日益明显。随着经济活动和科技活动的国际化趋势日趋加强,产品创新的国际化趋势也日益明显,科学技术的发展使企业的产品生产与开发已超越国界,各国竞相应用国外的优秀科研成果来开发本国的产品。各国有各国的长处,有各自的优势产品,通过国际贸易,互通有无,使全世界消费者都有机会使用国际新产品和具有国际先进水平的消费品。

(二) 产品创新的类型与作用

1. 产品创新的类型

产品创新可以有许多不同的分类方法,根据产品创新类型与产业演化格局的联系,我们把产品创新分为以下类型:

(1) 根本性创新。根本性创新是指企业首次向市场引入的、能对经济产生重大影响的创新产品或技术。根本性创新包括全新的产品或采用与原产品技术完全不同技术的产品,如移动电话、计算机、互联网、晶体管、集成电路、太阳能发电等,以上技术产品的问世,都给社会带来革命性的进步。根本性创新常与科学上的重大发现相联系,创新过程往往要经历很长时间,并经受其他各种程度创新的不断充实和完善,同时,它也会引发出大量其他创新。虽然大多数根本性创新仍应用于现行市场和顾客,但是它们会造成现有技术和生产方面核心能力的过时。因此,根本性创新常常能够主导一个产业,无论是产生新产业还是改造老产业,根本性创新都是引起产业结构变化的决定性力量,并彻底改变竞争的性质和基础。

(2) 结构性创新。结构性创新的竞争焦点和成功标志是形成产品的主导设计与行业标准。结构性创新的突出特征是新产业的创造以及老产业的重塑。这些创新界定了产品和工艺的基本结构,为技术和市场以后的相继开发建立了日程表。因此,结构性创新冲破了现有产业的约束,不仅影响了技术的发展,而且塑造了产品、市场、企业和用户之间新的联结方式。结构性创新往往是技术突破所导致的,一旦某个创新成为产品的主导设计和行业标准,创新成功者就将获得显赫的市场地位。如微软的 Dos 和 Windows 系统、英特尔微处理器等。虽然结构性创新中包含一些破坏性的技术因素,但它把以前的多种技术创新综合起来,为创新者创造了有利的市场地位。

(3) 空缺创造式创新。使用现有技术打开市场机会是空缺创造式创新的核心。空缺创造式创新对产品进行稳定、细腻的细化、改进或改变,使之支撑新市场向纵深发展。在某些情况下,空缺创造式创新只涉及较小的技术变化,因此,对生产系统和技术知识的影响是渐进性的,这类产品创新常常能导致意义重大的新产品引入、以产品特性为基础的激励竞争、技术改进甚至变迁。但是,这类创新如果易于模仿,它的竞争作用就会大大降低,所以企业单靠这类创新不足以建立长久的竞争优势,如果企业要在这种市场中取得长期成功,则必须引入一系列的产品、工艺创新,以抵制竞争对手的进攻。

(4) 渐进性创新。创造空缺和建立新结构的创新都是看得见的,相比而言,渐进性创新几乎是看不见的,如设计的改进、质量的提高、成本的改善等。但它对产品的成本和性能具有巨大的累积性效果。渐进性创新所涉及的变化都是建立在现有技术和生产能力之上的变化以及现有市场和顾客的变化。这些变化的效果是加固了现有技能和资源。与其他类型的创新相比,渐进性创新更多地受经济因素所驱动。

在渐进性创新中,工艺技术的渐进性变化往往既提高了生产率,又提高了工艺能力,同时也提高了竞争对规模经济和对资本设备投资的要求。此外,对产品设计和工艺的细致改进将会使某一特定技术所支撑的产品数量增大,结果既支持了规模经济,又支持了整体经济。虽然某个特定的渐进性创新所产生的进步微不足道,但持续进行这类产品创新就能开创一项事业,从而实质性地改变企业获取竞争优势的方式。

2. 产品创新的作用

产品创新对于企业的作用主要体现在以下几个方面:

(1) 有助于提高企业竞争地位。随着经济的发展,消费者的需求呈现出个性化、层次化与多样化的特点,使得企业的生产方式也逐步开始从大量生产向大量定制过渡,产品更新换代速度加快,因此,企业通过产品创新,比竞争对手更快更好地推出适销对路的新产品,掌握市场竞争的主动权,是企业在激烈的市场竞争中确保竞争优势,维持企业生存和促进企业成长的法宝。

(2) 有助于提高企业经济效益。产品是企业的生命,企业的一切生产经营活动都围绕如何使其产品满足社会需求这个中心进行,目的就是追求企业利润最大化。调查发现,发达国家大多数企业销售额和利润的30%—40%都来自五年前尚不存在的新产品,由此可见,产品创新在企业中的作用日益突出。

(3) 推动企业技术进步。产品是需求和技术结合的产物,产品创新实质上就是一个采用技术实现需求的创新过程。当前产品创新的趋势是提高产品技术含量,增加产品附加值,这要求企业有先进的技术装备、工艺技术、操作方法等作为保证,它必然导致企业产品、设备、工艺、生产、管理等一系列的变革,而这正成为企业技术进步的推动力。

(4) 激发企业创新精神。企业产品创新是具有高度创造性的智力活动,从战略规划、机会识别到创意的产生、概念开发,再到实体开发和最终的商业化,每一阶段都凝聚着企业员工的智慧和创新精神,整个过程也是所有部门团结协作、开拓创新的过程,因此产品创新增强了企业凝聚力,也培养了各部门之间的协同创新精神。

(三) 产品创新的模式

1. 创新模式的选择

常见的产品创新模式有以下三种:

(1) 自主创新模式。自主创新模式是指企业以自主研究开发为基础,通过自身的努力和探索产生技术突破,攻破技术难关,并在此基础上依靠自身的努力推动产品创新的后续环节,完成技术的商品化,获取商业利润,达到预期目标的产品创新模式。不少大企业都有自己的科研部门,从事有关产品的基础研究和应用开发,能够积极响应市场的新潮流。

(2) 模仿创新模式。模仿创新模式是指企业以自主创新者的创新思路和创新行为为榜样,并以其创新产品为示范,跟随率先者的足迹,充分吸取先行者的成功经验和失败的教训,通过引进购买等手段吸收和掌握率先创新者的核心技术和技术秘密,并在此基础上对率先创新进行改进和完善,进一步开发和生产富有竞争力的产品的创新模式。

(3) 合作创新模式。合作创新模式是指企业之间或者企业和研究机构、高校之间的联合创新,通常是以合作伙伴的共同利益为基础,以资源共享或优势互补为前提,有明确的合作目标、合作期限和合作规则,合作双方在产品创新的全过程或某些环节共同投入、共同参与、共享成果、共担风险的一种产品创新模式。

上述三种模式是相互联系的,一个企业往往是从产品的模仿创新和合作创新最后发展到自主创新的。只有通过模仿和合作创新才能逐步积累自己的产品、资金实力、管理经验和人才队伍,为进行自主创新奠定基础。

2. 创新模式选择的原则

企业在选择产品创新模式时,应遵循以下原则:

(1) 模式的选择要以创新能力为基础,根据企业实际进行选择。自主创新模式是企业依靠自身力量,通过独立的研发活动而获得技术上的突破,这种模式在竞争中处于十分有利的地位,但同时企业也要承担高成本的研发投入风险。而模仿创新模式由于企业能够最大程度地吸取率先创新者成功的经验与失败的教训,吸收与继承率先创新者的成果,从而巧妙地利用跟随和延迟所带来的效应,有效回避市场沉默所导致的损失,避免了市场开发初期需求和市场行为不确定性的风险。从总体上看,模仿创新模式不失为大多数企业进行产品创新的选择。如果采用合作创新模式,则有利于企业开展以知识积累为主要特征的基础研究和应用研究,有利于接近大学或研究机构正在进行探索的技术前沿,从而有利于企业把握新的产品技术的发展动态,捕捉新的产品技术信息。

现实中的企业通常并不具备完整的、单独的实施某一产品创新模式的客观条件,而是同时具备几种创新模式实施的主要条件,因此,从企业的实际情况出发,选择多种产品创新模式的复合模式,有利于企业充分利用已有的资源,获得各种创新模式所带来的优势,加速企业产品创新的速度,有效地实现经营战略目标。

（2）模式的选择要符合企业经营战略目标的要求。产品创新是实现企业经营战略目标的重要手段,采用什么样的产品创新模式是企业经营战略的重要组成部分,如果产品创新模式不符合企业经营战略的要求,就会出现南辕北辙的情况,不仅浪费资源,而且事倍功半。在一段时期某一既定的经营战略下,随着企业经营情况的转变,复合产品创新模式的重点也应进行相应的转移。尤其是在快速多变的市场中,企业要根据市场机会来调整自己的组织结构和制度,培育一种动态的能力,迅速适应新出现的市场。

第二节　产品开发与管理

在讨论新产品开发过程前,我们需要先了解一下企业开发新产品的内在原因、潜在风险以及新产品开发的内容。

一、新产品概述

（一）新产品开发的原因与风险

1. 开发新产品的原因

企业开发新产品的主要目的是为了成长,我们可以将企业开发新产品的原因加以细分,如图4-1所示。

由图可以看出,企业基于下列四个原因而开发新产品:

（1）市场需要。企业营销的基本目标是为了满足顾客的需要,并据以获得利润。若市场上的顾客需求一直都缺乏商品来满足,或是顾客对现有的产品不满意,企业就应设法开发出新产品,来争取顾客。

(2) 竞争加剧。经营环境中的竞争越来越加剧,企业需要开发新产品来应对。

首先,企业在竞争对手的包围下,希望维持或增加市场占有率。为了不让对手夺走顾客,或是积极地希望从对手那里夺走顾客,企业就必须推出新产品,来挽留顾客和开发客源。

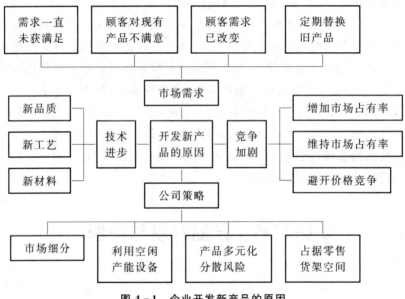

图 4-1 企业开发新产品的原因

其次,在市场上盛行价格竞争时,避开竞争的主要手段就是推出新产品,使顾客缺乏价格比较基准而无法要求企业降价。

(3) 公司策略。企业基于经营策略而推出新产品,是颇为常见的现象,这是属于相当主动的做法。

首先,有许多企业逐渐从无差异营销走向差异营销。这些企业利用市场细分技术,发现了一群拥有特殊需求的顾客,于是便以开发新产品来满足他们。

其次,有些企业所推出的产品,在市场上的需求量已趋于饱和,但是,企业仍有闲置的产能或设备。为了利用这些产能或设备,于是企业另外开发出新产品,以扩大销量。

再次,有些企业是为了分散风险而开发新产品,走向多元化,这在生产单一类产品的企业中最为常见。这些企业原本只生产某一类商品,但是,市场上的需求可能会波动,产业的前景可能不乐观,为了避免业务上的风险,所以要开发新产品。

还有一些厂商惯于采取模仿策略,在市场领导者推出新产品且有相当销量后,立即根据竞争产品制造出类似的产品,希望也能搭个便车,分享市场,此种做法颇为常见。

最后,有些企业为了争夺零售商的货架空间,于是开发出类似的新产品。因为单一产品在零售店货架上所能展售的空间有限,若能多生产几种新产品,则在每一种产品所占据的货架空间不至于缩小太多的原则下,就企业整体而言,所能占据的总货架空间即可加大,因而销量亦可相对增加。

(4)技术进步。技术进步是迫使企业不得不开发新产品的主要原因之一。产品品质提高,或是有较新的工艺出现,或是有较新的材料、零件出现等,均可能迫使企业采用新材料、新工艺,而且制造出新的产品。

2. 新产品开发的风险

新产品开发是一项风险很大的活动,对于全新产品开发而言风险更大,由于其投资大、时间长、变化因素较多,风险更加突出。各种影响因素将对企业产生非常不利的影响,因此必须对新产品开发的风险进行预测和防范。新产品开发的风险主要有:

(1)外部环境的不确定性。企业的外部环境不是一成不变的,而是不断变化的。外部信息的不完整性、相对环境变化的滞后性、外部环境因素的突变性等,都会使企业难以获取关于外界环境有效的充分的信息,从而增加了新产品开发的风险。

(2)激烈的市场竞争。由于买方市场的出现,产品供过于求,市场竞争非常激烈,每一个企业只能在较为狭小的市场范围内开展经营。同时,市场竞争有可能导致多家企业同时开发某一新产品,从而使产品一进入市场就面临激烈的竞争,这不仅使企业的市场进入成本大大增加,而且还有可能很快被挤出市场。另外,新产品跟进者的模仿,使新产品开发者的市场份额大大缩小,获利空间大大降低,很难收回开发成本,大大增加了开发风险。

(3) 较高的资金投入。新产品开发资金投入提高主要表现在:一方面社会的发展,人们消费意识的提高,消费者需求的个性化、多样化,对环保、安全等方面的要求提高,这就在一定程度上增加了单个产品创意的开发成本;另一方面,产品创意中只有很少获得成功,创意的失败率很高,这样又大大增加了开发成本。因此,每一项新产品投放市场,其前期都伴随着大量的资金投入。

(4) 资金短缺。资金的问题已成为新产品开发的一大制约。一些好的产品创意往往需要很多开发资金的投入,过高的开发费用再加上融资困难,使许多企业因没有筹措到足够的新产品开发资金而造成新产品开发的半途而废。

(5) 缺乏大量有效的新产品创意。创意是新产品开发的首要前提,但创意的产生并不是一件容易的事,特别是对于一些比较成熟的产品来讲,创意的余地已经相当狭窄,这往往成为新产品开发的一大瓶颈。

(二) 新产品开发的内容和准则

1. 新产品开发的内容

企业开发新产品的内容是非常广泛的,它既涉及新产品的结构、功能、品种、花色和使用方式的开发;又涉及与新产品开发有关的科学研究、工艺设备、原材料及零部件的开发;还涉及新产品销售中的商标、广告、销售渠道和技术服务等方面的开发。总的说来,企业新产品开发的主要内容可以概括为三方面:一是产品整体性能的开发;二是产品技术条件的开发;三是产品市场条件的开发。其内容体系如图 4-2 所示。

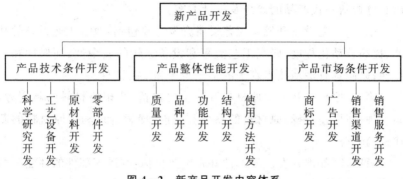

图 4-2 新产品开发内容体系

(1) 产品整体性能的开发。产品整体性能的开发是新产品开发活动中最重要、最基本的一部分,它直接决定着产品的素质,决定着产品的成败。不断扩大产品整体性能开发的深度和广度,对搞好新产品的开发具有十分重要的意义。

第一,质量开发。质量开发主要包括:质量标准的改进或提高;质量测试手段和保证体系的完善;对存在质量问题的各种原因的分析;开拓产品新的质量性能的途径。

第二,品种开发。品种开发主要包括:淘汰或改进老产品的品种;增加新品种、新花色、新式样;发展品种的新系列等。

第三,功能开发。功能开发主要包括:扩大产品功能的范围;发掘产品的新功能;增加产品的特殊功能等。

第四,结构开发。结构开发主要包括:创造产品的新结构、新的构成原理;研制和设计产品的新造型结构;缩小产品体积;改进产品包装,增加产品的艺术美等。

第五,使用方式开发。使用方式开发包括:改进产品的落后使用方式;增加新的使用方式;研究产品使用的安全性、方便性和灵活性等。

(2) 产品技术条件的开发。这是新产品的基础性开发活动,它为产品整体性能的开发提供了必要的条件或手段。搞好这方面的开发活动,对提高产品的素质,保证产品的成功开发,具有决定性的影响。

第一,科学研究开发。科学研究开发主要包括:收集、整理最新科学技术发展成果的资料或情报;研究最新科学技术成果的应用途径;提出和分析新一代产品的设想及设计方案。

第二,工艺设备开发。工艺设备开发主要包括:改进工艺设备的功能、提高自动化程度;研究工艺流程和设备运转的安全性、环保性和效益性;研制具有最新技术水平的工艺装置和设备部件。

第三,原材料开发。原材料开发主要包括:开拓原材料的新资源、新品种、新用途;提高原材料的品质和效能;探索合理利用原材料的新途径、新方法。

第四,零部件开发。零部件开发主要包括:改进零部件的性能和结构;研制零部件的新材料或其他代用品;提高零部件的标准化、系列化、通用化程度;研究新的零部件组合与制造方法。

(3) 产品市场条件的开发。这是新产品效益性的开发活动,它对于实现产品价值、提高产品的效益性、竞争性,具有重要的作用。搞好这方面的开发活动,是保证新产品开发获得成功的重要环节。

第一,商标开发。商标开发主要包括:设计和使用有效的商标;研究商标与产品的关系,提高商标的竞争力;扩大商标宣传,保证商标的使用权;确立名牌商标的信誉等。

第二,广告开发。广告开发主要包括:探讨设计最富有吸引力的广告内容;扩大广告宣传的新领域、新对象;选择广告宣传的新形式或新媒介;提高广告宣传的针对性和竞争力。

第三,销售渠道开发。销售渠道开发主要包括:增加销售网点,扩大销售能力;选择合理的销售路线;研究和采用最有效的销售方式;开拓产品新的销售市场、新的销售对象等。

第四,销售服务开发。销售服务开发主要包括:研究有效的销售服务形式;增加新的销售服务项目;完善销售服务的手段,提高销售服务的质量;探讨进一步为用户服务的各种可能性。

2. 新产品开发的准则

企业开发新产品的目的,是为了满足社会和消费者日益增长的需要,提高企业的竞争力和应变力,以实现企业的经营目标。可是,有些企业开发出来的新产品,创意虽好,但却无法生产;或者虽进入市场,但不受消费者的欢迎;或者虽然为消费者所接受,但很快就在市场上销声匿迹。这些情况说明,作为新产品,并不是可以随意开发出来的,要被市场接受,必须符合一定的要求。

(1) 先进性。新产品的设计必须合理或有独到之处,在技术性能、结构、指标上必须具有一定的先进性。如果新产品在总的设计和技术水平方面还落后于现有的产品,不管在其他方面有什么改进,都不可能成为新产品,更不可能取代原有产品。

(2) 效益性。新产品对生产者和消费者都必须具有经济效益。如果这种新产品在技术性能上很先进,但生产它耗资巨大,生产者做不起,消费者买不起,那也不能成为现实的新产品。一般来说,随着产品的不断更新,新产品与原有产品比较应有更大的效益性,只有在增加产品功能的情况下,又不断降低成本、降低售价,才会被市场接受,受到消费者的欢迎。而且,一种新产品的效益性越高,其开发扩散的速度就会越快。

(3) 实用性。企业在开发新产品时,必须考虑它的实用性,即使是"物美价廉"的新产品,如果没有实用价值,或者使用不安全,或不符合消费者的习惯,也会被市场拒绝。例如,有家企业开发出一种柠檬型香皂,原料经过了精选,形状、大小、香味和真正的柠檬果相仿,价格也很便宜。但在试销过程中很快就无人问津了,原因是香皂在使用时遇水后无法拿住。这说明实用性对新产品而言是不可缺少的性能。

(4) 创造性。任何新产品与原有产品相比,都应具有新的特征,或者采用了新的原理、结构,或者采用了新的材料、元器件,或者具有新的用途、新的功能等。没有差异,没有创新,就没有新产品可言。即使是对原有产品的部分改进,也是在原有产品基础上的一种创造性劳动的结果。所有新产品都是对原有产品的不同程度的创新。创造性也是新产品的一种本质特征。

二、新产品开发程序

新产品开发工作涉及企业在开发新产品、改进老产品、采用新技术和改变生产组织时所进行的一系列技术活动。菲利普·科特勒把新产品开发过程归纳为八个阶段,即:创意、产生、创意筛选、概念发展和试验、制定营销战略、商业分析、产品开发、市场试销和商业化。

(一) 创意产生

所谓创意,就是开发新产品的设想。创意是新产品孕育、诞生的开始,虽然并不是所有的设想或创意都会变成产品,但是,寻求尽可能多的创意可为产品创新提供更多的机会。因此,现代企业非常重视创意的开发。

1. 创意的来源

新产品创意的来源很多,可以分为企业内部和外部两种。内部来源是指新产品的创意来源于企业的推销人员、研究人员、营销人员及企业高层管理人员。外部来源是指新产品创意来自顾客、竞争对手、经销商等,其中消费者是新产品创意的主要来源。实践证明,在来源于消费者创意的基础上发展起来的新产品,其成功率最高。据美国的有关调查表明,除军用品以外,美国成功的技术革新和新产品有60%—80%源自消费者的建议,或者源自消费者在使用中提出的改进意见。

不论创意的来源如何,最重要的是必须有一套系统的搜集方式,继而激发创意,鼓励有关人员参与。

2. 寻求创意的方法

新产品创意的形成需要知识、灵感、勤奋和创新精神,同时还应采用一些有助于创新形成的科学的创造技法。

(1) 头脑风暴法。这是由美国人奥斯本提出来的一种创造方法。其基本内容为:针对要解决的问题,召开5—10人的小型会议,与会者按一定步骤,在轻松融洽的气氛中交流思想,各抒己见,自由联想,互相激励和启发,让创造性思想火花产生共鸣和撞击,引起连锁反应,从而导致大量新设想产生。在会议过程中禁止对意见作出判断,尽可能产生新的构思。通过这种方法可以充分调动人员思考的积极性,从而产生好的创意。

(2) 特征列举法。这是由美国学者R·克劳福德提出来的一种获取新产品创意的有效方法。首先是对所满足的事物尽可能详尽地列举其特征,其次是对该事物提出改进特征,或者将其他事物特征移植过来对该事物进行改进。通过这种方法可以发现产品的优点和缺点,保持

第四章 现代企业产品创新与开发

优点,继续扩大,针对缺点,找出改进策略,从而发现新创意。

(3) 顾客问题分析法。邀请产品的使用者参加讨论会,在会上要求他们尽可能提出产品使用过程中所遇到的问题,然后对这些问题的主要特性、解决办法和改进成本进行评估,据此找出新产品创意。

(4) 强迫关系法。有关创意人员列举若干不同的物体,然后考虑每一个物体与其他物体之间的关系,从中引出更多的新创意。

(二) 创意筛选

提高新产品创意的质量是提高新产品开发过程成功可能性的重要因素。所以,在取得足够多的创意之后,要对这些创意加以评估,研究其可行性,并挑选出可行性较高的创意,这就是创意筛选。筛选阶段的目的不是接受或拒绝这一设想,而是在于说明这一设想是否与企业目标的表述相一致,是否具有足够的实现性和合理性以保证有必要进行可行性分析。

在创意筛选阶段,企业要避免两种过失:一是误舍,即企业未认识到该创意的发展潜力而将其误弃;二是误用,即企业将一个没有发展前途的创意付诸开发并投放市场。不论是误舍还是误用,都会给企业带来损失。因此,在筛选创意时要根据一定的标准对各种新产品的创意进行审核。审核的程序可以是严密组织和详细规定的,也可以是相当随机的。筛选是新产品设想方案实现的第一关。一般企业只有四分之一的创意方案通过筛选阶段,大约只有 7% 的设想方案在经过筛选后形成了新产品,并获得成功。

(三) 概念发展和试验

产品创意经过筛选后需要发展成产品概念。我们应区分产品创意、产品概念和产品印象。产品创意是企业本身希望提供给市场的一个可能产品的设想;产品概念是指企业从消费者的角度对这种创意所作的详尽的描述;产品印象是消费者得到的实际产品或潜在产品的特定形象。

1. 概念发展

一种产品创意可以引出多种不同的产品概念,例如一个大的食品加工商获得一个粉状的牛奶添加剂产品的创意,它能增加营养水平和味道,这就是产品创意。当产品创意转化为产品概念时,首先,要问的问题是谁使用这种产品?其次,这种产品的主要益处是什么?最后,这种产品的使用场合在哪里?根据这些问题,企业就会形成几个产品概念,如:

第一个概念是一种快速早餐饮料,使成年人很快地得到营养并且不需要准备早餐。

第二个概念是一种可口快餐饮料,供孩子们中午饮用提神。

第三个概念是一种康复补品,适合于老年人夜间就寝时饮用。

企业可以从中选择出好的产品概念。在选定产品概念后,必须进一步把产品概念转化为品牌概念,见图 4-3。

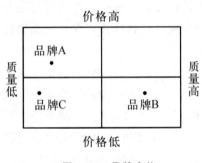

图 4-3 品牌定位

图 4-3 中,在低质高价的位置有品牌 A,在低质低价位置有品牌 C,在高质低价位置有品牌 B,只有高质高价的位置尚未有任何品牌。企业在定位其品牌时要根据自身实力和市场竞争状况,确定适当的品牌概念。

2. 概念测试

产品概念形成以后,还必须对其进行评价和测试,以确定产品概念的发展前途和开发价值。产品概念的测试通常可以从满足需求的角度来进行,主要是将待开发的产品概念拿到消费者中去征求意见,测试消费者对新产品概念的反应,从中选择出最有希望成功的产品概念。

(四) 制定营销战略

形成产品概念之后,企业的有关人员需要拟订一个将新产品投放市场的初步的市场营销规划,并在后续阶段中不断加以完善。初步营销规划一般包括:

第一,描述目标市场的规模、结构、行为,新产品在目标市场上的定位以及销售额、市场占有率、利润目标等。

第二,略述新产品的计划价格、分销策略以及第一年的营销预算。

第三,描述销售量、市场份额和利润的长期目标,描述不同时期的营销组合策略。

(五) 商业分析

商业分析就是产品开发的效益分析,通过分析来确定新产品的开发价值。新产品开发归根结底是为了给企业带来好的经济效益,如果一件新产品的投资开发最终要亏本或无利可图,那么这件新产品是不值得去开发的。所以,企业有关人员必须对新产品概念从财务上进行分析。

1. 预测销售量

企业管理者要估计新产品的销售量是否能够使企业获得满意的利润。对销售量的预测,必须将新产品分为不同的类型:一次性购买的产品、非经常性购买的产品和经常性购买的产品。然后根据不同类型产品的特征进行市场销售量预测,在预测的过程中参考市场上类似产品的市场容量和市场占有率,以此来预测可能的销售量。

2. 成本利润估计

在完成销售预测后,企业还要根据营销战略计划分析各种费用,如广告费用、促销费用、财务费用、管理费用、生产成本、开发成本等,结合暂定的产品价格计算出每年的预计利润和亏损,从而对产品概念在商业上是否可行作出判断。

(六) 产品开发

如果产品概念通过了商业分析,研究与开发部门及工程技术部门就可以把这种产品概念转变成为产品,进入试制阶段。在这个阶段,企业要根据选定的产品概念试制出若干个样品。样品应符合下列标准:消费者认为它具体体现了产品概念所描述的关键属性;在正常情况下,它能安全地发挥其功能;它能够以预计的成本制造出来。

样品制造出来以后,还必须进行严格的检验。它包括性能试验和消费者试验。性能试验可在实验室进行,也可在现场条件下进行,目的是测试新产品的有效性、安全性、可靠性等是否达到规定的标准。消费者试验可以请消费者来实验室做试验,也可以提供样品给消费者试用,目的是对潜在顾客作调查,了解他们的意见、建议和偏好,以便为进一步决策提供依据。

新产品的开发试验主要应由企业的科研部门去进行,但是,企业的最高管理部门与营销部门要共同参与,把握开发试制的进程,提供各种有用的信息,使新产品的开发顺利完成。

(七)市场试销

试销,实际上是在有限的市场范围内,对新产品的一次市场试验。通过试销可以了解在真实的市场环境条件下消费者对新产品的反应。尽管在从新产品构思到新产品实体开发的每一个阶段中,企业开发部门都对新产品进行了相应的评估、判断和预测,但这种评价和预测在很大程度上带有新产品开发人员的主观色彩,最终投放到市场上的新产品能否得到目标市场消费者的认可,企业对此没有把握。通过市场试销将新产品投放到有代表性地区的小范围目标市场上进行测试,企业才能真正了解该新产品的市场前景。

市场试销包含这样几层含义:它可以是针对产品性能、质量的试销;可以是针对产品价格的试销;也可以是针对销售渠道的试销以及针对产品广告促销方式的试销。实际上,市场试销就是测定消费者对产品的反应。通过试销,一方面可以进一步改进新产品的品质;另一方面可以帮助企业制定出有效的营销组合方案。

当然,也并不是任何产品都要进行市场试销,有的产品可以直接推入市场,如价格昂贵的特殊品及高档消费品以及市场容量不大的高价工业品等。市场试销主要是针对那些使用面较广、市场生命周期较长,以及市场容量较大的产品。

由于市场试销也要投入大量的资金,所以是否进行市场试销应根据试销费用的数额与不试销可能造成的损失额的比较来决定,只有当不试销带来的损失大于试销费用时,企业才值得去开展市场试销。市场试销中还必须加以注意的问题是:竞争者有可能立即对试销中的新产品进行仿制,一些仿制能力极强的企业很可能在新产品还未批量上市之前已抢先推出仿制产品。所以,企业对于进行市场试销的新产品一是要加强专利保护,二是要掌握关键技术。如果没有有效的反仿制保护措施,一般宁愿不进行市场试销。

(八) 商业化

经过市场试验后,企业已经占有了足够信息资料来决定是否将这种新产品投放市场。如果决定向市场推出,除了要对实现投产的生产技术条件、资源条件进行充分准备外,还必须对新产品投放市场的时间、地区、销售渠道、销售对象、销售策略的配合以及销售服务进行全面规划和准备。这些是实现新产品商业性投产的必要条件。

1. 推出的时间

在新产品正式上市时,进入市场时机的选择是一个关键问题,假如某企业已几乎完成其新产品的开发工作,并已知道某竞争对手也接近完成其新产品开发工作,此时,企业面临着三种选择:

(1) 首先进入。首先进入市场的企业可得到"主动者好处",包括掌握了主要的分销商和顾客以及得到有声望的领先地位。但是,如果产品未经过彻底的审查而匆匆上市,则可能会影响企业的市场形象。

(2) 平行进入。企业可决定与竞争对手同时进入市场。

(3) 后期进入。企业可有意推迟进入市场,而等竞争对手进入后再进入。这样做有三个潜在好处:竞争对手已为开拓市场付出了代价;竞争对手的产品可能暴露出缺陷,而后期进入者却能避免;企业可了解到市场规模。

时间决策还包括了其他的考虑因素。如果新产品是用来替代老产品的,就应等到老产品的存货被处理掉时,再将这种新产品投放市场,以免冲击老产品的销售,造成损失;如果某种新产品的市场需求有高度的季节性,就应在销售季节来临时才将这种新产品投放市场。

2. 推出的地点

这是指企业要决定在什么地方推出新产品最适宜。一般是先在主要地区的市场推出,以便占有市场,取得立足点,然后再扩大到其他地区。因此,企业特别是中小企业须制定一个市场投放计划。在制定市场投放计划时,应当找出最有吸引力的市场先投放。

3. 向谁推出

企业要把它的分销和促销目标面向最有希望的购买者群体。这样做的目的是要利用这一群体来带动一般顾客,以最快的速度、最少的费用,扩大新产品的市场占有率。对于新上市的消费品来讲,最有希望的购买者群体一般具有以下特征:他们是早期采用者;他们是大量使用者;他们是观念倡导者或舆论领袖,并能为该产品作正面宣传。同时具备这些特点的群体是很少的,但是,企业可以根据这些特点对各种预期的群体作一评价,然后把目标对准最有希望的顾客群体。企业的目的在于尽快地获得高销售额,以激励销售队伍和吸引其他新的预期购买者。

4. 如何推出

企业要制定开始投放市场的市场营销计划。这里,首先要对各项市场营销活动分配预算,然后规定各种活动的先后顺序,从而有计划地开展市场营销管理。

三、新产品开发管理

(一) 新产品管理的三个阶段

1. 新产品开发阶段

这一阶段是从产品创意产生开始,经过创意筛选、概念发展和试验、制定营销战略、商业分析、产品开发、市场试销到商业化。这是一个产品从无到有、从抽象到具体、从设想到工业化生产的创造性过程。产品是否成功直接取决于该阶段工作的有效性和创造性。

2. 新产品销售阶段

这一阶段主要包括产品的试销和大批量的销售阶段,目的在于将产品及时有效地送到恰当的顾客手中,主要内容包括确定价格政策、建立物流体系和分销渠道,进行有效的促销及沟通策略,对产品的包装、形象定位进行设计等一系列活动。一个好的产品只有得到好的营销策略和营销运作的支持,才能最后获得成功。

3. 产品消费阶段

这一阶段主要是指顾客购买产品之后到产品完全被消费或产品寿命结束的全过程,目的是让消费者满意、培养顾客忠诚。主要任务包括对消费者的培训、引导、沟通,解决消费者在消费过程中遇到的问题,提

第四章　现代企业产品创新与开发

供相应的服务,创造消费者参与的机会等。现在越来越多的企业意识到顾客的满意是企业长期发展的基础,而顾客的忠诚可以为企业带来长期的利润。同时,售后服务和顾客管理不仅可以提高顾客满意度,而且还可以了解顾客的需要,成为新产品开发和老产品改进的创意源泉,同时这些工作还可以延长产品的生命周期,尽量发掘产品的市场潜力。

上述三个阶段虽然相对独立,但却不能截然分开,因为它们是一个有机的整体。不过在不同的阶段,产品经理要重点完成不同的任务,因此也要与不同的部门协作,其管理过程是非常不一样的。

(二) 新产品开发的组织

1. 新产品开发的组织特征

新产品的开发需要创新作为动力,创新的特点决定新产品开发组织与一般管理组织相比具有突出的特点。

(1) 新产品开发组织具有高度的灵活性。市场机会转瞬即逝,很难把握,因此,新产品的开发必须迅速、高效,才能把握住市场机会。无论是直线职能制、事业部制还是矩阵制的组织机构形式都难于满足快速开发新产品的需要,因此新产品的开发组织必须具备高度的灵活性,以适应企业内外环境的变化,不能按程序化的工作方式管理新产品开发。

(2) 新产品开发组织必须具有充分的决策自主权。新产品开发作为创新工作,它无章可循,每时每刻都可能碰到非程序化决策,因此需要掌握大量的信息。如果创新组织没有足够的决策权,遇到新情况层层汇报、请示,将会限制新产品开发人员创造力的发挥,大大延缓新产品开发的进程,错过市场机遇,耽误新产品的开发。

(3) 对新产品开发组织的创造性工作的评价基准不能是直接收益的多和少。新产品开发不能给企业带来眼前的利益,因此,相关的报酬和奖励不能依据常规的分配办法。对从事程序化工作的人员来说,工作绩效比较容易判断,可以通过工作效率、运作效益来比较和考核,但是,对从事新产品开发工作的组织成员来说,其工作绩效往往要到相当长的时期以后才能确切判断,因此,不能简单地只从眼前利益给出结论。

（4）新产品开发组织拥有较高的管理职权。新产品的开发需要大量的人力、物力和财力,新产品开发组织需要及时调配这些资源。如果没有较高的管理权,新产品开发组织将不可能及时地调配这些资源,将会阻碍新产品开发的进程,所以要赋予开发组织较高的管理权,甚至由组织的最高层级直接负责。

2. 新产品开发组织的横向联系模型

新产品开发组织设计包括三部分：部门专业化、跨越边界和横向联系。

（1）部门专业化。新产品开发的关键部门是技术开发、生产和营销三个部门。专业化意味着三个部门必须各司其职,三个部门的工作人员必须提高自身技能和技巧,提高工作效率,尽职尽责地完成本职工作。

（2）跨越边界。跨越边界指新产品开发的各部门与外部环境的相关部分保持紧密联系。如技术开发部门与专业的科研机构和其他企业研发部门保持联系,以了解最新的科技发展动态,把握企业新产品开发的方向；营销人员应经常与顾客交流,了解和掌握顾客需求的变化,为新产品开发提供创意。

（3）横向联系。企业内部各职能部门之间应加强联系,开发、生产、营销等部门人员共享信息。研究部门向营销部门提供有关产品开发信息,营销人员向研究开发人员传授有关顾客需求信息,生产部门把生产过程中发现的问题反馈给技术、开发部门,以进一步改进产品,完善产品功能,更好地为顾客服务。

3. 新产品开发的组织形式

企业进行新产品开发活动需要从总体上具体选择新产品开发的组织形式,以下几种新产品开发的组织形式是目前应用得最为广泛,几乎大多数企业都采用了其中的一种或几种。

（1）设立临时的新产品开发组织。大多数企业由于规模较小,资源有限,无力设置常设的新产品开发组织；即使有的企业有能力设置,但因为其新产品开发工作极少,没有必要设置专门的新产品开发组织。但在这类企业中,一旦需要,一般会启动临时体制来适应新的需要。当

第四章 现代企业产品创新与开发

偶然需要进行新产品开发时,则指导和组织新产品开发的职能就直接由企业最高领导人掌握,并临时组建一个委员会或一个小组来处理日常事务。假如发现了较大潜在价值的新设想或引进了新技术,需要投入较多的资源,进行大规模创新,则再建立相应的管理体制,设立适当的管理机构。

这是一种花费最少、集中度最大的结构形式,也是企业在新产品开发工作较少时所采用的最恰当的结构形式。这种结构形式常常被中小企业所采用。

(2)设立专门的新产品开发委员会。如果企业的新产品开发任务较重,或者企业规模较大,就需要设立专门的开发组织,新产品开发委员会就是其中的一种常见的形式,它特别适合企业高层和中层对创新活动进行管理。通过新产品委员会来指导和协调企业的新产品开发活动及过程,使产品创新活动得以顺利展开。新产品委员会属于矩阵制机构形式,它可以分为决策型、协调型和特别型三类。

决策型的新产品委员会一般负责制定新产品开发战略、构建新产品开发机构、项目评价与选择、资源配置等关键性问题;协调型新产品委员会则主要负责处理新产品开发活动中的日常协调问题;特别委员会可能是创新的智囊团,负责评价筛选新产品构思,也可能是商标委员会或包装委员会,负责研究市场开发过程中可能碰到的有关问题。

上述三种委员会既可以在不同的组织层次上同时存在,也可以归并在一起。作为决策机构,新产品委员会最大的优点是,由于各有关部门参与,可以广泛听取各方面的意见和建议,强化信息沟通,提高决策的民主化和科学化程度,缺点是部门目标和部门的工作容易受到日常工作的冲击,决策周期一般较长。

(3)设立矩阵小组。在企业新产品开发的组织系统中,矩阵小组一般位于较低层次,最多参与到计划项目选择这一层级。矩阵小组的名称有任务小组、项目小组、风险小组等。矩阵小组一般由从事实际工作且较有经验的人员组成,专门从事委员会或其他上级委派的特别任务。由于矩阵小组成员来自不同的直线或职能部门,他们可以带来积极有效的思维和工作方法,有助于消除部门之间的偏见并加强工作协调。

(4) 设立产品经理。产品经理是另一种矩阵式的新产品开发组织。在这种模式中,产品管理经理负责新产品的开发和老产品的改进工作。企业将根据实施项目的多少,在产品管理经理下面设置若干个产品经理,每一个产品经理领导一个小组,负责一个项目。其中,有的产品经理致力于新产品开发,有的产品经理专职于现有产品的改进。

这种机构形式适用于规模较大,资源比较丰富,而且新产品开发任务较多,主要依靠新产品参与市场竞争的企业,尤其适合高科技企业采用。

(5) 设立独立的新产品部门。一些规模很大或开发任务很多的企业,为了便于对新产品开发工作进行统筹管理,设立了专门的新产品开发部门,如新产品开发部、产品规划部或研究所。这种独立的专职部门权力集中,见解独立,有助于辅助企业最高管理者决策。由于对新产品开发活动进行归类管理,易于使新产品开发工作保持稳定性和规范化。

独立的新产品部门可以有两种类型:一是自主型,即事业部型,它拥有单独开展新产品开发活动所需要的资源调配权;二是矩阵小组的管理机构,企业中的一切新产品开发小组都临时划归其管理,其职责是统筹新产品开发的资源和协调矩阵小组的活动。

(6) 依靠外部组织。这是一种特殊的新产品开发机构形式,是指将企业开发新产品的各种职能、任务或业务,委托给企业以外的专门机构去做,如科研院所、大专院校、研究与咨询公司甚至发明专业户等。这样企业自身就只需要制定产品创新的战略、选择特定计划项目以及对开发成果进行评价筛选和商业化了。

依靠外部组织可以弥补内部人力资源和研究设施不足,促使中小企业在新产品开发方面上新的台阶,缩小与大企业的差距。所以,这种形式对中小企业具有很强的吸引力。

(7) 依靠上游企业与下游企业的配合。这是外部组织的一个特例,也是目前运用较多的机构形式之一。如果制造企业与其上游的材料供应商或其下游的产品消费企业在特定情况下,愿意共同开发产品,即可采用这一机构形式,实现上下游供应链企业之间的技术与资源共享,形成优势互补。

4. 领导、管理与新产品开发

新产品战略为新产品的开发活动指明了方向,若要使新产品开发顺利进行,获得成功,必须对它进行适当的组织与管理。

(1) 领导与管理的区别。领导与管理的区别主要有以下几个方面。

第一,在制定规划方面,管理的任务是制定计划和预算,确定实现计划的详细步骤和时间安排,调拨实现计划所需要的资源;领导的任务则是确定方向、确立将来的长远目标,并为实现长期目标制定进行变革的战略。

第二,在发展完成计划所需的人力资源方面,管理的任务是进行企业的组织和人员配备,根据计划建立组织,配备人员,赋予相应的职权,制定政策,并监督计划的执行;领导的任务是要联合员工,将经营方向传达给他们,形成合力,使企业成员团结一致,协同工作。

第三,在执行计划方面,管理的任务是控制和解决问题,监督计划完成情况,及时发现并解决问题;领导的任务是对企业成员进行激励和鼓舞,激励人们克服变革中遇到的各方面的阻力,提高员工士气。

第四,两者所导致的结果也不同。管理的结果是在一定程度上实现预期计划,维持秩序;领导的结果是引起变革,通常是较剧烈的变革,并形成积极的变革力量。

综上所述,领导偏向于艺术,而管理更偏向于科学。在不同阶段对两者要求不同。在平稳发展时期,需要较强的管理,领导可以相对弱一些。在企业变革时期,需要强有力的领导。在竞争很激烈时,领导和管理都要加强。

(2) 领导和管理在新产品开发中的作用。

从创新的特点来看,新产品开发不仅需要有序的管理,更需要强有力的领导。企业在创新过程中,会遇到许多来自企业内部的抵制因素,这时就需要领导运用权力和权威去影响人们的思想行为,在组织内创造创新的氛围,化解各种抵制情绪,因此领导在新产品开发中起着重要的作用。首先,领导为新产品的开发指明了方向。领导为新产品开发设定了目标并为实现目标制定了相应的战略。其次,领导为新产品开发设立相应的组织机构。领导利用其影响力联合新产品开发组织中的其他成员共同努力达到新产品开发的目标。最后,领导能不断地激励新产品开发人员,鼓舞士气,克服困难,最终实现目标。

管理是对新产品开发活动进行具体的规划,预算,配备人员,确定组织结构,并对计划执行过程进行控制,以保证新产品开发活动的顺利进行。

第三节 产品创新与开发的能力构建

新产品开发的成功离不开企业相关资源的积累与新产品开发能力的锻造,而新产品开发能力是构筑企业核心竞争力、保障企业基业常青的关键因素。为了避免能力刚性,企业必须在新产品开发能力的利用与发展之间进行权衡,并通过组织学习不断提升企业的产品开发能力,从而在未来的竞争中立于不败之地。

一、新产品开发能力构建的基础

资源是新产品开发活动中所需各种能力得以构建的基础。从新产品开发活动的视角来看,知识资源、机遇市场的资产和支持性的组织文化等几种具备难以模仿特性的资源显得最为重要。

(一)知识资源

知识是企业可以控制的一种重要资源,但知识仅仅是手段,单纯拥有大量的知识并不能确保新产品开发的成功,新产品开发真正来源是企业对知识的整合,通过对组织内外部知识进行有效整合,从而形成新的结构化知识,有效地服务于企业的新产品开发战略。

1. 知识内部整合

知识内部整合是指整合企业内部不同部门的知识。新产品开发过程中,需要的知识可能分散于企业的各个部门、团体甚至不同的个人。一项成功的新产品开发需要大量不同部门的知识。从知识的形式来看,企业内部知识可以分为显性知识和隐性知识两种形式。企业新产品开发是显性知识和隐性知识交互的结果,是企业知识存量不断增加的结果。而企业知识存量的增加也有助于企业掌握并实践新的产品设计、新的生产流程,构建和实施新的组织结构。建立跨职能的新产品开发团队,可以使企业有效地整合内部知识。

2. 知识外部整合

知识外部整合是指企业对外部知识加以整合。著名管理学家彼得·德鲁克提出,在新经济中,企业的创新能力取决于企业从外部组织获取知识的能力。任何一家企业可能拥有生产某一产品的某一特定的知识,但它不一定拥有所有相关知识。外部联系是企业获取新知识的重要渠道。研究发现,企业从外部获取知识资源,经过筛选、消化吸收与转化,进而形成企业的知识,提高企业知识存量,为企业开发新产品提供良好的技术支持。但是,知识的外部整合是一项系统工程,企业需要利用现代信息技术和网络技术,在组织间建立完善的知识交流与共享机制及有效的知识整合体系,加强知识体系和知识资源的整合,提高知识传播和共享的效率,为企业新产品的开发提供充足的动力。

3. 新产品开发中知识管理

企业不断地整合内外部知识,并将这些知识应用到新产品开发流程中,是培育动态的新产品开发能力进而获得持续的竞争优势的重要途径。有效的知识管理由知识生成、知识配给和知识应用等三个阶段组成。而在这三阶段中,知识应用无疑发挥着重要的作用。企业可以通过增加知识应用的程度,降低信息处理的需求或是提高信息处理能力三种机制使企业对其所掌握知识的应用尽可能地满足企业的信息处理需求,从而使现有的知识可以发挥出最大的经济效用。

(二) 基于市场的资产

市场资产是指通过市场营销活动而生成的位于市场与企业界面上的资源,企业对这些资源进行持续的投资,使其具有难以模仿和替代的特性,就形成了企业所掌握的基于市场的资产,进而可以显著提高新产品开发活动的绩效。基于市场的资产可以分为关系型资产和智力型资产。关系型资产是指企业与利益相关者之间的一系列关系。其他企业对这种资源是难以模仿。关系型资产一般是无形的，难以被测度的，因而也是难以通过一些培训途径而获得的。关系型资产外生于企业，仅仅可供企业利用，但不能为企业所拥有。智力型资产是指企业所掌握的有关其所处的竞争环境的各种知识。作为投资对象的市场知识中最为主要的是顾客知识、营销-研发活动界面知识和竞争对手知识。其中，基于顾客的知识又分为有关顾客的知识和来自于顾客的知识。来自于顾客的知识是指存在与顾客头脑中的有关产品使用和产品改进方面的知识；有关顾客的知识不仅包括对顾客各种需求、偏好的了解，还包括对顾客价值本身的深刻认识及其在新产品开发活动中的充分运用。

（三）企业的支持性文化

支持性的组织文化中的一个重要元素就是可以感知到的来自管理者的支持。那些感知到这种支持的员工，在新产品开发的参与过程中更有可能积极地进行一些风险尝试。支持性的组织文化还可以增加新产品开发团队成员的工作投入程度。支持性文化的另一方面是同事之间的支持，包括员工之间的关系以及他们合作和互助的倾向，这些都有助于减少开发团队成员之间的冲突，增强新产品开发团队内部以及新产品开发团队与其他部门之间的沟通效果，进而直接对新产品开发活动的绩效产生积极的影响。

二、新产品开发的能力构建

（一）能力的理解

企业资源论认为企业具有不同的有形和无形的资源，这些资源可转变成独特的能力；资源在企业间是不可流动的且难以复制；这些独特的资源与能力是企业持久竞争优势的源泉。然而，资源和能力的内涵是存在差异的。资源通常具有隐性、社会复杂性、难以替代性等属性，而能力是一系列明细的可以将资源转化为企业竞争优势的技能、程序和流程的组合。新产品开发能力是指在新产品开发活动中使得企业创造并交付优越的顾客价值成为可能的一系列知识、技能和相关的程序。能力是不可被观察到的，因此也是无形的，难以估价的，并且只能以整体有机组成部分的形式被转让。

(二) 基于市场导向的新产品开发能力的构建

1. 市场导向的内涵

市场导向是指企业通过持续传递价值给顾客,以此来保证经营活动的良好绩效的特质。它可以分为市场驱动导向和驱动市场导向。

市场驱动导向也称为反应性市场导向,它认为顾客需求是显性的,企业的任务就是发现、理解和满足当前顾客和市场的现有需求,而没有主动创造和改变市场。

驱动市场导向也称为主动性市场导向,它更关注未来市场,是企业超越现有主导型市场结构的束缚,体现预测顾客需求偏好和潜在竞争者的战略行为,并对现有市场主体采取事先参与、干预和主导的一种行为方式。驱动市场导向的企业强调要重新定位产品和服务、重新界定市场空间和描绘产业边界。他们努力通过改变产品标准、市场标准或产业标准,从根本上改变合作者、竞争者、投资者以及其他产业行为主体的行为和态度,从而改变市场结构和驱动产业变革。

总之,市场驱动导向倾向于满足顾客现有需求并致力于降低企业创新过程中的风险,强调以顾客和竞争者作为新产品开发创意的主要来源;而驱动市场导向则更多地利用产品、市场乃至行业层面的变化来创造新的顾客价值,创造新的市场,设定新的市场发展方向,引导新的技术变革路线。可以说市场驱动导向更多与组织学习、理解和相应市场需求的能力相关;而驱动市场导向则与组织改变现有市场的能力有关。

2. 基于市场导向的新产品开发能力

市场导向需要一系列能力配合才能最终形成积极地产出。为了填补市场导向与新产品开发绩效之间的缺口,企业需要营销-顾客联系能力,营销-财务协调能力和营销-研发整合能力来补充市场导向。

(1) 营销-顾客联系能力。这种能力是指企业能够成功地向市场推出所设想的新产品的能力,具体包括分销商力量、供应商力量和促销力量,是使产品开发、定价、促销和分销计划满足顾客潜在和现有需求的能力。

(2) 营销-财务协调能力。营销-财务协调能力包括预测逐渐增长的销售额的能力、控制逐渐增加的成本的能力、合理分配资金的能力、促销和定价决策的能力等。

(3) 营销-研发整合能力。营销-研发整合能力是指企业在生产所设想的产品时,可以做到最为有效的成本投入的能力,包括技术专业能力、生产专业能力和成本控制能力。基于这点,企业更应该协调产品概念开发能力、研发能力和生产能力。

(三) 新产品开发能力的培育

在竞争的市场环境中,动态新产品开发能力的培育显得极为重要,而组织学习则是构建这种动态能力的重要途径。

1. 动态新产品开发能力

动态能力是企业用来改变其资源基础的具体流程。利用动态能力,企业可以获取、配置相关资源,并把它们整合到一起来生成价值创造战略。有些企业的动态能力着眼于整合资源,有些动态能力着眼于企业内重新配置资源,还有些动态能力与获取和释放资源有关。

成功的产品创新需要企业在充分利用现有的能力的同时通过运用全新的能力来更新和替换现有能力,从而避免踏入能力刚性的陷阱。所谓能力刚性陷阱,是指由于能力开发所带来的利益非即期可见而且很不稳定,因此,管理人员倾向于将大部分资源投入到对现有能力的利用中,从而导致能力刚性或能力陷阱。

2. 组织学习

组织学习是组织用来获取并应用新的知识、行为、工具和价值的一组程序,组织学习的目标是为了反思企业过去的经验并自动生成新的系统、结构和行动,以适当地满足现有内外部条件的变化。

组织学习的过程就是以信息处理过程来改变组织潜在行为的过程。信息处理过程包括信息获取、信息配给和信息利用三个有机联系的组成部分,其结果产生新的知识,这些新知识使得组织的行为变化更顺利,进而提高企业绩效。组织学习要求信息必须被共享并以一定的形式进行储存,从而方便所有相关的组织成员进行利用。为了构建动态的新产品开发能力,企业需要通过有组织的学习,促进个人知识和能力向组织的知识和能力转化,使知识和能力聚焦,产生更大的合力。

 复习与思考

主要概念

产品创新　自主创新　创意　试销

复习题

1. 简述产品创新的特点。
2. 简述开发新产品的原因及意义。
3. 新产品开发有哪些风险?
4. 新产品开发应遵循哪些准则?
5. 简述新产品开发的程序。
6. 新产品商业化的主要策略有哪些?
7. 简述新产品开发的组织特征。
8. 新产品开发的组织形式有哪些?

第五章　现代企业物流管理

 学习目标

完成本章学习后,你应该能够:
- 了解物流的定义和特点
- 熟悉物流的功能要素
- 掌握物流管理的定义和目标
- 理解企业物流的含义和特征
- 掌握企业供应物流的基本业务活动
- 熟悉生产物流的特征和组织形式
- 掌握销售物流服务的要素和销售运输决策
- 了解企业物流现代化

 **引导案例**

青岛啤酒的物流管理战略

在快速消费行业里,当商品的成本已压至最低时,利润的最大化要从物流成本上去实现。所以,人们开始将目光从管理企业内部的生产过程转向产品全生命周期中的供应环节和整个供应链物流系统。

由于缺乏严格的管理监控,青啤在物流方面曾经出现了许多严重的问题。首先,在运输的环节上,简直可以用"失控"来形容。"送货需要走多长时间我们弄不清楚,司机超期回来我们也管不了,最要命的是,本应送到甲地的货物被送到了乙地,这一耽误又是好几天……"不能及时调配车辆可谓是青啤的心头之痛。混乱的物流网络成了公司发展的瓶颈。运输上的混乱,肯定会带来串货、损耗过多等一系列问题。同时,青啤对市场终端的管控也力不从心,结果是对销售计划的预估极其不准确,使安全库存数据的可信度几乎为零。另外,在库存管理方面,不仅总部有仓库,各个分公司也有仓库,居高不下的库存成本占压了相当大的流动资金,有时甚至出现总部仓库爆满、分公司仓库空闲的问题,同时没有办法完全实现先进先出,这样导致一部分啤酒因储存期过长而新鲜度下降甚至变质,物流方面的问题使青啤制定的"新鲜度战略"根本实施不下去。

2001年,青啤面向全国进行物流规划方案的招标,最终,招商局下属的物流集团胜出,与青啤同征战场。

从变革一开始,青啤就下狠心在服务商和经销商上"动刀子",在经过严格的评估后,仅在山东一个省,几乎就把运输方面的服务商全部换掉,区域的经销商则换掉了一半,这些改变可谓牵一发动全身。虽然青啤自己拥有进口大型运输车辆46台,但实际上是远远不够的,必须拥有大批的运输服务商来解决运力问题,而以前这些服务商都由青啤自己管理,精力有限,现在评估筛选后,青啤挑选了最优质的服务商,不仅有准确的时间表,而且可以按一定的条件、客户、路线、重量、体积等自动给出车辆配载方案,提高配车效率和配载率,对区域的经销商的要求,则是要有自己的仓库。

由于青啤将各销售分公司改制为办事处,取消了其原有的仓库及物流职能,因此可以说是重新规划了青啤在全国的仓库结构,它设立了中央分发中心、多个区域物流中心和前端物流中心,一改以前仓库分散且混乱的局面。这样,青啤从原有的总部和分公司都有仓库的情况,变成了由中央分发中心至区域物流中心再到直供商,形成了"中央仓—区域仓—客户"的配送网络体系,将原来的仓库重新整合。

全国设置了北京、宁波、济南和大连4个中央分发中心。在地理上重新规划企业的供销厂家分布,以充分满足客户需要,并降低经营成本。而前端物流中心方面的选择则是考虑了供应和销售厂家的合理布局,能快速准确地满足顾客的需求,加强企业与供应和销售厂家的沟通与协作,降低运输及储存费用。除了仓储发生了变化外,库存管理还采用信息化管理,提供商品的移仓、盘点、报警和存量管理功能,并为货主提供各种分析统计报表,如进出库存报表、库存异常表、商品进出明细查询、货卡查询和跟踪等。对比以前,分公司不仅要做市场管理和拓展工作,还要负责所在范围内的物流运作。"可以说以前80%的精力都用在处理物流的问题上,但现在,我们可以把精力完全放到营销上了。"青啤办事处的人员深有感触地说。由于全部的精力投入到市场终端,销售人员对终端的情况能及时掌控,所以缺货的要求能步步紧跟,青啤的销量也就慢慢往上走了。"物"与"流"的相辅相成在实施供应链管理后产生了明显的效果。同时,由于终端的有效维护,青啤能较为准确地做好每月的销售计划,然后报给招商物流。而招商物流根据销售计划安排安全库存,这样也就减少了库存过高的危险。

可以说,从运输到仓储,青啤逐步理清头绪,并通过青啤的 ERP 系统和招商物流的 SAP 物流管理系统的自动对接,借助信息化改造对订单流程进行全面改造,"新鲜度管理"的战略得以有条不紊的实施。

随着全球经济一体化发展趋势的日益显著,企业间的竞争变得异常尖锐和激烈。企业要想在多变的市场环境中求得生存和发展,就必须不断地寻求新的竞争优势,增强综合实力。物流与供应链管理正是为迎合这一需要而从众多的管理领域中脱颖而出的。实践表明,物流与供应链管理并不是简单的管理方式的变更,而是体现一种新型的管理思想和管理理念。有效的物流和供应链管理不仅可以实现企业成本的降低和效率的提高,而且可以实现客户服务水平的整体提升,使企业拥有持续的市场竞争力。

第一节 物流与物流管理

在发达国家,"物流"被看作是"除生产、销售外获得利润的源泉",是"降低成本的最后处女地"。因此,研究物流、物流管理对企业都是十分有意义的事情。

一、物流的定义

物流是伴随着社会分工和市场经济的发展而逐渐形成的一个概念。物流的原始含义是指物的实体运动,即物的流通,也就是为了满足生产或生活的需要,人类通过经济活动的形式,使作为劳动产品的"物"从生产地传递到消费地。由于人们对物流的认识有一个不断深化的过程,所以,不同的国家、不同的人对物流的定义也各不相同。

美国物流管理协会认为:物流是对货物、服务及相关信息从起源地到消费地的有效率、有效益的流动和储存进行计划、执行和控制,以满足顾客要求的过程。

欧洲物流协会认为:物流是在一个系统内对人员或商品的运输、安排及与此相关的支持活动的计划、执行与控制,以达到特定的目的。

中国在2007年5月1日实施的《物流术语》国家标准中将物流定义为:物品从供应地向接收地的实体流动过程。根据实际需要,将运输、储存、装卸、搬运、包装、流通加工、配送、信息处理等基本功能实施有机结合。

根据国家标准的物流定义,物流属于物品物质实体的流动。一方面,它具有自然属性,另一方面,它也具有社会属性,也就是说,物流同时具有价值和使用价值二重性。这里包含商流所有权转移和物流的实体位置转移。物流的定义也表明,物流是一种满足社会需求的活动,是一种经济活动,同时也表明,不属于经济活动的物质实体流动,不属于物流范畴。物流包括空间和时间的位置移动以及形态性的变动,因而通过流通活动,可以创造物品的空间、时间和形态性质三个方面的效用,而这些是通过物流的运输、储存、装卸、搬运、包装等基本功能实现的。

二、物流的功能要素和特点

(一) 物流的功能要素

物流的功能要素是指物流系统所具有的基本能力。一般认为,物流的功能要素主要包括包装、装卸搬运、运输、储存保管、流通加工、配送和信息管理等,这几个方面被称为物流的"七要素"。物流就是这些构成要素的集成系统。

1. 包装

包装是在物流过程中为了保护产品、方便储运、促进销售,按一定技术方法采用材料或容器对物品进行包封,并加以适当的装潢和标识工作的总称。包装具有保护物品、便利储存运输的基本功能。包装存在于物流过程各环节,包括产品的出厂包装,生产过程中在制品、半成品的换装,物流过程中的包装、分装、再包装等。一般来讲,包装分为工业包装和商业包装。工业包装的作用在于便利运输和保护物品;商业包装的目的在于刺激消费者购买和便于消费者购买等。

2. 装卸搬运

装卸搬运是指在物流过程中,在同一地域内,以改变物品存放状态和空间位置为主要内容和目的的活动。它是伴随输送和储存而产生的物流活动,是对运输、储存、包装、流通加工、配送等物流活动进行衔接的中间环节。物品在由生产地流转到消费地的过程中,装卸搬运作业非常频繁,装卸搬运的不合理,不仅会造成财力和劳动力资源的浪费,也会造成物品损坏,加大物流成本。因此,装卸搬运的合理化具有非常重要的意义。

3. 运输

运输是使物品发生场所、空间移动的物流活动。运输在物流功能要素中是最重要的构成要素。随着生产社会化、专业化程度的提高,生产与消费在同一地点几乎成为不可能,运输解决了物质资料在生产地点和需要地点之间的空间差异,创造了物品的空间效用,所以,运输是社会再生产的必要条件。运输有不同的方式,不同的运输方式有不同的特点和要求,物流的效率也不一样,因此实现运输合理化,对于实现良好的物流服务,降低物流成本具有重要意义。

4. 储存保管

储存保管是指对物品货物进行保存及对其数量、质量进行管理控制的活动,是物流的另一个极为重要的职能要素。由于生产与消费的各自规律性,生产与消费在同一时间内完成是很不现实的,而储存保管改变了物品货物的时间状态,从而实现了物品货物在供应链中上下环节的衔接;在生产过程中,没有一定数量的原材料、半成品的储存,生产的连续性就可能受到破坏;或者由于经济运输的需要,或者为了预防突然事件的发生等,都需要有一定数量的物质资料的储存。所以,物质资料的储存,是社会再生产过程中客观存在的现象,也是保证社会再生产连续不断运行的基本条件之一。随着现代流通的发展,储存已经由过去的从简单保管着眼的被动观点转变为从现代流通着眼的主动观点,即储存的场所越来越多地发挥着集货、分类、检验、理货、流通加工和配送等功能。

5. 流通加工

流通加工是在流通阶段为便于物流或消费而进行的不改变物品基本性能的加工,具体包括切割、细分化、钻孔、弯曲、组装等轻微的生产活动,还包括单位化、价格贴付、备货、商品检验等为使流通顺利进行而进行的辅助作业。通过流通加工可以弥补生产加工的不足,增加商品的附加价值,提高商品的保存机能和物流服务水平。此外,随着经济的发展,消费领域出现了多样化、差异化的趋向,流通加工是生产加工在流通领域的延伸,有助于提供差异性商品,满足消费需要。

6. 配送

配送在中国《物流术语》国家标准中被定义为:"在经济合理区域范围内,根据客户要求,对物品进行拣选、加工、包装、分割、组配等作业,并按时送达指定地点的物流活动。"所以,配送是物流的一种特殊的、综合的活动形式,它几乎包括了物流的所有职能,是物流的一个缩影或在某一范围内物流全部活动的体现。一般来讲,配送是集包装、装卸搬运、保管、运输于一体,并通过这些活动来实现低成本、高效率地满足用户的需求。所以,现代意义上的配送不同于一般性的运送或运输,它是建立在备货和配货基础上的满足客户灵活需要的送货活动,是一种以社会分工为基础的、综合的、现代化的送货活动。

7. 物流信息

物流整体职能的发挥,是通过物流各种职能之间的相互联系、相互依赖和相互作用来实现的。也就是说,各种职能的作用不是孤立存在的,这就需要及时的物流信息。从狭义范围来讲,物流信息是指与物流活动(如运输、储运保管、包装、装卸、流通加工等)有关的信息;从广义范围来看,物流信息不仅指与物流活动有关的信息,而且还包括与其他流通活动有关的信息,如商品交易信息和市场信息等。广义的物流信息不仅能起到连接、整合生产企业,经过批发商和零售商,最后到消费者的整个供应链的作用,而且在应用现代先进信息技术的基础上能实现整个供应链活动的效率化。具体地说就是利用物流信息可以使供应链上各个企业都提高效率,满足它们对控制计划生产、协调客户服务进行有效管理的要求。

(二) 物流的特点

1. 物流本身不创造物品的使用价值,但创造价值

虽然物流活动并不生产产品,但它同样具有生产性,都要耗用一定量的人力、物力和财力,即要支付所必需的费用。正如马克思所指出的:"在一定程度上加入商品价值,因此使商品变贵。"物流创造了商品的价值。事实正是如此,物流过程作为一种特殊生产过程,它本身并不创造物质资料的使用价值,但在流通过程中它却能把生产领域中创造的使用价值转化成现实的使用价值,没有这种转化,物品的使用价值就不能最终实现。

2. 物流活动具有服务性

物流的目的是创造物流的时间效应和空间效应,这种效应的实现有赖于物流本身能否及时、准确、保质、保量、安全、可靠地满足消费者对物质资料的需要。因此,物流要服务于市场,从满足生产和消费出发,为生产建设和提高人们生活水平服务,这也是物流活动的归宿。

3. 物流不同于商流

商流是物品作为商品在流通过程中，通过买卖活动所发生形态变化的过程，即由货币形态转化为商品形态，以及由商品形态转化为货币形态的过程。这种转化需要通过一系列活动才能实现，如订购合同的签订、采购、谈判、货币结算等，这就是我们常讲的商品所有权的转移。物流是指商品的实体运动，即在流通过程中商品使用权的转移过程，也就是商品使用价值的实现过程。所以物流与商流存在着明显的不同：

(1) 活动内容不同。物流侧重于实现物品由生产地到消费地的流转，包括运输、保管、包装、搬运、流通加工以及与之相关的信息处理活动。而商流侧重于物品所有权的更迭，即实现商品所有权由生产者到消费者的转移，实质上是一种买卖活动，因此又称为贸易或交易，包括市场需求预测、计划分配与供应、货源组织、订货、采购调拨、销售等。

(2) 价值创造形式不同。物流通过调节时间间隔和空间间隔来创造价值，也通过适当的包装或流通加工活动创造一定的加工附加值。而在商流活动中，根据马克思主义劳动价值论，物品的转移是按价值规律进行的，商品的价格围绕着价值这根轴线上下波动，价值决定了商品交换的价格。商流通过交换活动使商品的价值得以实现，体现了生产者与消费者之间财富的交换关系。

(3) 流通规律不同。物流体现为物的实体运动，其流通的最佳路径与商品的种类、性质、数量、交货要求、运输条件等因素有关。为了降低物流费用，提高经济效益，物流活动在选择流通路径时，遵循的基本原则是由生产地到消费地之间路径最短，强调无中断、绕道、等待、回流等不合理现象，追求在适当的时间、适当的地点将适当的产品交给适当的用户。

商流主要体现为资金和信息的流动。在电子商务时代，随着自动银行系统、电子资金汇兑系统等日渐发达，资金的流动日益显现出信息流动的特性。因此，与物流活动相比，商流活动可以在无形的市场中进行，商流最佳路径选择主要考虑营销业务的方便，而与商品的种类、性质、数量、交货要求、运输条件等因素并无直接关系。由此可见，在实际的商品流通中，物流和商流往往遵循着不同的流通规律和流通路径。

例如,从商流角度考虑,为了营销方便,产品批发站一般设在繁华的闹市区;而从物流角度考虑,为了降低交通拥塞成本,产品配送中心常常设在郊区。

三、物流管理概述

当前,物流活动已经上升到管理的高度。物流管理是指对物流构成要素的系统管理,或者说是对物流过程的管理。在中华人民共和国国家标准《物流术语》中将物流管理定义为:为达到既定的目标,对物流的全过程进行计划、组织、协调与控制。物流管理是一个动态的过程,物流管理既要实现整体成本的降低,又要确保客户对物流服务质量的要求。

(一)现代物流管理的作用

企业的物流从表面上看是物品的流动,背后则是有关客户需求、服务水平、库存情况等方面信息的流动,而根本上也是企业利润的流动。它可能是企业利润的源泉,也可能是吞噬企业利润的无底黑洞。可见,加强物流管理,建立高效的物流体系,具有十分重要的作用。现代物流管理的作用主要表现在以下几个方面。

1. 现代物流管理有助于保障生产和销售活动顺利进行

物流、生产和销售是企业发展战略不可缺少的三个组成部分,具有密不可分的关系。而生产和销售活动的顺利进行又需要物流活动的支持。以制造业为例,生产活动离不开原材料和备品备件的采购,因而需要采购物流;在生产过程中,各种原材料、在制品和成品需要在生产流程线上流转,以及运送到物流中心或仓库,因而需要企业内物流;部分余料、可回收再利用物资的回收,需要回收物流;废弃物的处理,需要废弃物物流;销售活动对物流的依赖作用更是显著,商品从物流中心或仓库运送到批发商、零售商或终端客户处,需要销售物流;退货的处理,需要退货物流。可见,物流规划是否合理,物流活动是否顺畅,对生产和销售活动至关重要。加强物流管理,有助于优化库存结构,减少资金积压和对各种资源的占用,使生产和销售活动能够顺利进行。

2. 现代物流管理有助于降低物流成本

物流虽然可以为企业赢得大量直接和间接的利润,但其本身也是需要成本的,尤其是当管理不善时,物流成本会急剧膨胀。例如,原材料、燃料、外购件投入生产后,在由一个生产单位流转到另一个生产单位的路途中,一般需要安排调运人员、配备运输和装卸工具、占用运输通道,此时,任何一个物流环节的不畅,都会减低物流速度,增加人员和工具的使用成本,甚至导致停工待料、运输通道拥塞的严重后果。通过物流管理活动,能够有效地降低物品在流通中的损耗,减少对物流系统各种资源的占用或磨损,加速资金周转,降低物流成本。

3. 现代物流管理有助于提高客户服务水平,提高顾客满意度

在现代物流中,顾客服务的设定优先于其他各项活动,并且为了使物流顾客服务能有效地开展,在物流体系的基本建设上,强调合理和高效,优化配置物流中心网络资源,通过提供顾客所期望的服务,在积极追求自身交易扩大的同时,实现与竞争企业顾客服务的差别化,努力提高顾客满意度,实现"一切以客户为中心"的目标。

(二)现代物流管理的目标

现代物流管理的永恒主题是成本和服务,即在努力削减物流成本的基础上,努力提升物流增值性服务。因此现代物流管理的目标主要表现在以下几个方面:

1. 现代物流管理以实现客户满意为第一目标

现代物流是在企业经营战略基础上从顾客服务目标的设定开始,进而追求顾客服务的差别化战略。要实现顾客服务的差别化,创造满意的顾客,现代物流系统必须做到:第一,物流中心网络的优化,即要求工厂、仓库、商品集中配送、加工等中心的建设既要符合分散化的原则,又要符合集约化的原则,从而使物流活动能有利于顾客服务的全面展开;第二,物流主体的合理化,从生产阶段到消费阶段的物流活动主体,常有单个主体和多个主体之分,物流主体的选择直接影响到物流活动的效果或实现顾客服务的程度;第三,物流信息系统的高度化,即能及时、有效地反映物流信息和顾客对物流的期望;第四,物流作业的效率化,即在配送、装卸、加工等过程中应当运用什么方法、手段使企业能

最有效地实现商品价值。

2. 现代物流管理以整体最优为目标

当今商品市场的革新,带来了商品生产周期的缩短、商品流通地域的扩大等变化,在这种状况下,如果企业物流仅仅追求"部分最优"或"部门最优",将无法在日益激烈的企业竞争中取胜。从原材料的调达计划到向最终消费者移动的物的运动等各种活动,不光是各部分和各部门的活动,而是将各部分和各部门有效地结合发挥综合效益。也就是说,现代物流所追求的费用、效益观,是针对调达、生产、销售、物流等全体最优而言的。虽然在企业组织中,调达理论、生产理论、物流理论和销售理论等理论之间存在着分歧和差异,但跨越这种分歧与差异,力图追求整体最优的正是现代物流理论。

3. 现代物流管理既重视效率更重视效果

在物流手段上,现代物流管理从原来重视物流的机械、机器等硬件要素转向重视信息等软件要素。在物流活动领域,现代物流管理由以前以输送、保管为主的活动转向包含调达在内的生产、销售领域或批发、零售领域的物流活动扩展。从管理方面来看,现代物流管理从原来的作业层次转向管理层次,进而向经营层次发展。这也就表明现代物流管理不仅重视效率方面的因素,更强调整个流通过程的物流效果。

第二节 现代企业物流

从企业角度研究与之有关的物流活动,企业物流属于具体的、微观的物流活动领域。

一、企业物流的含义及特征

(一)企业物流的含义

在现代企业的生产经营活动中,物流活动贯穿于从原材料采购开始,到零部件的加工,最后是产成品销售并送达用户的整个循环过程。生产过程实际上就是系列化的物流活动。

从系统原理来看,在市场经济大环境中,企业的生产经营活动是一个承受外界市场环境干扰作用的,具有输入、转换和输出功能,并通过市场信息反馈不断完善自身功能的自适应体系。其中,企业购进原材料和投入其他生产要素表现为系统的输入;生产过程是对生产要素的加工处理,即生产要素向新产品的转换;而产成品的销售表现为系统的输出,以满足市场的需要;同时,产品的销售情况又表现为需求信息的反馈,从而使企业在生产过程中进行自我调整,并按新的市场需求重新组织企业的生产经营活动。实际上,企业生产经营过程都是围绕物质资料使用价值的形态功能更替和价值的实现来完成的。所以,企业的生产经营活动,在物质资料使用价值的形态功能更替上,其中任何一个环节受阻,或购不进原材料,或生产不出满足质量要求的产成品,或产成品销不出去等,都会影响企业生产经营活动的顺利进行。可以这样讲,企业生产经营活动本身,是物质资料实体由一种形态功能转换为另一种形态功能的运动过程。物质资料在企业生产经营过程中的这种运动过程所发生的一切物流活动,就构成了企业的物流。

由此我们认为企业物流是指在企业生产经营过程中,物品从原材料供应,经过生产加工,到产成品和销售,以及伴随生产消费过程中所产生的废弃物的回收及再利用的完整循环活动。

(二)企业物流的特征

企业物流与社会物流、区域物流、国际物流有着很大的差别。由于企业物流是发生在企业内部,把这种微观物流与宏观物流进行对比,可以看出有以下特性。

1. 企业物流的集合性

企业物流系统,按其物流活动的业务性质可分为供应、生产、销售、废旧物等既有区别又密切相关的分系统,每一分系统又由若干个子系统构成。例如,原材料供应分系统包括资源的筹集子系统和实物供应等子系统,每一子系统又需要考虑许多因素和变量。

2. 企业物流的相关性

企业物流系统的结构相当复杂,供、产、销和废旧物流分系统之间存在着相互联系、相互依赖、相互制约的内在关系和外部联系。例如,供应分系统必须根据生产的需要按时、按质、按量均衡配套地输入生产要素，任何一种原材料的短缺都会引起连锁反应，造成生产过程的中断；同样，销售分系统必须及时把产成品销售出去，否则就会由于商品完不成向货币的转化，影响生产要素的购进和供应。这就是说，供应是生产的源，生产是销售的源，销售又是供应的源，任何一个分系统出现障碍，都会影响企业物流的正常运动，都会影响企业生产经营活动的顺利进行。

3. 企业物流的服务性

从企业物流活动本身来看，它与企业的生产经营活动紧密相连、不可分开，它受生产约束，为企业生产经营活动服务。一般来讲，由于工业生产的特点和组织管理的需要，要求生产过程具有连续性、平行性、节奏性和比例性。生产过程的这种客观需要，就决定了企业物流的流动特点。例如，生产过程的连续性决定了物流的方向和流程与生产过程一致，生产过程如何进行，物流就如何流动；生产过程的平行性决定了物流网络与生产物流相一致，决定了物流的空间结构；生产过程的节奏性决定了物流在时间上的规律性，即物流在时间上要与生产过程同步；生产过程的比例性决定了物流量的大小，等等。所有这些，都说明了物流必须服从于生产经营的需要，为生产过程服务。

（三）企业物流的内容

企业按其业务性质不同可分为两类，即生产企业和流通企业。在此，我们以生产企业为例来阐述企业物流的内容。

生产企业物流是以购进生产所需的原材料、设备为始点，经过劳动加工，形成新的产品，然后供应给社会需要部门为止的全过程，要经过原材料及设备采购供应阶段、生产阶段、销售阶段，这三个阶段便产生了生产企业纵向上的物流形式，即供应物流、生产物流、销售物流、回收物流和废旧物物流。

二、企业供应物流

企业为了保证本身生产的节奏，不断组织原材料、零部件、燃料、辅助材料供应的物流活动，这种物流活动对企业的正常生产、生产效率等起着重大作用。企业供应物流不仅要保证供应的目标，而且要以最低成本并以最少消耗、最大保证来组织供应物流活动。

(一) 供应物流系统的构成

供应物流是生产过程物流的外延部分,受企业外部环境影响较大。供应物流包括原材料等一切生产资料的采购、进货运输、仓储、库存管理、用料管理和供料运输。它是企业物流中独立性相对较强的一个子系统,并且和生产系统、搬运系统、财务系统等企业各部门以及企业外部的资源市场、运输条件等密切相关。

1. 采购

采购是供应物流与社会物流的衔接点。它是依据企业生产计划所要求的供应计划制定采购计划并进行原材料外购的作业层,需要承担市场资源、供货方、市场变化等信息的采集和反馈任务。

2. 供应

供应是供应物流与生产物流的衔接点,是依据供应计划与消耗定额进行生产资料供给的作业层,负责原材料消耗的控制。

3. 库存管理

库存管理是供应物流的核心部分,它依据企业生产计划的要求和库存状况制定采购计划,并负责制定库存控制策略和计划及反馈修改。

4. 仓库管理

仓库管理是供应物流的转折点,它负责购入生产资料的接货和生产供应的发货,以及物料保管工作。

(二) 供应物流的基本业务活动

根据供应物流系统的构成,供应物流的基本业务活动包括采购决策、供应存货与库存控制等。

1. 采购决策

供应物流系统的采购决策内容主要包括:市场资源调查、市场变化信息的采集和反馈、供货方选择和决定采购批量、确定订货时间间隔等。

(1) 市场信息收集。企业采购决策者应对所需原材料的资源分布、数量、质量和市场供需要求等情况进行调查,作为制定较长远的采购规划的依据。同时,要及时掌握市场变化的信息,进行采购计划的调整、补充。

(2) 选择供货方。在选择供货方时,应考虑原材料供应的数量、质量、价格(包括运费)、供货时间保证、供货方式和运输方式等,通过与本企业的生产需求比较,最后选定供货方。

(3) 决定采购批量。采购批量在采购决策中是一项重要的内容,一般情况下,每次采购的数量越大,在价格上得到的优惠越多,同时因采购次数减少,采购费用相对能节省一些,反之,采购的数量少,采购次数就多,采购费用也就相对大。因此,为了要节省采购费用,就要求采购批量大一些。但是采购批量过大,容易造成积压,从而占压资金,多支付银行利息和仓储管理费用,所以,为了节省仓储管理费用,采购批量以小为好。

当然,我们不能只考虑采购费用的节省,而不考虑仓储管理费用的节省;或者只考虑节省仓储管理费用,而不考虑节约采购费用。从经济效益角度考虑,这两种费用都要求节省。这就要求解决这样一个问题:在一定时期内采购总量已经确定的前提下,每批采购多少才能使采购费用和仓储管理费用最为节省?而选择经济订购批量的目的也就在于此。

所谓经济订购批量,就是使采购费用与仓储管理费用之和减少到最小限度的采购批量。经济订购批量的计算有三个假定条件:需求均衡,销售量比较稳定,变化较小;货源充足,进货容易,并且能固定进货日期;库存储量和资金条件不受限制。

经济订购批量的计算公式为:

$$Q = \sqrt{\frac{2RK}{H}}$$

式中: Q 为经济订购批量;

R 为年订物资需要量;

K 为每次订货费用;

H 为单位物资年平均储存费用。

例:某企业全年需购进某商品 4 000 件,每次进货费用 100 元,每件商品年平均储存费用 5 元,求该企业的经济订购批量。

解:将题中所提供的有关数据代入公式:

$$Q = \sqrt{\frac{2RK}{H}} = \sqrt{\frac{2 \times 4\,000 \times 100}{5}} = 400(件)$$

即该企业的经济订购批量为 400 件。

(4)确定采购时间。企业为了使库存量保持在保证供应的水平上,就必须选择适当的采购时间。采购时间的确定,涉及很多方面,如供应量的大小、物资种类的复杂程度、供货单位的距离、物资的运输方式、运输工具的载重量、货源供求状况以及企业储存条件等等,一般可用采购点法来确定采购时间。

所谓采购点法,就是当库存下降到采购点的时候,就进行采购的一种方法。从采购点开始采购到可以供应,一般需有一定的间隔时间(即提前进货期),不可能随进随供,而存货通过逐日供应在下降。如果存量下降到采购点不开始采购,就要冒停产待料的风险。如果存量尚未下降到采购点,提前采购,就要冒积压的风险。因此,当存货量下降到采购点时,就必须发出订单,以保持应有的存货量。采购点是开始采购的最适当时间。

采购点的计算方法按供货和进货时间情况的不同有两种。一种是在供货和进货时间比较稳定的情况下,采购点的计算公式如下:

采购点=平均供货量×提前进货期时间

当供货和进货期时间有变化的情况下,采购点的计算公式如下:

采购点=(平均供货量×最大提前进货期时间)+安全存量

在上述公式中,之所以要加上安全存量,是由于生产需要不是完全静止不变的,同时交货也有延期的可能。如果不考虑这些影响存量的不确定因素,那么,计算出来的采购点就往往脱离实际,显得过小。

2. 供应存货与库存控制

存货就是储存的货物。它一般指库存的材料、燃料,以及备用品、备件与工具,库存的在制品、半成品,库存的成品等。

(1) 存货与库存控制的目的。存货与库存控制的根本目的是通过适量的库存,用最低的存货成本,实现对企业生产经营活动的供应,即经济合理的供应。现代库存控制是提高企业经济效益的重要手段。

(2) 库存的种类。按照库存的目的,企业的存货可分为周转库存、保险库存和季节性库存。

周转库存是指用于经常周转的货物储备,即在前后两批货物正常到达期之间,提供生产经营需要的储备。

保险库存是指为防止或减少因订购期间物资需求增加和到货期延续所引起的缺货而设置的储备。保险库存是一项防备不时之需的库存,在正常情况下一般不动用。

季节性储备是指企业为减少原材料季节性生产和季节性销售的影响而储存的原材料或产成品。

(3) 库存成本。库存成本是物流总成本的一个重要组成部分,物流成本的高低常常取决于库存管理成本的大小,而且,企业物流系统所保持的库存水平对于企业提供的客户服务水平起着重要的作用。库存成本主要包括订购成本、购入成本、储存成本和缺货成本。

订购成本是指为订购货物所发生的成本,它包括订购手续费、催货跟踪费、收货费以及有关人员的工资等。订货成本中有一部分与订货次数无关。

购入成本是指为了在预定地点获得货物的所有权而发生的成本,即货物本身的成本,它包括货物的购价、运输、装卸费及装卸过程中的损耗等。购入成本的大小与所购货物的品种和规格、供应地点和运输方式、运输路线等有很大的关系。

储存成本是指为储存货物而发生的成本,即货物从入库到出库的整个期间内所发生的成本,它包括存货占用资金应计的利息、存货保险费、仓库保险费、存货损耗费。

缺货成本是指由于库存供应中断而造成的损失,包括原材料供应中断造成的停工损失、产成品库存缺货造成的延迟发货损失和丧失销售机会的损失,甚至失去客户造成企业间接或长期成本的损失。缺货成本的高低与储备量大小有关,储备量大,则缺货数量和次数相对减

第五章 现代企业物流管理

少,缺货成本低,但储存成本必然增加;反之,储备量小,则缺货成本可能就高,而储存成本必然降低。

三、企业生产物流

企业生产物流是企业物流的关键环节,这种物流活动是与整个生产工艺过程相伴的,它构成了生产工艺过程的一部分。企业生产过程的物流大体为:原料、零部件、燃料等辅助材料从企业仓库或企业的门口开始,进入到生产线的开始端,再进一步随生产加工过程一个环节一个环节地流动。在流动的过程中,原材料等本身被加工,同时产生一些废料、余料,直到生产加工终结,再流向生产成品仓库,便完成了企业生产物流过程。

(一)生产物流概述

1. 生产物流的含义

生产物流是指原材料、燃料、外购件投入生产之后,经过下料、发料,运送到各加工点和存储点,以在制品的形态从一个生产单位流入另一个生产单位,按照规定的工艺过程进行加工、储存,借助一定的运输装置,在某个点内流转,又从某个点内流出,始终体现着物料实物形态的流转过程。

物料随着时间进程不断改变自己的形态和场所位置,物料处于加工、装配、储存、搬运和等待状态,由原材料、外购件的投入开始,终止于成品仓库,物流贯穿于生产的全过程。

2. 生产物流的基本特征

制造企业的生产过程实质上是每一个生产加工过程"串"起来时出现的物流活动,因此,一个合理的生产物流过程应该具有以下基本特征,才能保证生产过程始终处于最佳状态。

(1)物流过程的连续性、流畅性。企业生产是一道工序一道工序地往下进行的,所以物料总是处于不停的流动之中,这种流动包括空间上的连续性和时间上的流畅性。空间上的连续性要求生产过程各个环节在空间布置上合理紧凑,使物料的流程尽可能短,没有迂回往返现象。时间上的流畅性要求物料在生产过程的各个环节的运动,自始至终处于连续流畅状态,没有或很少有不必要的停顿与等待现象。

(2) 物流过程的平行性、交叉性。它是指物料在生产过程中应实行平行交叉流动。平行是指相同的在制品同时在数道相同的工作地上加工流动;交叉是指一批在制品在上道工序还未加工完时,将已完成的部分在制品转到下道工序加工。平行交叉流动可以大大减少产品的生产周期。

(3) 物流过程的比例性、协调性。它是指生产过程的各个工艺阶段之间、各工序之间在生产能力上要保持一定的比例,以适应产品制造的要求。比例关系表现在各生产环节的工人数、设备数、生产面积、生产速率和开动班次等因素之间相互协调和适应,所以,比例是相对的、动态的。

(4) 物流过程的均衡性、节奏性。它是指产品从投料到最后完工都能按预定的计划(一定的节拍、批次)均衡地进行,能够在相等的时间间隔内(如月、旬、周、日)完成大体相等的工作量或稳定递增的生产工作量,很少有时松时紧、突击加班现象。

(5) 物流过程的准时性。它是指生产的各阶段、各工序都按后续阶段和工序的需要生产,即在需要的时候,按需要的数量生产所需要的零部件。只有保证准时性,才有可能推动连续性、平行性、比例性、均衡性。

(6) 物流过程的适应性。它是指加工制造的灵活性、可变性和可调节性,即在短时间内以最少的资源从一种产品的生产转换为另一种产品的生产,从而适应市场的多样化、个性化要求。

3. 生产物流的目标

在企业系统生产中,物料流转贯穿加工制造过程的始终,无论是在厂区内、库区车间内、车间之间、工序之间、机台之间,都存在原材料、零部件、半成品和成品的流转运动,都离不开物料的装、卸、运等活动,也就必然会产生费用支出。生产过程物流的目标应该是:

(1) 提高畅通无阻的物料流转,以保证生产过程顺利地、高效率地进行;

(2) 减少物料搬运的数量、频率和距离,减少搬运费用,降低成本;

第五章 现代企业物流管理

(3) 防止物料损坏、丢失，防止人身设备事故。

（二）生产物流的组织形式

从物料投入到成品出产的生产物流过程，通常包括工艺过程、检验过程、运输过程、等待停歇过程、自然过程。为了提高生产效率，一般从空间、时间、人员三个角度组织生产物流。

1. 生产物流的空间组织

生产物流的空间组织是相对于企业生产区域而言的，目标是缩短物料在工艺流程中的移动距离。一般有三种专业组织形式，即工艺专业化、对象专业化、成组工艺。

(1) 按工艺专业化形式组织生产物流。工艺专业化形式也叫工艺原则或功能性生产物流体系，其特点是按生产工艺性质的不同设置生产单位。在这种形式的生产单位中，集中着同类工艺设备和同工种的生产工人，对企业生产的各种产品进行相同工艺的加工，即加工对象多样化但加工工艺、方法却雷同。

工艺专业化形式的优点是对产品品种的变化和加工顺序的变化适应能力强；生产系统的可靠性较高；工艺及设备管理较方便。但不足的是物料在加工过程中物流次数及路线复杂，难以协调。所以，在企业生产规模不大，生产专业化程度低，产品品种不稳定的单件小批生产条件下，按工艺专业化组织生产物流是适宜的。

(2) 按对象专业化形式组织生产物流。对象专业化形式也叫产品专业化原则或流水线。其特点是把生产设备、辅助设备按生产对象的加工路线组织起来，即加工对象单一但加工工艺、方法却多样化。

对象专业化形式优点是可减少运输次数，缩短运输路线；协作关系简单从而简化了生产管理；在制品少，生产周期短。缺点是对品种的变化适应性差；生产系统的可靠性较低；工艺及设备管理较复杂。所以，在企业专业方向已经确定，产品品种比较稳定，生产类型属于大量、大批生产，设备比较齐全并能有充分负荷的条件下，按产品专业化组织生产物流是适宜的。

(3) 按成组工艺形式组织生产物流。成组工艺形式是结合了上述两种形式的特点，按成组技术原理，把具有相似性的零件分成一个成组生产单元,并根据其加工路线组织设备。其主要优点是可以大大地简化零件的加工流程,减少物流迂回路线,在满足品种变化的基础上有一定的批量生产,具有柔性和适应性。

上面三种生产物流组织形式各有特色,而如何选择则要取决于生产系统中产品品种多少和产量大小。

2. 生产物流的时间组织

生产物流的时间组织是指一批物料在生产过程中各生产单位、各道工序之间在时间上的衔接和结合方式。生产过程的时间组织,决定了产品在生产过程的时间长短。因此,要合理组织生产物流,不但要缩短物料流程的距离,而且还要加快物料流程的速度,减少物料的成批等待,实现物流的节奏性、连续性。通常,生产过程的时间组织有三种形式,即顺序移动方式、平行移动方式和平行顺序移动方式。

(1) 顺序移动方式。顺序移动方式是指成批物料在上一道工序全部加工完了之后,整批集中运送到下一道工序。采用顺序移动方式,一批物料的加工周期为:

$$T = n \sum_{i=1}^{m} t_i$$

式中:T 表示整批物料的生产周期;

　　　n 表示物料的批量;

　　　m 表示物料的工序数;

　　　t_i 表示每道工序的单件时间。

顺序移动方法的优点是一批物料连续加工,设备不停顿,物料整批转工序,便于组织生产。但不足的是不同的物料之间有等待加工、运输的时间,因而生产周期较长。

(2) 平行移动方式。平行移动方式是指一批物料在前一道工序加工一个物料后,立即移到下一道工序加工,从而这批物料中每一物料在各道工序上平行地移动和进行加工。采用平行移动方法,一批物料的加工周期为:

$$T = \sum_{i=1}^{m} t_i + (n-1)t_L$$

式中：T 表示整批物料的生产周期；

n 表示物料的批量；

m 表示物料的工序数；

t_i 表示每道工序的单件时间；

t_L 表示物料中最长的单件工序时间。

平行移动方法的优点是不会出现物料成批等待现象，因而整批物料的生产周期最短。但不足的是当物料在各道工序加工时间不相等时，会出现人力和设备的停工现象。只有当各道工序加工时间相等时，各工作地才可连续地、充分负荷地进行生产。另外，运输频繁会加大运输量。

(3) 平行顺序移动方式。平行顺序移动方式是结合平行移动和顺序移动方式，既考虑了相邻工序上加工时间尽量重合，又保持了整批物料在工序上的顺序加工。采用平行顺序移动方法，一批物料的加工周期为：

$$T = n \sum_{i=1}^{m} t_i - (n-1) \sum_{j=1}^{m-1} \min(t_j, t_{j+1})$$

式中：T 表示整批物料的生产周期；

n 表示物料的批量；

m 表示物料的工序数；

t_i 表示每道工序的单件时间；

t_j 和 t_{j+1} 代表相邻两工序。

在这种形式下，当前一道工序时间小于或等于后一道工序的时间时，前一道工序加工完每一件物料后，应立即转到后一道工序去加工。当前道工序时间大于后道工序时间时，要使前一道工序加工完最后一件物料，恰好供应后一道工序开始加工该批物料的最后一件物料。这种方式吸取了前两种移动方式的优点，消除了间歇停顿现象，能使工作充分负荷。工序周期较短，但安排进度比较复杂。

3. 生产物流的人员组织

生产物流的人员组织主要体现在人员的岗位设计方面。要实现生产物流在空间、时间两方面的组织形式,必须对工作岗位进行再设计,以保证生产物流优化而通畅。

(1) 工作岗位设计的内容。根据人的行为、心理特征,岗位设计要符合工作者个人的工作动机需求,由此要从以下三方面入手。

第一,扩大工作范围,丰富工作内容。目的在于使岗位工作范围及责任增加,改变人员对工作的单调感和乏味感,获得身心成熟发展,从而有利于提高生产效率,促进岗位工作任务的完成。工作范围的扩大可以从横向和纵向两个方面考虑。

横向途径包括将分工很细的作业单位合并,由一个人负责一道工序改为几个人共同负责几道工序;尽量使员工进行不同工序、设备的操作,即多项操作代替单项操作;采用包干负责制,由一个人或一个小组负责一项完整的工作,使其看到工作的意义。

纵向途径包括生产人员承担一部分管理人员的职能,如参与生产计划的制定、自行决定生产目标、作业程序、操作方法、检验衡量工作质量和数量,并进行工作核算;不但承担一部分生产任务,而且还可参与产品试验、设计、工艺管理等技术工作。

第二,工作满负荷。目的在于制定合理的生产定额从而确定岗位数目和人员需求。

第三,优化生产环境。目的在于改善生产环境中的各种不利于生产效率的因素,建立人-机-环境的最优系统。

(2) 岗位设计的要求。岗位设计体现在生产物流的三种空间组织形式上,对人员又有不同的要求。

针对按工艺专业化形式组织的生产物流,要求员工不仅专业化水平高,而且具有较多的技能和技艺,即一专多能、一人多岗。

针对按对象专业化形式组织的生产物流,要求员工在工作中具有较强的"工作流协调"能力,能自主平衡各工序之间的"瓶颈",保证物流的均衡性、比例性、适时性要求。

针对按成组工艺形式组织的生产物流,要求向员工授权,即从管理和技术两个途径,保证给每个人都配备技术资料、工具、工作职责和权利,改变不利于物流合理性的工作习惯,加强新技术的学习和使用。

四、企业销售物流

(一) 销售物流的概述

企业销售物流是企业为保证本身的经营效益,不断伴随销售活动,将产品所有权转给用户的物流活动。

1. 销售物流的目标

一般来说,销售物流的目标应该是以最低的成本和最佳的服务将产品在适当的时间送达适当的地点。事实上,销售物流的成本与服务很难获得最佳的效果。因为为了提供最好服务,需要较多的库存量、最快的运输、多设网点,结果必然大量增加物流成本;另一方面,为了降低成本,势必要采取缓慢而价廉的运输,降低存货量,减少仓库及网点。因此,真正的销售物流效率是在成本与服务上取得合理的平衡,即对销售物流的各要素进行平衡,取得合理成本下的时空效用。

考虑销售物流目标时,应该注意到企业的成本和消费者希望的服务方式,此外,还应考虑竞争对手所采取的方式,将竞争对手的服务水准作为制定本企业服务水准时的参考。

2. 销售物流的主要环节

企业在产品制造完成后,需要及时组织销售物流,使产品能够及时、准确、完好地送达客户指定的地点。为了保证销售物流的顺利完成,企业需要在包装、储存、发送运输、订单及信息处理、装卸搬运等方面做好工作。

(1) 包装。包装是企业销售物流系统的起点。产品包装在销售物流过程中主要起到保护产品、方便储运、促进销售的作用。因此,在包装材料、包装形式上,既要考虑储存、运输等环节的方便,又要考虑材料及工艺的成本费用。

(2) 储存。储存是包含库存和储备在内的一种广泛的经济现象。保持合理库存水平,及时满足客户需求,是产成品储存最重要的内容。客户对企业产成品的可得性非常敏感,缺货不仅使客户需求得不到满足,而且还会提高企业进行销售服务的物流成本。所以,产成品的可得性是衡量企业销售物流系统服务水平的一个重要参数。

(3)订单处理。为使库存保持最低水平,客户会在考虑批量折扣、订货费用和存货成本的基础上,合理地频繁订货。企业为客户提供的订货方式越方便、越经济,越能影响客户。随着计算机和现代化通信设备的广泛应用,电脑订货方式被广泛采纳,企业跟踪订货状态的能力也大大提高,使得客户与供应商的联系更加密切。

(4)发送运输。不论销售渠道如何,也不论是消费者直接取货还是生产者或供应者直接发货给客户,企业的产成品都要通过运输才能到达客户指定的地点。而运输方式的确定需要参考产成品的批量、运送距离、地理等条件。对于由生产者或供应者送货的情况,应考虑发货批量大小问题,它将直接影响到物流成本费用,在此,配送是一种较先进的形式,在保证客户需要的前提下,不仅可以提高运输设备的利用率,降低运输成本,还可以缓解交通拥堵,减少车辆废气对环境的污染。

(二)企业销售物流管理

1. 销售物流服务决策

随着市场竞争日益加剧,传统制造领域的技术和产品的特征优势日渐缩小,人们越来越认识到销售物流服务已经成为企业销售系统甚至整个企业成功运作的关键,是增强企业产品的差异性、提高产品及服务竞争优势的重要因素。

(1)销售物流服务的要素。销售服务有四个要素,即时间、可靠性、通讯和方便性。这些要素无论对卖方成本还是买方成本都有影响。

时间要素通常是指订货周期时间。订货周期是指从客户确定对某种产品有需求到需求被满足之间的时间间隔。时间要素主要受订单传送、订单处理、订货准备及订货装运的影响。企业只有有效地管理与控制这些活动,才能保证订货周期的合理性和可靠性的一致,才能提高企业的客户服务水平。

可靠性是指根据客户订单的要求,按照预定的提前期安全地将订货送达客户指定地方。可靠性包括提前期的可靠性、安全交货的可靠性以及正确供货的可靠性。对客户来说,在许多情况下可靠性比提前期更重要。

与客户通讯是监控客户服务可靠性的关键手段。没有与客户的联系,企业就不能提供有效及经济的服务。然而,通讯必须是双向的,卖方必须能把关键的服务信息传递给客户,另外,客户也需要了解装运状态的信息,询问有关装运时间、运输路线等情况。

方便性是指服务水平必须灵活。为了更好地满足客户需求,企业必须确认客户的不同需求,根据客户规模、市场区域、购买的产品及其他因素将客户需求细分,为不同客户提供适宜的服务水平,这样可以使企业针对不同客户以最经济方式满足其需求。

(2)销售物流客户服务水平决策。利润最大化是确定客户服务水平的决定因素,即首先确定不同水平的客户服务对销售收入的影响,然后计算给定客户服务水平下的销售物流成本,最后从销售收入中减去成本,盈余最大的就是最优的客户服务水平。

要确定最优服务水平,先要确定客户服务水平与销售收入之间的关系,以及客户服务水平与销售物流成本之间的关系。

图 5-1 表明了销售收入与销售物流成本随客户服务水平的变动关系。销售收入随客户服务水平的提高而增加,但速率递减,这意味着客户服务的边际改善会导致销售的增加,但这种增加并不与服务的改善成比例。图 5-1 还表明,支持给定水平客户服务所需的总的销售物流成本将随客户服务水平的提高而加速增长。

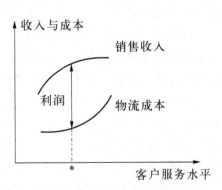

图 5-1 确定最优客户服务水平

为了确定适当的客户服务水平,有必要考察收入曲线与成本曲线之间的差额,然后计算各个客户服务水平下的利润。图 5-1 中最大差额发生在标有"*"处的客户服务水平上,这就是说,提供这一水平的客户服务将使销售收入与物流成本之间的差额最大化,即利润最大化。

由于竞争性原因,许多企业根据各个客户组的需要来改变客户服务水平。在这种情况下,需要逐个考察收入、成本与服务之间的关系。

但在实际工作中,由于服务水平与成本是动态相关的,很难找到一个固定的服务水平,再用最小成本达到该水平,用这种方法往往得不到最大利润。因此,常用的优化方法采取以下步骤:首先,确定合理的客户服务水平;其次,寻找达到这一水平的最小成本;再次,确定进行改进的成本;最后,确定改进成本后增加的销售及收益。

2. 企业销售运输决策

产品由生产地向消费地的流转是靠运输实现的,运输成本是销售物流成本中最主要的项目。运输决策的科学化,对企业信誉、经济效益都有直接影响。

(1) 合理运输的影响因素。运输决策的目标是进行合理运输,即在一定条件下,以尽可能快的速度,尽可能少的成本,尽可能大地利用运输工具的容积和载重来组织运输。合理运输的影响因素很多,但起决定性作用的有运输距离、运输环节、运输工具、运输时间和运输费用五个方面的因素。

在运输中,运输时间、运输货损、运费、车辆或船舶的周转等运输技术经济指标,都与运距有一定的比例关系。运距长短是决定运输是否合理的最基本因素,缩短运距对宏观、微观各方面都会带来好处。

每增加一次运输,不但会增加起运的运费和总运费,而且必然要增加运输的附属活动,如装卸、包装等,各项技术经济指标也会因此而下降。所以,减少运输环节,尤其是同类运输工具的环节,对合理运输有促进作用。

各种运输工具都有其使用的优势领域,对运输工具进行优化选择,按运输工具的特点进行装卸运输作业,发挥所用运输工具的最大作用,是运输合理化的重要一环。

运输是物流过程中需要花费较多时间的环节,尤其是远程运输。在全部物流时间中,运输时间占绝大部分,所以,运输时间的缩短对整个流通时间的缩短有着决定性的作用。

运费在全部物流费用中占很大比例,运费的高低在很大程度上决定整个物流系统的竞争能力。所以,运输费用的降低,是运输合理化的一个重要目标。

(2)合理选择运输方式。组织合理的运输,重点在于克服不合理的运输现象,使货物运输达到及时、准确、经济、安全的要求。实践证明,按经济区域组织商品流通,开展商品直达直线运输、"四就"直拨运输、合装整车运输是减少中转运输环节的有效办法。

直达运输是指在组织货物运输过程中,越过流通仓库或铁路、交通中转环节,把货物从产地或起运地直接运到销地或用户处。直线运输是指商品由产地运往销地的过程中,不受行政区域限制,而按经济区域的合理流向,走最近的路线,避免倒流、迂回等不合理运输现象。在实际工作中,减少环节与选择最佳路线往往是结合着的,所以通常称直达直线运输。直达直线运输适用品种单一、运量较大的商品,以及鲜活易腐烂的商品的运输。

"四就直拨"运输是商品不经过中间环节,直接从工厂仓库、车站、码头的货场发往消费地。就厂直拨,就车站、码头直拨,就库直拨,就车、船过载等,简称为"四就直拨"。"四就直拨"可减少仓库中转环节,避免市内大量重复运输,降低商品在转运中的损耗与损失。"四就直拨"运输,一般适用于品种、规格比较简单、挑选性不强的大宗商品,如粮食、煤炭、石油、纸张、肥皂、香烟等。

合装整车运输,也称"零担拼整车中转分运",它主要适用于杂货运输。合装整车运输是在组织铁路货运时,由同一发货人将不同品种但发往同一到站、同一收货人的零担托运货物,组配在一个车皮内,以整车运输的方式,托运到目的地;或把同一方向不同到站的零担货物,集中组配在一个车皮内,运到一个适当车站,然后再中转分运。

在组织合装整车运输中,要注意商品的性能和特点,防止不适当的混装。对于商品性质互有影响的商品,不能混装在一个车皮内。

(3)合理选择运输工具。运输工具品种繁多,常用的有飞机、火车、轮船、汽车、管道等现代化的运输工具。每种工具各有特点,在商品运输中要相互配合、相互补充,最合理、最有效地使用各种工具。

五、企业回收和废弃物物流

随着社会化大生产的高度发展,无论是生产领域还是消费领域,每时每刻都在产生大量的废旧物资,如何更好地回收、利用废旧物资,是摆在企业面前必须解决的重要问题。

(一) 回收和废弃物物流的概念

工业生产企业的废旧物资主要指报废的成品、半成品,加工产生的边角余料,冶炼过程中出现的钢渣、炉底,更新报废的机械设备、工具和各种包装废弃物等。

按照唯物辩证法的观点,废与不废是相对的。在自然界中,任何一种物资资料都有它的特定属性和用途,"废弃物"一词具有相对的内涵。"废弃物"只是在一定时期、一定的范围内,资料的形态或用途发生了变化,而它本身可以被利用的属性并没有完全消失,只要被人们发现和利用后,它就可以变成有用的资源。所以,回收物流是指废旧物资通过一定的手段回收、加工,重新投入使用所要经过的一系列的流动过程。

企业的废弃物是指企业在生产过程中不断产生的基本上或完全失去使用价值,无法再重新利用的最终排放物。这类物质的流向形成了废弃物物流。

(二) 回收和废弃物物流的作用

1. 回收物流的作用

回收物流的作用是考虑到被废弃的对象有再利用的价值,将其进行加工、拣选、分解、净化,使其成为有用的物资或转化为能量而重新投入生产和生活循环系统。

2. 废弃物物流的作用

废弃物物流的作用是无视对象物的价值或对象物已没有再利用价值,仅从环境保护出发,将其焚化、化学处理或运到特定地点堆放、掩埋。

第三节 企业物流现代化

企业物流现代化既是物流技术革命的体现,也是物流管理及其观念的革命;物流现代化是全球物流活动的趋势,它是个动态的概念,必将带来物流功能的日益完善、发展和物流服务水平的日益提高。

一、企业物流现代化概述

(一) 企业物流现代化的含义

企业物流现代化是指企业物流在顾客先导和顾客满意的思想指导下,不断地以先进、适用的物流技术和物流方法取代或改造传统的或落后的物流技术和物流方法,提高物流作业的可靠性及效率和效益;不断以先进、适用的物流管理思想、技术和方法进行物流系统的设计、改造和创新,进行物流人员的培训,实现物流资源的优化组合与配置,提高物流服务水平及其顾客满意度,并不断降低物流总成本的过程;其最终目标在于实现物流服务的高水平和物流服务的低成本的统一。

为了实现企业物流现代化,世界各国都在探索。我国现代物流起步较晚,物流管理水平和服务水平较低。全球经济一体化的进程,同样预示了物流业的发展。根据对国内外物流业的发展分析,可以将物流的发展趋势归纳为信息化、自动化、网络化、智能化、柔性化、标准化、社会化、精益化及绿色物流等几个基本方面。

(二) 企业物流现代化的意义

1. 物流现代化是扩大企业利润源的客观要求

物流是企业的"第三利润源"。物流不仅为供应和销售提供支持,是企业生产得以正常运转的保证,也是企业竞争的重要手段。当今企业的产品要想在质量和价格上获得优势的难度越来越大,因此,物流服务成为决定企业竞争胜负的关键因素之一。物流现代化可以帮助企业改变物流运作方式,实现交货及时、准确和可靠,提高物流服务水平,提高顾客满意度,从而抢占商机,获得更满意的利润回报。

2. 物流现代化是建立企业核心竞争力的客观要求

物流的竞争焦点在物流服务水平。提高物流服务水平的重要途径和方法就是不断地采用先进、适用的物流技术、物流方法开展物流作业活动;以顾客先导和顾客满意的思想指导物流系统的设计和运作,指导物流人力资源的开发和利用,保证物流服务水平的提高。建立高水平的物流服务有利于培养物流的核心竞争力。

3. 物流现代化是企业参与商品流通社会化、合理化、国际化的要求

为了适应社会化大生产和市场经济的客观要求,建设大市场、发展大贸易、搞活大流通,商品流通必须实现现代化、合理化和国际化。为了适应这一变化,必然要求重新理解商品流通的意义,并且以商品流通的现代化连接企业与社会需求,即以现代化的理论、思想、组织、手段和方法,实现物流的合理化,解决物流成本与物流服务水平之间的"二律背反"问题。通过现代化手段和设施提高物流效率,降低物流成本。物流的现代化还是物流国际化的基础,物流国际化是各国开展对外贸易的必要条件。就我国来说,集装箱运输已经成为现代物流的重要先进手段和方式;据有关部门统计,世界平均集装箱运输量约占货物运输总量的65%,而我国在这方面的比重不足40%。这样的物流手段和水平与世界物流的要求相距甚远,必将成为我国对外贸易的障碍。因此,经营国际化、经济全球化客观要求物流现代化的配合与支持。

二、企业物流技术现代化

(一) 物流技术的含义

物流技术是以科学知识和实践经验为依据而创造的物流活动手段,是指人们在各种物品流通从生产者转移给消费者阶段实现其流通过程的停顿与流动功能所需要的材料、机械、设施等硬技术和计划、运用、评价等软技术的总和。

物流技术包括流通和停顿两个方面的技术。它与生产技术不同:生产技术是进行某种有形物质生产的技术,直接与科学技术新动向相适应;物流技术则是把产出的物资进行移动、储存,为社会提供无形服务的技术。通过物流技术,将各种物资从生产者转移到消费者。因此,物流技术是间接地、被动地适应多样化的需求。

物流技术包括硬技术和软技术两个方面。硬技术是指用于物流全过程的材料、机械和设施等物质资料;软技术是指对物流全过程进行设计、组织、调整的计划、运用和评价等管理活动。如表5-1所示。

表 5-1 物流技术的组成

类别	组成	内容
硬技术	材料	集装材料、包装材料等
	机械	装卸机械、包装机械、运输机械等
	设施	仓库、车站、港口、机场等
软技术	计划	对流通形态与硬件技术景象规划研究与改进等工作
	运用	对运输工具的选择使用、装卸方法、库存管理、劳务管理等
	评价	成本费用的计算等

(二) 现代物流技术的发展

1. 包装技术

包装技术即包装材料、包装设备和包装方法的总和。在包装技术中,包装机械是核心,包装材料则是包装改革的对象。

包装材料的创新往往导致包装形式和包装方法的变革;根据包装在物流中的作用和功能,包装材料的选择往往朝着比重轻、机械适应性好、质量稳定、本身清洁、便于大量生产加工、价格低廉的方向发展。

包装设备的发展是包装技术水平提高的重要标志。现代包装设备的发展趋势是各种自动化包装机械及包装容器自动生产线代替了手工包装技术,包装机械向智能化发展。

包装方法是包装技术与包装功能配合的体现;包装方法随着包装材料、包装设备的发展而得到极大的改进和发展,如缓冲包装技术、防水包装技术、真空包装技术等。

包装识别技术是现代包装技术的又一重要标志,其中具有代表性的是条形码技术。它包含了价格、生产厂家、出厂日期、保存期、存放位置等信息。目前使用的条形码技术已经升级到二维条形码。在条形码技术基础上,一种新的立体式扫描仪为适应条形码的需要而被开发出来。

2. 运输技术

运输技术主要指运输工具和设备。现代运输工具的发展呈现两大趋势：一是随着世界新技术革命的发展，实现运输工具和运输设施的现代化，运输工具向多样化、高速化、大型化和专业化，符合节能、环保要求方向发展。二是运输方式朝着分工协作、协调配合的方向发展，即朝着建立铁路、公路、水路、空运与管道的综合运输体系发展。

交通运输技术装备是交通运输经营活动的物质基础，交通能力的提高一方面需要基础设施总量规模的支持，另一方面受技术装备水平的制约。因此，提高综合运输能力的重点，应放在利用现代科学技术、大力提高各种综合运输体系的运输装备水平方面。

3. 储存技术

随着物流技术的发展，先进的储存技术已成为当代物流系统的重要组成部分。现代储存技术是以自动化仓库为代表的储存先进技术。自动化仓库已经成为促进物流各环节平衡运转的货物集散中心。仓库结构的代表变化是高度自动化的保管与搬运结合。构成高层货架系统，应用计算机进行集中控制、自动存取作业。自动化仓库集电子、自动化、机械、建筑、信息、管理等技术为一体，体现了科技与物流的紧密结合。

现代储存技术的另一个重要体现是库存理论得到了很大的发展。配送中心的设计及管理使高速分拣系统得到了发展。

4. 装卸搬运技术

随着搬运作业的复杂化，搬运技术和搬运设备呈现多样化的发展特点。各式各样的叉车、输送辊道以及散料装卸机械等得到了很大发展。机械手和机械人在装卸搬运中的应用日益广泛，机电一体化的现代装卸搬运技术逐渐取代人工操作。

5. 集装单元化技术

集装单元化技术是指以不同的方式和器具，把一定数量散装或零星物件组合起来，在装卸、保管、运输等物流环节中将这些集装单元作为一个整体进行技术上和业务上的包装处理方式。集装单元化既有物流设备和器具的机械化、自动化技术，又有合理组织设备、器具充分发挥作用的管理技术；其中，集装箱是典型代表。集装单元技术的发展已经实现了名副其实的"门对门"输送。

6. 物流信息技术

物流信息技术是物流现代化的重要因素,也是物流现代化的重要标志。物流信息技术是由物流信息系统、管理技术、计算机和网络技术、通信技术等构成的整体。物流信息技术的发展又产生了条码技术、射频技术、地理信息技术、全球卫星定位技术、可视化和计算机仿真技术等新的物流信息技术。可以说,物流信息技术是物流技术中发展最快的一项。从数据采集的条形码系统,到办公自动化系统中的微机、各种终端设备等硬件及软件的发展升级,计算机和通信网络已经给物流发展带来新的空间。

三、企业物流管理现代化

先进的物流技术和先进的物流管理是提高物流能力,推动现代物流迅速发展的必要条件,两者缺一不可。只有实现与物流科学技术现代化相适应的管理现代化,运用各种现代化管理方法和手段,才能取得物流系统的最佳效益。

企业物流管理现代化是指物流管理思想、管理方法和手段、管理人员素质的现代化。即以现代的经营思想指导物流系统规划和设计,指导物流战略的制定和实施。因此,企业物流管理现代化就是要以先进的管理方法和手段开展物流业务管理、流程管理和信息管理,以具有较高素质的人员从事物流服务活动,实现一流物流服务水平和更高的经济效益。

(一) 企业物流管理现代化的标志和内容

企业物流管理现代化的主要标志是一个综合的先进要素的反映,即准确、及时、高效率地完成物流系统的全套业务活动及相关的信息活动。具体包括物流管理组织设置与物流生产力发展的适应程度、物流成本水平、物流技术管理的科学性、物流信息处理的准确性及信息的应用水平、物流服务思想意识和顾客的满意度、物流人员的综合素质水平等。在上述众多的标志中,最重要的标志是物流信息管理的现代化,因为物流信息对整个物流系统起着重要的指导、调节和推动作用。

企业物流管理现代化是一个系统性很强的工程。它包括的主要内容有:供应链一体化的科学分析及物流可行性的确定;物流系统的科学设计和运作管理;物流业务的科学管理;物流人员的培训和人力资源开发;对物流机械设备、材料、仪器、能源等的管理。除上述内容外,企业物流管理还应包括对从事生产企业物流活动的人员、生产效益动态和千变万化的生产物流信息的掌握和处理等的管理。

(二) 企业物流管理现代化技术

1. 系统管理技术

系统管理技术是系统科学在物流管理领域的应用。物流系统是一个具有多层次、多要素、多功能的大系统。采用系统管理技术可从系统的角度统筹规划企业整体的各种物流活动,处理好物流活动与商流活动及企业目标之间、物流活动与物流活动之间的关系,其目的不是追求某项物流活动最优,而是追求整体物流系统综合效益最优化。

2. 质量管理技术

物流质量既包含物流对象的质量,又包含物流手段、物流方法的质量。现代物流主要是提供物流服务,因此,其检验标准就是物流服务给顾客的满意程度。由于物流是一个大系统,物流质量管理也应具备系统的思想,即从物流质量形成的各环节出发,进行物流服务标准的设计、实施和监督控制,使每一环节都达到质量标准的要求,从而带来物流总体质量的实现。因此,物流质量管理也要采取全面质量管理的方法和手段,强调"三全"管理,即物流全过程的管理、全面性的管理和全员性的管理。通过物流质量管理满足生产者和用户两方面的要求。目前,企业普遍制订的各级岗位责任制和各种工作质量体系是质量管理技术的具体体现。

3. 标准化管理技术

标准化管理是物流运作系统的出发点。标准化工作的任务是制定标准、实施标准和结果的评价与控制。标准化管理以整个物流系统中每项具体的、重复性的事务或概念为对象,通过制定标准,组织实施标准和对标准的实施情况进行监督,达到整个系统的协调统一,以获得物流理想的秩序和最佳的经济效益。物流标准化是实现物流管理现代化的重要手段。物流标准化既是物流质量实现的保证体系,又是与国际物流对接的重要条件。

4. 决策管理技术

决策是物流管理的核心,是物流管理的基础。由于物流处于供应链中的重要位置,并与国民经济有着密切的联系,因此,物流方案的设计、选择和实施离不开对物流环境的分析、预测和判断选择。物流决策管理技术已经发展到定性分析与定量分析相结合的阶段,各种图表分析、表上作业、数学模型、网络图等在电子计算机手段的辅助下得到了很大的发展和应用,推动了物流流向合理化的实现。

5. 信息管理技术

物流信息管理是现代物流管理的中心环节,是物流发展不可缺少的重要支持,是物流管理现代化的基础和依据。物流信息管理技术主要在于计算机技术、网络技术和通信技术的联合应用。我国物流信息管理系统包含互相联系的三个层次,即中央物流管理信息系统、中心城市物流管理信息系统和基层企业物流管理信息系统。

(三)企业物流管理现代化手段

1. 法律手段

物流管理由于与众多的部门之间发生着密切的经济利益关系,如何规范物流运作以及摆正物流与其他部门之间的关系,对物流能否健康发展至关重要。而市场经济是法治经济,因此,物流管理现代化的首要手段就是法律手段。为了更好地规范物流活动,企业应遵守相关的法律法规,自觉遵守市场运行规则。

2. 经济手段

物流是一项经济活动。物流过程中与其他部门之间的关系也是经济关系。因此,运用经济杠杆调节物流活动和物流市场是与法律手段并列使用的又一重要手段。通过运用经济手段将物流的服务水平、收益与物流流程的各个环节及其相应人员的利益挂钩,调动物流各个环节及其人员的创造性,降低物流成本,提高物流效率和效益。

3. 教育手段

物流管理现代化的关键在人才的培养和观念的更新。物流管理的观念、物流服务的观念以及物流人员的素质直接影响和决定物流的水平和物流功能的实现。因此,需要进行教育。通过教育,培养适应市场竞争需要的具有现代物流知识、技术、技能和管理才能的人才。

 复习与思考

主要概念

物流　配送　物流管理　企业物流　生产物流　销售物流　回收物流　物流现代化　物流技术　企业物流管理现代化

复习题

1. 简述物流的功能要素和特点。
2. 现代物流管理的目标是什么?
3. 企业物流有哪些特征?
4. 供应物流的基本业务活动有哪些?
5. 生产物流的基本特征是什么?
6. 生产物流的空间组织形式有哪些?
7. 销售物流包括哪些环节?
8. 简述销售物流服务的要素。
9. 简述运输合理化。
10. 简述现代物流技术所包含的内容。
11. 简述物流管理现代化所包含的内容。

第六章 现代企业销售管理

 学习目标

完成本章学习后,你应该能够:
- 了解销售的内涵以及销售活动的过程
- 熟悉销售计划的内容
- 熟悉企业销售队伍设计方法
- 掌握对销售人员常用的激励方法
- 熟悉销售洽谈和促成交易的技巧
- 掌握客户关系管理的内涵及内容
- 掌握客户保持的方法
- 熟悉流失客户挽回的策略

 引导案例

得客户者得天下——上海大众的 CRM

2007年首季,上海大众销售超越10万辆,实现开门红;4月份,其销量也一举突破4万辆。在这些漂亮的销售数字背后,除了产品本土化革新所打下的坚实根基,CRM 也功不可没。在上海大众,CRM 已经逐渐成为企业的核心战略之一,并在发展过程中逐步形成了自身特色。

上海大众的 CRM 已经超越了单纯的客户关系管理软件本身,而成为一项重要的商业策略,在上海大众由产品导向向用户导向转变的过程中扮演着重要的角色;在此战略下,上海大众将品牌形象与客户体验相连接,通过跟踪客户行为和交易记录,分析客户行为与市场活动的相关性,进而指导和调整品牌宣传和品牌形象的塑造。同时,通过品牌传播和活动策划,引导客户的品牌体验,最终形成良性的品牌客户关系,实现闭环营销。

事实上,上海大众 CRM 从本质上讲是将企业的创新能力与消费者所珍视的价值联系起来,为消费者提供价值创新,使其获得最大程度的满足,从而使企业永远活跃在"与客户共鸣"的浪尖上。这样,就更为有效地实现了与客户的深层次沟通。

在 CRM 体系的运作模式方面,上海大众采取了企业为主导的业务模式,根据自身发展及市场需求自主开发。企业对整套 CRM 体系拥有自主知识产权和综合开发能力,并可根据市场及业务发展情况灵活地调整,具备适应越来越多样化、复杂化市场需求的扩展性。

在实施方面,上海大众 CRM 发展由最初的小规模试点、局部实验,到全面推行,将先进的 CRM 理念与务实严谨的大众态度相结合,在实践中不断调整和优化,使 CRM 项目不断得到完善。目前,上海大众 CRM 体系由客户信息管理和客户关系管理两大环节构成,并形成了一个良性的螺旋形上升的闭环营销模式。

企业为了更好地向目标消费者销售自己的产品和劳务,必然要对其销售活动进行有效的组织和管理。销售管理是企业经营管理中重要的一环,也是企业唯一产生收入的环节,是站在企业整体的立场上对企业销售活动的管理。

第一节 销售管理概述

随着经济的发展,销售已不仅仅是商品所有者卖东西了,销售活动

第六章 现代企业销售管理

的内容越来越丰富,销售活动涉及的范围也越来越广了。

一、销售

(一)销售的定义

美国销售学协会定义委员会在《销售术语词典》中对销售的表述是：引导商品和劳务从生产者到消费者和使用者手中所实行的企业活动的科学，是对指导商品或劳务从生产者流向消费者或用户的商业活动的管理过程。

英国销售学协会的表述是：一个企业如果要生存、发展和盈利，就必须有意识地根据用户和消费者的需要来安排生产。

菲利浦·科特勒在1972年发表的《销售总概念》一文中提出，销售是旨在促进和完善交换的人类活动。

综上所述,我们给出的销售定义是：商品生产经营者为使顾客接受商品或劳务，促成交换而进行的各种相互关联的活动。由此，我们对销售的理解是：

第一，销售是企业经营思想和经营意图的体现。企业以消费者为中心，满足消费者的现实需求或潜在需求，以此来实现企业预期的目标。

第二，销售的核心是交换。交换是向他人提供所需之物或价值，并获取相应价值的物或服务的行为。交换是否能够实现取决于商品满足需求的能力。

第三，销售是一种管理过程，它包含了预测、计划、组织、指挥、协调、控制等一系列活动。

所以，销售在企业经营中扮演着重要的角色，企业的前途和命运不是取决于它能生产出多少产品或能提供多少服务，而是取决于它销售出去多少产品和服务。企业销售活动的目的、过程和结果，既体现着企业经营战略的变化和执行结果，也体现了企业的价值。一个企业经营管理水平和营销战略好坏最终体现在销售上。

(二)销售活动过程

企业销售活动过程是企业实现销售收入的过程。企业销售活动过程包括：寻找顾客—鉴别顾客—访问顾客—销售展示—完成销售—售

现代企业经营管理概论(第二版)

后服务。

1. 寻找顾客

寻找企业的目标消费者即顾客是企业销售活动的第一步,因为不同的企业由于其产品、档次等的不同,面对的目标消费者也不同,寻找顾客就是要寻找企业销售工作的努力方向。企业的顾客就是企业产品和劳务的购买者和经营者,不同的产品和劳务面对的顾客是不同的,如有的主要是生产者,有的是中间商,有的是最终消费者。

2. 鉴别顾客

顾客的购买行为是由顾客购买能力和购买欲望决定的。因此,我们鉴别顾客实际上就是识别在购买决策时,谁是最有影响力的顾客以及他们不同的需求。

3. 访问顾客

访问顾客是企业在销售过程中了解顾客、熟悉顾客、联络感情的过程,并以此建立和引起顾客的需要。常用的访问顾客的方法有三种:电话访问、信件访问和面谈,这三种方法在企业销售工作中通常是结合起来使用的,以提高访问顾客的效率。

4. 销售展示

展示是销售活动的核心内容。展示商品的目的是为了让顾客更加详细、清楚地了解企业所提供的商品的性能和购买使用会给顾客带来的利益,以便使潜在顾客转化为现实顾客。为了使展示确实有效,销售展示时应遵循两条基本原则:一是应该对展示商品进行仔细反复的讲解;二是应该结合顾客对产品现有的认识来展示。

5. 完成销售

说服顾客的结果就是双方签订合约,终结成交。所以,这个步骤意味着最后销售协议的达成。

6. 售后服务

最终成交并不是销售过程的结束,如果忽视售后服务,那么,企业在顾客心目中会产生一种没有信用的感觉,其后果是十分严重的。售后服务过程中的工作主要有两项:一是商品的售后服务,即商品使用资料的提供、商品品质保证、服务承诺、问题商品的售后处理等;二是经常与现有顾客联络,这一方面可以增进相互之间的感情,另一方面可以及时了解市场信息,为进一步销售作准备。

二、销售管理的职能

(一) 销售管理的定义

销售管理是指为实现企业整体销售目标,把握市场机会和实现商品交换而进行的计划、组织、指挥、协调和控制的综合性活动。具体包括建立销售目标、协调各种销售工具、制定销售预算、设计销售方案、评估和控制销售行为等一系列具体管理活动过程。销售管理的核心在于动态地管理销售活动,以最终实现企业的目标。因此,销售管理必须要以销售计划为中心,注意与其他经营战略的协调配合,循序渐进地展开各项销售活动,以最终实现企业的目标。

(二) 销售管理的职能

企业产品和劳务的销售过程,实际上是企业对销售进行管理的过程。销售管理过程不仅是不断地调整整个企业系统以适应消费需求的过程,而且也是企业内部各种职能协调配合的过程。它是企业销售管理的五项职能计划、组织、人员配备、指挥和控制的协调运转过程。

1. 计划职能

计划是企业销售管理的首要职能。计划职能贯穿于企业销售管理全过程,它是企业进行销售管理过程的灵魂。一个企业要想生存和发展,其管理工作必须要有计划,销售计划实际上是对企业销售工作的安排和部署,以使企业目标能有条不紊地顺利实现。销售计划包括商品计划、销售区域和销售对象计划、价格计划、组织计划、商品销售额计划和销售费用计划。

2. 组织职能

为了有效地执行企业销售计划,企业销售工作必须通过一定的组织形式来进行管理。销售管理的组织职能,是企业实施销售方案过程中对所需要的资源的调配。在企业管理中组织设计的一条重要原则是因事设人,先确定需要完成的工作任务,安排必需的职位,构成有一定层次顺序的严密的结构体系,再考虑寻找适当的人员充实到各职位,以执行其岗位职责。

3. 人员配备职能

企业销售管理的第三个职能是为各个岗位配备合适的人员,确定合理的报酬和奖惩制度。从企业的销售管理过程看,需要配备三个层次的人员:决策层的销售经理、执行层的区域经理和操作层的市场代表和直销人员。不同层次对人员素质要求是不同的,所以应针对不同层次的要求,配备适合的人才。

4. 指挥职能

指挥是借助指示、命令等手段有效地指导下属机构和人员履行自己的职责,实现计划任务的要求。指挥作为销售管理的一种职能,包括两方面内容:一是传送信息,及时清楚地向下级布置任务;二是激励有关人员,充分发挥每个人的聪明才智,使他们在执行任务时能发挥最大作用,这也是指挥职能在销售管理中作用的一个很重要的方面。

5. 控制职能

企业销售管理的控制职能就是通过对销售目标控制,对销售战略和计划的效果进行衡量与评估,并采取修正措施以确保目标的实现。企业的销售控制主要有年度销售计划控制、营利控制和战略控制三种不同的控制过程。

销售管理的五种职能对企业销售活动全过程而言是不可缺少的,而且每一个职能都不可能单独完成销售的全部活动,只有五种职能之间协调配合才能完成销售过程。

三、销售计划管理

(一)销售计划的含义和内容

销售计划是实现销售收入和目标的一连串销售过程的安排,即依据销售预测设定销售目标、编制销售配额和销售预算。好的销售计划可以使企业的经营目标有条不紊地顺利实现。销售计划是各项计划的基础,除了企业的经营方针和经营目标需要详细的商品销售计划外,其他如未来发展计划、利益计划、损益计划、资产负债计划等的制订与实行,无一不需要以销售计划为基础。销售计划应该包括的内容可见图 6-1。

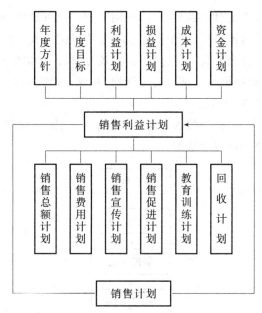

图 6-1　销售计划内容

概要来说,销售计划的内容可简述为:

第一,商品计划(制作什么产品?)

第二,渠道计划(透过何种渠道?)

第三,成本计划(用多少钱?)

第四,销售单位组织计划(谁来销售?)

第五,销售总额计划(销售到哪里?比重如何?)

第六,促销计划(如何销售?)

综上所述,可以看出第五项的销售总额计划是最主要的,销售计划的内容大致可涵盖在其中,销售总额计划经常是销售计划的精华所在,也是销售计划的中心课题。

制订销售计划时,首先分析市场或预测市场需求,以掌握整个业界的动态,然后再根据整个业界的预测值,作出自己的销售预测;其次,根据销售预测,对经营者、各部门主管以及第一线负责人所提供的销售额进行判断,决定下年度的销货收入目标额。同时,为了保证能实际付诸行动,也必须分配销售额。销售分配的中心在于"产品别"的分配,以此为轴心而逐次决定"地域别"与"部门别"的分配额；最后，再进一步分配每一位销售员的销售额，以便迅速顺利地达成销货收入目标。

在如此细分销货收入目标额后，再按月份分配，拟定每月份的目标额，然后再以此销售目标细拟实施计划，并成立相应的销售组织和做出合适的人事安排。

最后，再参考"销货收入目标额、销售分配、销售费用估计额"编制销售预算。整个过程参见图6-2。

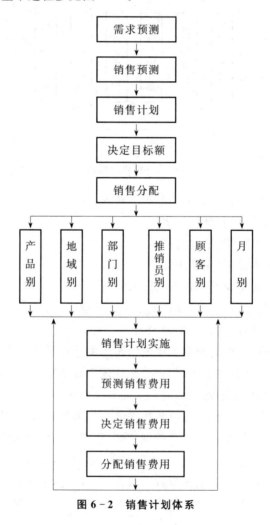

图6-2 销售计划体系

（二）制定销售计划的步骤和方法

销售计划的制定一般包括以下八个步骤，见图 6-3。

1. 分析现状

对当前市场状况、竞争对手及产品、销售渠道和促销工作等，必须进行详细的分析，然后，市场销售调研部门开始进行销售预测。这种预测要求调研部门必须和其他部门相配合。

2. 确定目标

销售部门应当把前一计划期的执行情况、对现状的分析、预测结果三者结合起来，提出下一计划期切实可行的销售目标。确立的目标要系统化、定量化，并保持目标的一致性。

3. 制定销售策略

确立目标以后，企业各部门要制定出

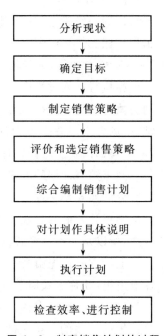

图 6-3 制定销售计划的过程

几个可供选择的销售策略方案，以便从中进行评价选择。

4. 评价和选定销售策略

评价各部门提出的销售策略方案，权衡利弊，从中选择最佳方案。

5. 综合编制销售计划

由负责销售的副总经理负责把各部门制定的计划汇集在一起，经过统一协调，编制每一产品包括销售量、定价、广告、渠道等策略的计划，扼要地综合每一产品的销售计划，形成企业的全面销售计划。

6. 对计划加以具体说明

说明是使执行人员心领神会，贯彻执行起来有力有效。说明应注意：实现目标的行动，应分为几个步骤；每个步骤之间内在的关系次序；每个步骤由谁负责；每一步骤需要多少资源、时间等。凡是与计划有关的情况，都应尽量说明。

7. 执行计划

计划一经确定，各部门就必须按照既定的战略策略执行，以求达到销售目标。

8. 检查效率，进行控制

在执行计划过程中，要按照一定的评价和反馈制度，了解和检查计划的执行情况，评价计划的效率，也就是分析计划是否在正常执行。通常，市场会出现意想不到的变化，甚至会出现意外事件，如战争、歉收等，销售部门要及时修正计划，或改变战略策略，以适应新的情况。

制定销售计划的方式有两种："分配方式"与"上行方式"。

分配方式是一种自上往下的方式，即由经营最高层起，往下一层层分配销售计划值的方式。由于这种方式属于传统观念下"理应如此"的方式，所以是一种演绎式的决定法。

上行方式是先由第一线的推销员估计销售计划值，然后再一层层往上呈报，此种方式属于归纳式的方法。

这两种方式都有各自的优点，也有各自的不足。分配方式的不足是销售第一线的人员欠缺计划制定的参与性，不易将上级所决定的计划视为自己的计划；而上行方式，由于是由一线销售员自己估算销售值，不一定符合整个企业目标，故往往无法被采纳。

因此，究竟采用何种方式应视企业内部情况而定。一般来说，当高层管理者对第一线了如指掌，而一线推销员也信赖高层管理者时可采用分配方式；而当第一线负责者能以全公司的立场分析自己所属区域，且预估值是在企业的许可范围内时可使用上行方式。

(三) 销售目标管理

在销售计划管理中，销售目标的制定相当重要。销售目标的制定必须与企业的整体目标相配合，并能指导销售行为，激励销售人员，降低销售成本，增加企业利润，提高管理效率。正因为如此，销售目标管理成为管理销售活动的有效手段。

企业在确定销售目标时，须考虑三个影响销售目标制定的因素：一是企业目前和以往的销售资料，根据企业目前的销售量以及过去一年的上升或下降幅度来确定企业市场存量的自然增长量；二是对市场走势的预测,据此确定市场总存量的自然增长量,并根据企业的市场占有率确定企业可能取得的份额;三是除了前两项之外的预期增加量。通过这三个方面,企业既可对自己已占有的市场进行系统的评估,也可对整个市场进行全面的审视,同时,还可对下一年的市场开发作出合理的安排。确定销售目标的过程是一个对市场进行全面、系统评估、审视和规划的过程。

一般来讲,企业的销售目标应包括这样几方面的内容:销售额指标、销售费用的估计、利润目标、销售活动目标等。

第二节 销售人员管理

销售人员管理是企业销售管理的重要组成部分,由于销售人员与企业生产人员相比,其工作性质和内容有很大的不同,所以管理也应该有相当的差别。

一、销售人员规模设计

销售人员是企业最具生产性,但又是最昂贵的资产之一,增加其数额将使销售额与成本同时上升。因此,企业在招募销售人员为之服务时,必须小心谨慎。

(一)影响企业销售人员数量的因素

企业销售人员的数量多少,一般受两个因素的影响。

1. 企业的业务量增长情况

企业业务量的增长自然要补充销售人员,而人员流动,如跳槽、退休、死亡等又要求随时补充替代销售人员。

2. 人员流动率

人员流动率在不同的企业间是不一样的,过高的人员流动率可能意味着企业在管理上存在问题,这时就要分析在招聘、奖金、激励等员工管理中的哪道环节是导致人员流动率过高的原因。

(二) 确定企业销售人员的规模

企业设计销售队伍规模通常有以下几种方法。

1. 销售百分比法

这种方法是企业利用历史资料计算销售成本百分比以及销售人员的平均成本,参照对未来销售额的预测,确定销售人员的规模。

2. 分解法

分解法是指分解推销人员的平均产出水平,与销售预测值比较从而判断人员规模的方法。

3. 工作负荷法

工作负荷法与前两种方法比较,更为实际科学。这种方法可分为五个步骤:

第一,按年销售量的大小将顾客分类。

第二,确定每类顾客所需的访问次数(即对每个顾客每年的推销访问次数),它反映了与竞争对手相比要达到的访问密度有多大。

第三,每类顾客的数量乘以各自所需的访问次数就是整个地区的访问工作量。

第四,确定一个销售人员每年可进行的平均访问次数。

第五,将总的年访问次数除以每个销售人员的平均年访问数,即得所需销售人员数。

例如:假设某公司在全国估计有1 000个A级客户,2 000个B级客户,而A级客户每年需要36次业务性拜访,B级客户每年需做12次拜访。又假设平均每个销售人员每年可以完成1 000次推销访问,那么该公司需要多少销售人员?

通过如下公式计算可得出:

该公司总访问工作量为:$1\ 000 \times 36 + 2\ 000 \times 12 = 60\ 000$(次/年)

该公司所需销售人员为:$60\ 000 \div 1\ 000 = 60$(人)

(三) 配置销售人员力量

对现有销售人员进行科学配置,人尽其才,才能最大限度地提高整体销售效益。配置的方法通常有以下几种。

1. 按地区分派销售人员

就是按照地理区域来分派销售员,每个销售员全权负责所管地区的全部产品销售业务,企业销售员之间各管一方,互不重叠。这是一种最简单的分配形式。

其优点是:目标明确,责任清楚,容易考核销售员的工作成绩,活动范围固定,可以相对节约销售费用;有利于鼓励销售员与当地商界和个人联系,提高销售效率。缺点是:这种方法只适用于特性相似的产品和顾客,若企业的产品品种多,市场差异性大,销售员需要较长时间来适应,因而影响销售成效。

2. 按产品分派销售人员

这是针对按地区分派销售员所存在的缺点而提出的一种分派办法,就是在较大的市场范围内,每个销售员负责一种(类)产品的销售。

其理由是:企业内的产品高度专门化,不同产品线的销售员应有专门的产品知识,否则销售就难以进行;企业内的产品数目繁多,且产品高度分散,产品之间完全没有联系,所以只能单独销售。其缺点是:无法用统一的考核标准考核各销售员的实绩;在同一顾客或同一市场上需多个销售员销售,增大了企业的销售成本。

3. 按不同顾客分派销售人员

这是根据顾客消费需求类型来分配销售员任务的方法,每个销售人员负责某一类市场需求的顾客的销售,例如空调市场、汽车市场、办公用品市场等。

其优点是:每个销售员对顾客的需求都十分熟悉,关系密切。缺点是:当同类消费需求的顾客居住分散在较大的区域(全国或大区),推销线路就会过长,且各销售员在地区间交叉推销,相应增加了开支。

4. 按综合因素分派销售人员

当一个企业在较大的市场区域内,向很多不同类型顾客出售多种产品,但销售人员又紧缺时,则需要采用复合分工的方法来分派销售员的工作。例如按地区-产品或地区-产品-顾客分工,这时一个销售员必须对一个或几个产品经理负责,或是对一个或几个部门经理负责。

二、销售人员的激励

激励是对销售人员进行管理的重要内容。绝大多数销售人员都需要激励,良好的激励,能使销售人员保持高昂的斗志和良好的精神状态,能使他们的潜力得到更充分的发挥,把销售工作做得更好。

(一) 激励销售人员的原因

有些销售人员即使没有管理部门的任何指导也会尽心竭力工作。对他们来说,销售是世界上最令人神往的工作,他们胸怀大志,工作主动。但是大多数的销售人员需要鼓励和特别的刺激,才能使他们的工作达到最高水平。现场销售工作尤其如此,原因是:

1. 工作的性质

销售工作经常受到挫折,推销人员通常要独立工作,他们的工作时间是无规律的,并且经常离家在外。他们面临着有进取心的富有竞争意识的竞争对手。由于条件限制,他们常常无法去做为赢得客户所必须做的事情,有时他们会失去经过艰苦努力而争取到的大订单。

2. 人固有的"懒惰本性"

"Y理论"认为:人的本性是懒惰的,往往不愿承担责任。大多数人如果没有特别的激励(例如金钱的获得和社会的承认),就不能发挥其全部才能。

3. 销售人员个人的问题

有时销售人员会为个人问题而苦恼,例如家里有人生病、婚姻不和谐以及负债等。

(二) 激励的方式

美国销售专家成功地对激励销售人员的问题作了研究,并提出了激励的基本模式:

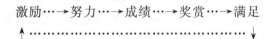

上述模式表明对销售人员的激励越大,他作出的努力也就越大,更大的努力将会带来更大的成绩;更大的成绩将会带来更多的奖赏;更多

的奖赏将会产生更大的满足感;而更大的满足感将产生更大的激励作用。因此,企业销售管理部门应善于使用各种激励手段来提高销售人员的工作积极性。

1. 环境激励

环境激励是指企业创造一种良好的工作氛围,使销售人员能心情愉快地开展工作。环境激励一方面可以直接满足员工的某些需要,另一方面,可以形成一定的压力和规范,推动销售人员努力工作。所以,企业可以通过召开定期的销售会议或非正式集会,为销售人员提供一个社交场所,给予销售人员与公司领导交谈的机会,让他们在更大群体范围内有结交朋友、交流感情的机会。

2. 目标激励

目标是人们努力的方向,建立科学而又符合实际的目标体系,可以激励销售人员不断进取。所以,目标激励是指为销售人员确定一些拟达到的目标,以目标来激励销售人员上进。企业应建立的主要目标有销售定额、毛利额、访问户数、新客户数、访问费用和货款回收等。其中,制定销售定额是企业的普遍做法。

许多公司为其销售人员确定销售定额,确定他们一年内应推销的商品数量,并按商品分类确定。报酬往往与定额的完成情况直接挂钩。

销售定额是在制订年度市场营销计划的过程中确定的。公司先确定一个可能达到的合理的预计销售指标,然后管理部门为各分区和地区确定销售定额,各地区的销售经理再将定额分配给本地区的销售人员。究竟如何分配定额,理论和实践中存在三种观点或学派。

高定额学派认为,所定的数额应高于大多数销售人员实际能达到的水平,这样会刺激销售人员更加努力地工作。

中等定额学派认为,定额应是大多数销售人员所能达到的,这样销售人员会感到定额是公平的,易于接受,并增加信心。

可变定额学派认为,定额应依销售人员的个体差异分别设定,某些人适合高定额,某些人则适合中等定额。

美国推销专家赫克特认为:"销售定额的实践经验表明,销售人员的反应是不完全一致的,特别是最初阶段更是这样。其实,在实行任何一种标准时均会出现此种情况。一些人受到激励,因而发挥出最高效能,一些人则感到气馁。某些销售主管人员在确定定额时对人的因素极为重视。然而从长远的观点来看,优秀销售人员对精心设计的定额将会作出良好的反应,特别是当报酬按工作成绩作适当调整时更是如此。"

定额可按销售金额、单位销售量、毛利额、销售努力程度或销售活动和产品类型来确定。对个别销售人员确定销售定额时,应考虑许多因素,包括销售员前期的销售绩效及其销售区域的预计销售潜量,对销售员工作抱负的判断,销售人员对压力、激励的反应等。有关这方面的情况如下:

第一,销售人员 j 在 t 时间内的销售定额为 Q_{jt},此定额应高于其上年的销售量 $S_{j,t-1}$,即:

$$Q_{jt} > S_{j,t-1}$$

第二,如果销售人员 j 所在 t 时间内的销售定额定得高一些,该销售人员在该地区的预计销售潜力 S_{pjt} 与他上一年度销售量之间的差异就会更大,其中 P 为当期,即:

$$Q_{jt} - (S_{pjt} - S_{j,t-1})$$

第三,销售人员 j 在 t 时间内的销售定额定得越高,他对压力的反应也就越大,即:

$$Q_{jt} - E_j$$

上述三种情况可合成一个方程式,用来确定销售人员的定额:

$$Q_{jt} = S_{j,t-1} + E_j(S_{pjt} - S_{j,t-1})$$

因此,销售人员 j 在 t 时间内的定额应至少等于他前期的实际销售量,加上其销售区域的预计销售潜量与上年的销售量之间差别的若干比值 E_j。他对压力的反应越积极,其定额的比值就越大。

3. 财务激励

财务激励主要有薪金、佣金、奖金、福利等几种形式。其中佣金激励是企业对销售人员最常用的激励形式。佣金是对销售人员实现销售量或销售额而支付的一种报酬。由于佣金与销售量直接挂钩,因此它有利于直接激发销售人员的积极性,鼓励他们以更大的努力创造更好的业绩。

4. 精神激励

现代企业管理实践表明,物质鼓励必须同精神鼓励相结合。精神激励是指对做出优异成绩的销售人员给予表扬,如颁发奖状、奖旗,授予称号等,以此来激励销售人员追求上进。对于多数销售人员来讲,精神激励是不可少的,它是对销售人员贡献的公开承认。精神激励是一种较高层次的激励,可以满足销售人员的自尊需要,从而达到激励的目的。

5. 授权激励

行为科学家认为,大多数人都愿意承担责任,企业领导者要善于向下属授权,实行授权激励,即把本来属于企业领导者的某些权力授予下属代为行使。授权是责权利一起授,要求尽可能明确每个被授权销售人员应负的责任,让他们承担更多的任务,并享有相应的权利,完成得好还应给予奖励。授权激励的关键是激发销售人员的责任心。

6. 竞赛激励

竞赛是最常用的激励方法。销售竞赛是为了鼓励销售人员超常发挥,以达到短期的特定目标而开展的比赛。竞赛中的优胜者可以得到财务与非财务报酬的机会。竞赛优胜者通常能得到财务报酬,如额外的奖金、奖品或免费旅行等;也可能得到正式的表扬、成就感等非财务报酬。

(1) 竞赛激励设置的原则。竞赛奖励的目的是要鼓励销售人员作出比平时更多的努力,创造出比平时更高的业绩。因此要达到这一目的,在设计竞赛奖励时要注意几个原则:

第一,奖励设置面要宽,竞赛至少要设法使参加者人数的 50%—60% 有获得奖励的机会。成功的奖励办法是能鼓励大多数人,如果奖励面太窄,会使业绩中下水平的业务员失去信心,使他们无动于衷。

第二,业绩竞赛要和年度销售计划相配合,要有利于公司整体销售目标的完成。

第三,要建立具体的奖励颁发标准,奖励严格按实际成果颁发,杜绝不公正现象。

第四,竞赛的内容、规则、办法力求通俗易懂,简单明了。

第五,竞赛的目标不宜过高,应使大多数人通过努力都能达到。

第六,专人负责宣传推动,并将竞赛实况适时公布。

第七,要安排宣布推出竞赛的聚会,不时以快讯、海报等形式进行追踪报道,渲染竞赛的热烈气氛。

第八,精心选择奖品,奖品最好是大家都希望得到,但又舍不得花钱自己买的东西。

第九,奖励的内容有时应把家属也考虑进去,如奖励去旅行,则应把其家属也列为招待对象。

第十,竞赛完毕,马上组织评选,公布成绩结果,并立即颁发奖品,召开总结会。

(2) 竞赛目标的设定。组织成功的竞赛活动首先要明确竞赛的目标。从实践经验看,行之有效的竞赛目标很多,如:

第一,提高销售业绩奖。达到目标、超过上次销售业绩、前五名获得者、团体销售名列前茅等都可以利用一定的积分积点予以奖励。

第二,问题产品销售奖。对于问题产品的销售如新产品、库存滞销品,业绩较好者给予积分或加重点数予以奖励。

第三,开发新客户奖。对于开发新客户的数量及业绩量给予积分奖励。

第四,新人奖。新吸引来的销售人员中,业绩高者给予奖励。

第五,训练奖。训练新人,绩效最高者给奖。

第六,账目完好奖。坏账最低者、即期结账比例最高或总额最高者给予奖励。

第七,淡季特别奖。在淡季、节假日可以举行特别定期定时竞赛,优胜者给予奖励。

第八,市场情报奖。对协助公司收集市场情报最多、最准确、最快速者给予奖励。

第六章　现代企业销售管理

第九，降低退货奖。对退货量最低者或占销售总额比例最低者给予奖励。

第十，最佳服务奖。根据客户反映及公司考察，对服务态度最好、服务质量最高者给予奖励。

以上列举了几种常用的竞赛目标及奖励方式。事实上，竞赛目标可能有四五十种，各销售主管应根据实际情况，运筹帷幄，巧妙运用，达到预期目的。

竞赛费用一般是公司的常用开支，调查表明，平均销售竞赛的费用约占2.67%—3.25%。销售主管做计划时可以按销售业绩额的3%左右来提取竞赛奖励费用。

三、销售人员的考评

为了对销售人员进行有效的管理，企业必须对销售人员的工作业绩建立科学的评估、考核制度，并以此作为分配报酬的依据。销售人员的业绩考评主要包括收集考评资料、建立绩效标准、选择考评方法和进行具体考评。

（一）收集考评资料

对销售人员进行评价要依据一定的信息，最重要的信息来源于销售报告，其他来源有企业销售记录、顾客的信件、顾客调查以及与其他销售人员的交谈。

销售报告分为销售活动计划和访问报告两部分。销售活动计划是销售人员的工作计划，由销售人员提前一星期或一个月提交，说明计划进行的访问和巡回路线。该计划可指导销售人员安排好活动日程，向管理部门报告他们的行踪，并为管理部门衡量其计划与成就提供依据。管理部门可根据销售人员制定计划和执行计划的能力来评价他们的工作业绩。管理部门接到销售人员的计划后，有时会与销售人员接触，提出改进建议。

销售人员把他们完成的销售活动记录在访问报告中，根据访问报告，销售管理部门就可以了解销售人员的活动，显示顾客账户的状况，并提供以后访问可能有用的信息。销售人员还需提交费用开支报告。

据此报销其全部或部分开支。一些企业还要求其他类型的报告,如有关新业务的报告、失去业务的报告以及当地商情和经济状况的报告等。

这些报告提供了原始数据,销售经理可从中获得反映销售绩效的关键数字,并可以对以下问题作出判断:销售人员每天的访问次数是否太少?每次的访问时间是否太长?招待费是否太多?每百次访问是否成交了足够的订单?是否发展了足够的新顾客和保持了与老顾客的关系?

(二)建立评估指标

评估指标要基本上能反映销售人员的销售绩效。主要有:销售量增长情况、毛利额、每天平均访问次数、访问成功率、平均订单数目、销售费用及销售费用率、新客户数目等。为了科学、客观地进行评估,在评估时还应注意一些客观条件,如销售区域的潜力、区域形状的差异、地理状况、交通条件等,这些条件都会不同程度地影响销售效果。

(三)销售人员业绩评价方法

业绩考评的方法很多,对于销售人员的评估,一般是运用比较分析的方法进行。

1. 横向比较法

横向比较法就是把各个销售人员的销售成绩进行排队比较。这种比较方法只有在各地区市场潜量、工作量、竞争激烈程度、企业促销努力等没有差别的情况下,才有意义。

当前的销售量并不是衡量销售员成就大小的唯一标准,管理部门应予以重视的是每个销售人员目前所赚的纯利有多大。这就需要检查每位销售人员所出售的产品销售组合和销售费用,更重要的是要考核顾客对推销人员服务的满意程度。

2. 纵向比较法

纵向比较法就是将销售人员现在的销售绩效与其过去的绩效相比较。这种方法应能直接表明销售人员工作进展的程度,见表6-1。

第六章 现代企业销售管理

表6-1 销售人员绩效评价表

	销售地区：上海市 销售代表：王×			
	2000年	2001年	2002年	2003年
1. 产品A的净销售额(元)	251 300	253 200	270 000	263 100
2. 产品B的净销售额(元)	423 200	439 200	553 900	561 900
3. 净销售总额(元)	674 500	692 400	823 000	825 000
4. 产品A定额百分比	95.6	92.0	88.0	84.7
5. 产品B定额百分比	120.4	122.3	134.9	130.8
6. 产品A的毛利(元)	50 260	50 640	54 000	52 620
7. 产品B的毛利(元)	42 320	43 920	55 390	56 190
8. 毛利总额(元)	92 580	94 560	109 390	108 810
9. 销售费用(元)	10 200	11 100	11 600	13 200
10. 销售费用与总销售额之比(%)	1.5	1.6	1.4	1.6
11. 销售访问次数	1 675	1 700	1 680	1 660
12. 每次访问成本(元)	6.90	6.53	6.90	7.95
13. 平均客户数	320	324	328	334
14. 新客户数	12	14	15	20
15. 丧失客户数	8	10	11	14
16. 每个客户平均购买额(元)	2 108	2 137	2 512	2 470
17. 每个客户平均毛利(元)	289	292	334	326

销售管理部门可以从上表中了解到有关销售员王某的许多情况。王某的总销售量每年都在增长(第3行)，但这并不一定意味着王某工作非常出色。对各种产品的分析表明，他销售产品B的销售量大于推销产品A的销售量(第1行和第2行)。对照这两种产品的定额(第4行和第5行)可知，他在增加产品B的销售量上取得的成绩可能是以减少产品A的销售量为代价的。有关毛利方面的数字(第6行和第7行)表明企业销售产品A所赚的利润比产品B多，而王某实现这一目

标以牺牲利润较大的产品为代价,销售了销量较大、毛利较低的产品。虽然他在2002年与2003年之间增加了2 000元的总销售额(第3行),但其总销售额所获得的毛利实际减少了580元(第8行)。

虽然总费用占总销售额的百分比看起来似乎得到了控制,但销售费用(第9行)却在不断增加(第10行)。王某销售费用总额上升的趋势似乎无法以访问次数的增加予以说明(第11行),这或许与其取得新顾客的成就有关(第14行)。然而,他在寻找新客户时,很可能忽视了现有的客户,这可从每年失去客户数的上升趋势中(第15行)得到说明。

最后两行表明了王某的每个客户的销售额和毛利的水平与趋向。当把这些数值与整个企业的平均数值进行对比时才更有意义。如果王某每个客户的平均毛利低于企业的平均数,也许是因为他选错了客户,或者是因为他对每个客户的访问时间不足。他的年访问次数(第11行),表明他每年对客户的访问次数低于企业的平均水平。如果他所在的销售区的距离与其他销售员的平均距离并无多大差别,这可能意味着他并没有在整个工作日内工作,也许是他的访问路线计划不周;也许是未能缩短等候时间;也许是他在某些客户身上花费的时间太多等等。

3. 销售人员品质评价法

这种方法的具体内容通常包括销售员对企业、产品、顾客、竞争者、销售区或职责的了解程度,个性特征如举止、仪表、言谈和气质等也可予以评价。销售管理部门还可以对任何有关销售员动机与依从上级的程度等方面加以评价,销售经理还应查核销售人员是否熟悉和遵守法规。企业应把上述各方面的评价标准公之于众,使销售人员知道企业对他们的工作是如何评价的,从而努力改进自己的工作。

第三节 销售技巧

虽然企业的销售活动千变万化,但是有效的销售工作存在一定规律性,都要经过一些主要的步骤,销售人员应在把握基本步骤的前提下,善于运用各种销售技巧,达成销售目标。

一、销售接近

销售接近是销售人员正式接触销售对象的一个步骤,也是成功销售的第一步,销售接近的目的主要在于引起顾客的注意和兴趣,使买卖双方顺利转入面谈阶段,促成交易的建立。要达到接近的特定目的,必须有很好的接近方法。

(一)介绍接近法

介绍接近法是通过销售人员自我介绍或经过第三者介绍而接近顾客的方法。自我介绍主要是通过自我口头介绍以及身份证件与名片来达到接近顾客的目的。他人介绍是借助与访问对象关系密切的第三者的介绍来达到接近的目的。一般来说,介绍接近法虽然是最常用的接近方法,但也是最无力的方法,所以在使用时,最好并用其他的接近方法,才能顺利地接近顾客。

(二)产品接近法

产品接近法是销售人员直接利用所销售的产品吸引顾客的注意和兴趣,进而转入面谈的一种接近方法。这种方法最大的特点就是让销售的产品做自我推销,让产品本身去接近顾客,通过产品的自身吸引力,引起顾客的注意和兴趣。由于这种接近方法符合顾客的购买心理,所以接近的效果也比较好。但是,这种接近法要求销售产品本身是具有较强的吸引力的有形实物,且外观具有独特新颖性;产品不怕顾客反复摆弄触摸,且轻巧便于携带。

(三)利益接近法

利益接近法是销售人员通过直接向顾客陈述销售产品能够给顾客带来的实质性利益,以引起顾客的注意和兴趣,达到接近目的的方法。这种方法以产品本身能带给顾客的利益作为接近的媒介,符合顾客的求利心理,是一种行之有效的接近方法,它尤其适用于销售那些效益重大而又鲜为人知的商品。

(四)好奇接近法

好奇接近法是销售人员利用顾客的好奇心理达到接近目的的方

法。销售人员可以通过各种巧妙的方法来唤起顾客的好奇心,引起顾客注意和兴趣,然后把话题转向销售产品。现代心理学表明,好奇是人类行为的基本动机之一,人们的许多行为都是由于好奇心驱使的结果。因此,销售人员只要平时注意观察生活,总是可以找到一些对顾客具有吸引力的新奇事物,作为接近顾客的有用媒介。

(五)问题接近法

问题接近法是销售人员直接向顾客提问,利用问题来引起顾客的注意和兴趣。这种方法运用时可以先提一个问题,根据顾客的反应再继续提问。在提问时要注意问题的明确和具体,并突出重点,找到顾客最关心的问题。问题的重点要放在顾客感兴趣的主要利益上。

(六)赞美接近法

赞美接近法是销售人员利用顾客的求荣心理来达到接近的目的。卡耐基在他的著作中提到:"人性的弱点之一,就是喜欢别人赞美。"每个人都会觉得自己有可以赞美的地方,销售人员如果能够抓住这个心理规律,很好地利用,就能成功地接近顾客。因此,销售人员要善于发现顾客的优点,同时注意赞美时尽量切合实际,态度要诚恳,语气要真挚,不要冒犯顾客。

(七)表演接近法

表演接近法是销售人员利用各种戏剧性表演技法来展示产品的特点,从而接近顾客。这种方法既有科学性又有艺术性,因此,运用这种方法时既要注意表演的戏剧效果,又要注意表演的自然合理,并尽量使顾客卷入表演中,成为其中的角色。

二、销售洽谈

销售洽谈是销售人员运用各种方式、方法、手段与策略去说服顾客购买产品的过程,是销售人员向顾客传递销售信息并进行双向沟通的过程。销售洽谈方法多种多样,主要可以分为提示法和演示法两大类。

(一)提示法

1. 直接提示法

直接提示法是销售人员直接劝说顾客购买所销售产品的方法。这种方法是销售人员接近顾客后立即向顾客介绍产品,陈述产品的优点和特性,然后建议顾客购买。由于这种方法能节省时间,加快洽谈速度,符合现代人的生活节奏,因而很具优越性。但在运用时要注意:提示要抓住重点;提示的内容要易于被顾客了解;内容应尊重顾客的个性。

2. 间接提示法

间接提示法是销售人员运用间接的方法劝说顾客购买销售产品的方法。间接提示可以避免一些不太好直接提出的动机与原因,因而使顾客感到轻松、合理,容易接受销售人员的购买建议。所以,间接提示法受到广泛的应用。但在运用时,销售人员要注意语气和语言的委婉温和,减轻顾客的心理压力,同时销售人员应时刻注意控制洽谈过程和内容。

3. 明星提示法

明星提示法是销售人员借助一些有名望的人来说服和动员顾客购买销售产品的一种方法。这种方法迎合了顾客求名、求荣等情感购买动机,而且通过名人、名家的声望,可以消除顾客的疑虑,使销售产品在顾客心目中产生明星效应,有力地促进顾客的购买欲望。为提高这种方法的有效性,运用时要注意明星必须是顾客公认的,明星与所销售产品有着必然的内在联系,从而可以增强说服力。

4. 动意提示法

动意提示法是指销售人员建议顾客立即采取购买行为的洽谈方法。这种方法可以直接传递推销信息,刺激顾客的购买欲望,并适时地鼓动顾客立即采取购买行动。但采用这种方法时,要注意动意提示的内容应直接诉诸顾客的主要购买动机与主要需求。

5. 逻辑提示法

逻辑提示法是销售人员利用逻辑推理劝说顾客购买推销产品的方法。这种方法符合顾客的理智购买动机。它是通过逻辑思维的方式,使顾客进行理智的思考,从而明确购买的利益与好处,特别适合于生产资料的销售洽谈。

（二）演示法

1. 产品演示法

产品演示法销售人员通过直接演示销售产品本身来劝说顾客购买的方法。由于产品演示可以通过产品本身更生动形象地刺激顾客的感觉器官，可以制造一个真实可信的销售情景，因此具有较好的销售。应用产品销售法时，要注意销售产品的性质和特点，以及顾客的特点，选择理想的演示方式、内容和地点，如能让顾客参与演示活动，使顾客能够亲身体验到销售产品的优点，从而提高销售洽谈的成功率。

2. 文字与图片演示法

文字与图片演示法是销售人员展示用以赞美与介绍产品的有关图片、文字等劝说顾客进行购买的方式。这种方法既准确可靠又方便省力，能生动、形象地向顾客介绍销售产品，传递销售信息。如能做到图文并茂，可以收到更佳的销售洽谈效果。特别是不能或不便演示的销售产品，使用此法更好。

3. 影视演示法

影视演示法是销售人员通过录音、录像、电影、音响等现代影视工具，演示有关销售产品的资料来劝说顾客购买的方法。这种方法具有很强的说服力和感染力，是一种新颖而有效地演示方法。

三、促成交易

成交是购销双方就销售商品的买卖达成一致意见的行动过程，是销售活动的最终目标。因此，成交是整个销售活动的核心，其他各项工作都是围绕这一核心来进行的。但是由于销售的产品不同、销售对象的不同，所处的社会环境和条件也不同，因此，采用的成交方法也有不同，一般方法包括以下几种。

（一）直接请求成交法

直接请求成交法就是在成交阶段，根据顾客发出的成交信号，适时提出成交的一种方法。这种方法适用于已有明显购买倾向但仍在拖延时间，或因一开始提出很多问题，虽然经过销售人员解释已提不出什么，但仍不好意思开口说购买的顾客。这种方法可以有效促成购买，可以节省时间而提高销售工作效率,因而是一种最基本和常用的方法。运用这种方法,要求销售人员具有高度的自信心,在直接请求时,要十分注意自己的言词和态度,避免破坏原本不错的销售气氛,以及增加顾客购买的心理压力。

(二) 局部成交法

局部成交法是利用局部成交来促成整体交易的一种成交方法。从顾客的购买心理来说,重大的交易问题会产生较强的心理压力,顾客往往比较慎重,一般不轻易做出成交决策,而在较小的交易面前,顾客往往信心十足,较容易做出成交决策。因此,对于大型的交易活动,销售人员应先就局部问题与顾客达成协议,减轻顾客的心理压力。然后,在此基础上,再就整个交易与顾客取得一致意见,最后成交。

(三) 假设成交法

假设成交法是假定顾客已经做出购买决策的一种成交方法。这种方法的立足点是建立在"顾客会买"的肯定假设上的,它适用于老顾客、中间商进货以及主动表示要购买的顾客。这种方法避免了与顾客讨论购买决策问题,因而减轻因决策而给顾客带来的心理压力;可以避免因顾客的反复拖长销售时间;可以把顾客的成交信号直接过渡到成交行动。但运用这种方法时要看准顾客类型,准确判断顾客的成交信号,只有确信顾客必定购买时才可使用这一方法。

(四) 有效选择成交法

有效选择成交法是销售人员为顾客设计出一个有效成交的选择范围,使顾客只在有效成交范围内进行成交方案选择的方法。这种方法由于提出几个很实际的方案让顾客进行挑选,既可以使顾客减轻心理压力,又使销售人员有回旋余地。同时,由于把顾客的思维与选择权限制在几个有效而又有限的成交方案中,使顾客只能在成交的方案中进行选择,无形中使顾客无法拒绝成交。但这种方法当顾客对成交方案拿不定主意时,会延长成交过程,或当无法或无能力接受方案时,会失去成交信心,因此,在使用这一方法时,要注意方案的可行性,并当好顾客购买决策的参谋与顾问。

（五）优惠成交法

优惠成交法是销售人员通过向顾客提供进一步的优惠条件而促使成交的方法。求利是顾客的基本购买动机，优惠成交法就是利用顾客的这一心理促进成交的方法。因此，这一方法适用于求利心切而又是在同行购买者中有影响的顾客，适用于以大批量生产可以降低成本的产品以及一些季节性消费品。这种成交法是销售人员吸引大客户，扩大所销售产品影响的好办法，可以较快结束销售并达成交易协定。但这种方法在运用时，要避免顾客形成优惠心理定势，从而给以后的销售带来消极影响。

（六）试用成交法

试用成交法是销售人员想办法把作为实体的产品留给顾客，使顾客对产品拥有一段时间的使用权从而促成顾客购买的方法。这一方法较适用于确有需要但一时不能最后下决心的顾客，适用于在使用过程中损失不大的产品。由于顾客通过亲身消费经历能看到这个产品的优点和利益，因此，很容易促成交易。但这种方法的销售效率不高，有时会令本来可以趁热打铁的成交变为下次才能成交。

四、售后服务与跟踪

售后服务是销售成交后为顾客提供的各种劳务服务的总称。售后服务工作的好坏不仅直接影响销售效益的高低，也直接制约销售工作能否继续顺利进行，而且，售后服务本身也是一种促销手段。因此，它是整个销售成交后续工作中最重要的一项内容。

（一）建立顾客档案

顾客在购买商品后，使用中经常遇到这样或那样的问题，企业应建立顾客档案，掌握顾客使用情况，负责解答指导以保证商品的使用寿命。当前企业可以通过 CRM 软件更好地管理顾客档案，使售后服务和跟踪更加快捷方便。

（二）妥善处理顾客不满

在销售过程中，总会出现顾客不满意的时候，无论是打电话还是当面投诉，都要做到不争辩，耐心倾听，即使知道这个顾客是误会了，也要尽量地学会多听别人的，有时在耐心倾听过程中，顾客的怒气也就消了。如果确实是由于商品本身的问题而引起的不满，则需要积极并及时处理，降低顾客对企业和产品产生的不满。这是一个称职的销售人员必须具备的素质。

（三）兑现售前承诺

在市场激烈的竞争态势下，每个企业都使出浑身解数吸引顾客，以达成销售。向顾客承诺是增加产品竞争能力的有效手段，如向顾客承诺延长保修期；承诺向顾客赠送配件或其他礼品；承诺顾客终身免除工时费；承诺限时到达现场及限时完成服务等等。然而，在现实的售后服务工作中，许多顾客的抱怨来自企业向顾客的承诺无法兑现。这就要求企业在对顾客作出承诺时一定要考虑自己的实际情况，承诺出口则一定要保证言出必行。

总之，对处于激烈竞争中的现代企业来说，售后服务方面的竞争直接决定着企业市场运营的成败。除了优良的产品，良好的售后服务品质已经成为企业的一种核心竞争力，因此，企业要不断改善售后服务品质，从而通过顾客满意度的提升使企业赢得更多的忠诚顾客。

第四节　客户关系管理

当今世界，市场竞争的焦点已经从产品的竞争转向品牌、服务和客户资源的竞争。谁能拥有客户，并能和客户建立且保持一种长期、良好的合作关系，赢得客户信任，为客户提供满意服务，谁就能通过客户服务的最优化来实现企业利润的最大化。

一、客户关系管理概述

客户关系管理起源于20世纪80年代提出的接触管理，即专门收集整理客户与企业联系的所有信息。到90年代，演变成为包括电话服务中心支持资料分析的客户关怀，随着互联网和信息技术的发展，出现了客户关系管理的概念。

(一) 客户关系管理的定义

何谓客户关系管理？学术界的争论一直没有停止，不同的学者或商业机构基于不同角度，从各个层次提出了其认为较为合理的全面的客户关系管理的定义，简单概括可以分为以下几类。

第一类概括为：客户关系管理是遵循客户导向的战略对客户进行系统化的研究，通过改进对客户的服务水平、提高客户的忠诚度，不断争取新客户的商机。同时，以强大的信息处理能力和技术力量确保企业业务行为的实时进行，力争为企业带来长期稳定的利润。

第二类概括为：客户关系管理是一种旨在改善企业与客户之间关系的新型管理机制，它实施于企业的市场营销、销售、服务与技术支持等与客户相关的领域，通过对业务流程的全面管理来优化资源配置、降低成本、增加市场份额。

第三类概括为：客户关系管理是企业通过技术投资，建立能收集、跟踪和分析客户信息的系统，或建立可增加客户联系渠道、客户互动以及对客户渠道和企业后台的整合功能模块，包括销售自动化、客户服务和支持、营销自动化、呼叫中心等。

本书认为，客户关系管理是企业以提高核心竞争力为直接目的，确立以客户为导向的发展战略，并在此基础上展开的包括评估、选择、开发、发展和保持客户关系的整个商业过程；它意味着企业经营以客户关系为重点，通过开展全面的客户研究，优化企业组织体系和业务流程，提高客户满意度和忠诚度，最终实现企业效率和效益的双重提高。

客户关系管理这一概念是一个综合性的概念，我们可以从以下几个方面来理解。

1. 客户关系管理是一种战略

客户关系管理作为一种战略，是以提高企业的核心竞争力为目的，遵循以客户为导向的原则，主张对客户信息进行系统化的分析和管理，通过改进提供给客户的产品、服务及其品质，同时与客户建立起个别化的关系，提高客户的满意度和忠诚度，最终实现企业长期利润的增长。

2. 客户关系管理是一种新型的管理理念

客户关系管理是通过计算机管理企业与客户之间的关系，以实现客户价值的最大化。其核心思想是将客户作为最重要的企业资源,通过深入的客户分析和完善的客户服务来满足客户的个性化需求,提高客户满意度和忠诚度。另外,在提高服务质量同时,还通过信息共享和优化商业流程来有效地降低企业经营成本,进而保证客户终生价值和企业利润增长的实现。

3. 客户关系管理是一种应用系统、方法和手段的综合

客户关系管理是信息技术、软硬件系统集成的管理方法和应用解决方案的总和。它既是帮助企业组织管理客户关系的方法和手段,也是实现销售、营销、客户服务流程自动化的软件乃至硬件系统。这个系统通过整合企业资源、实时沟通和电子化、自动化业务流程,不断改进企业与客户的关系,从而为企业创造利润。

综上所述,客户关系管理包含了理念、技术、实施三个层面。其中,理念是客户关系管理成功的关键,是实施应用的基础和土壤,技术是客户关系管理的技术保障,实施则是决定客户关系管理成功与否以及有效性的直接因素,三者构成了客户关系管理的稳固的"铁三角"。

(二) 客户关系管理的目标

客户关系管理的目标包括三个方面:第一,挖掘、获得、发展和避免流失有价值的现有客户;第二,更好地认识实际的或潜在的客户;第三,避免或及时处理"恶意"客户。简而言之,客观关系管理要求管理者实现客户关系在更多、更久、更深角度的发展。

1. 带动客户关系量的增长——更多

更多是指客户关系数量的增加,即通过获取新的客户、赢返流失的客户和识别出新的细分市场来增加企业所拥有的客户关系的数量。虽然赢得一个新客户的成本要高于挽留一个老客户,但由于企业不能保证不发生客户流失,因此企业在挽留老客户的同时,应当发展新客户,这可以起到补充和稳定客户源的作用。赢返流失的客户是指恢复和重建与已流失的客户之间的关系,主要针对那些曾经是企业客户、因某种原因而终止与企业关系的客户。

2. 延长客户关系的生命周期——更久

更久是表示现有客户的关系生命周期的延长,即通过培养客户忠

诚、挽留有价值的客户关系、减少客户叛逃和流失、改变或放弃无潜在价值的客户等来延长生命周期的平均长度,发展与客户的长期关系。忠诚的客户能为企业带来丰厚的利润,具有很高的客户价值。真正的忠诚客户包括行为和态度两个层面,它意味着客户对自己偏爱的产品和服务具有强烈的在未来持续购买的愿望,并且付诸行动进行重复购买。这种客户不会因为外部环境变化或竞争对手的营销活动而改变购买行为。同时,美国学者雷奇汗通过对美国信用卡业务的研究发现,"客户挽留率每增加5%,可带来公司利润60%的增长。"由此可见,"挽留一个现有客户比吸收一个新客户更经济"。

3. 促进客户关系的质量提高——更深

更深是指现有客户关系质量的提高,即通过交叉销售和刺激客户的购买倾向等手段使客户购买的数量更多、购买的品种和范围更广,从而加深企业与客户之间的关系,提高每一个客户关系的质量。所谓交叉销售,指的是借助客户关系管理来发现现有客户的多种需求,并为满足他们的需求而销售多种不同产品或服务的一种新兴销售方式。事实证明,客户往往会倾向于从同一企业购买越来越多种类的产品。交叉销售是一种培养稳固的客户关系的重要工具。

总之,通过客户关系管理企业可以不断完善客户服务,从而留住更多客户,并吸引新的客户。

(三) 客户关系管理的作用

1. 客户关系管理可以降低企业市场营销中的风险

客户关系从根本上讲就是企业和客户之间存在的相互信任、相互诚信交流、互相以价值服务和价值追求为回报的商业行为。因此,企业在进行营销的同时,要不断发展对企业产品有意向或有兴趣的客户群体,这既是企业营销的基础,也是企业赖以生存的市场空间,而企业对客户关系的有效管理及维护,便于企业产品的各项营销活动被广大客户所接受和关注,并得到快速的反馈信息,这有利于企业在市场经营过程中降低经营风险,并针对市场反馈情况,及时调整营销策略。

2. 客户关系管理可以促进企业可持续发展能力的形成

有效的客户关系管理要求企业注重对潜在客户的价值培养,尤其是那些可能成为促进企业产品发展的潜在大客户的培养,通过有效的客户管理,不仅可以充分挖掘潜在客户的价值及其市场,而且可以为企业形成可持续发展能力奠定基础。

3. 客户关系管理有利于企业提高客户的忠诚度

良好的客户关系维护,既是企业通过与客户深层次交流,生产提供客户满意产品的表达,同时也是客户对企业产品功能、品质及营销策略等方面的全面反馈。这种关系的维护,对企业而言,有利于企业和客户之间建立深厚的友谊,有利于建立真诚诚信的供求关系,有利于企业生产更多的产品,获得更多的利益;对客户而言,有利于打消客户各种顾虑,大胆放心购买,从而增强了客户对企业产品的信任,有利于客户对企业产品形成忠诚度。

二、对客户的认识

对企业而言,客户是对本企业产品或服务有特定需求的群体,它是企业生产经营活动得以维持的根本保证。客户资源是企业生存、发展的战略资源,它的价值体现在所有客户未来为企业带来的收入之和,扣除产品、服务以及营销的成本,加上满意的客户向其他潜在客户推荐而带来的利润。

(一) 客户的分类

按照不同的标准,可以把客户分成不同的类型。如果企业按照客户的重要性以 ABC 分类法进行划分,可以把客户分成关键客户、潜力客户和常规客户三种。如表 6-2 所示。

表 6-2 用 ABC 分类法对客户进行划分

客户类型	客户名称	客户数量比例	客户为企业创造的利润比例
A	关键客户	5%	50%
B	潜力客户	15%	30%
C	常规客户	80%	20%

上述划分较好地体现了"80:20"法则,即20%的客户为企业创造80%的价值。当然在80%的常规客户中还可以作进一步划分,有人认

为,其中有30%的客户是不能为企业创造利润的,但同样消耗着企业许多资源。因此,对这些客户企业应采取措施,要么使其向潜力客户转变,要么中止其与企业的交易。

(二)客户满意度

客户满意是20世纪80年代中后期出现的一种经营思想,其基本内容是:企业的整个经营活动要以客户满意度为指针,要从客户的角度、用客户的观点而不是企业自身的利益和观点来分析考虑客户的需求,尽可能全面尊重和维护客户的利益。因此,客户满意就是客户通过一个产品或服务的可感知的效果,与他的期望值相比较后形成的愉悦或失望的感觉状态。满意度就是对客户满意的程度的度量。由此可见,客户的满意度是由客户对产品或服务的期望值与客户对购买的产品或服务的所感知的实际体验两个因素决定的。如果可感知效果低于期望值,客户就会不满意;如果可感知效果与期望值相匹配,客户就满意;如果可感知效果超过期望值,客户就会有高度满意。

企业不断追求客户的高度满意,原因就在于一般满意的客户一旦发现更好或者更便宜的产品后,会很快地更换产品供应商,只有那些高度满意的客户一般不会更换供应商。客户的高度满意和愉悦创造了一种对产品品牌情绪上的共鸣,而不仅仅是一种理性偏好。正是这种由于满意而产生的共鸣创造了客户对产品品牌的高度忠诚。

(三)客户的忠诚度

客户忠诚度是指客户对某一特定产品或服务产生了好感,形成了偏好,进而重复购买的一种趋向。忠诚的客户通常指会拒绝竞争者提供的折扣、经常性地购买本企业的产品或服务,甚至会向其家人或朋友推荐的客户。尽管满意度和忠诚度之间有着不可忽视的正向关系,但即使是满意度很高的客户,如果不是忠诚客户,面对更便利的服务或更低的价钱,也会毫不犹豫地转换品牌。

忠诚客户所带来的收获是长期且具有累积效果的。一个客户能保持忠诚度越久,企业从他那儿得到的利益越多。企业可以从客户重复购买率、钱包份额、购买的时间、推荐潜在的客户、挑选产品或服务的时间、对产品或服务的质量和价格态度、情感、对企业竞争者的态度等方面判断客户的忠诚度。

忠诚的客户来源于满意的客户,但满意的客户不一定是忠诚的客户。客户的忠诚度有赖于满意度的提高,更取决于客户对企业的信任度。从这层意义上说,建立并加强客户对企业的信任度更为重要,必须从建立信任度开始,提高满意度,直至取得忠诚度。

三、客户关系管理的内容

(一)客户识别

1. 客户识别的内涵

客户识别是通过一系列技术手段,根据大量客户的个性特征、购买记录等可得数据,找出谁是企业的潜在客户,客户的需求是什么,哪类客户最有价值等,并把这些客户作为企业客户关系管理的事实对象,从而为企业成功实施客户关系管理提供保障。

客户识别是一个全新的概念,它是在确定好目标市场的情况下,从目标市场的客户群体中识别出对企业有意义的客户,作为企业实施客户关系管理的对象。由于目标市场客户的个性特征各不相同,不同客户与企业建立并发展客户关系的倾向也各不相同,因此他们对企业的重要性是不同的。

通常情况下,客户识别有两方面的含义:一是它定义了客户范围,这里的客户不仅仅指产品的最终用户,还包括企业供应链上的任何一个环节,如供应商、分销商、经营商、批发商和代理商、内部客户等成员;二是它明确了客户的类别和属性,不同客户对企业利润贡献差异很大,满意度和流失性都很不同。那么,在企业资源有限的情况下,如何把有限的资源分配在对企业贡献较大以及非常具有潜力的客户群体上,放弃或部分放弃那些对企业利润没有贡献,甚至使企业亏损、浪费企业资源的客户,将成为企业管理者不得不考虑的问题。因此,客户识别成为客户关系管理的核心内容之一,它直接影响企业能否成功地实施客户关系管理。

2. 客户识别的内容

(1)识别潜在客户。潜在客户是指存在于消费者中间,可能需要产品或接受服务的人。也可以理解为潜在客户是经营性组织机构的产品或服务的可能购买者。

在识别潜在客户的过程中,不同的企业做法不同,总的来说,需要遵循这样几个原则:第一,摒弃平均客户的观点;第二,寻找那些关注未来,并对长期合作关系感兴趣的客户;第三,搜索具有持续性特征的客户,即那些需要不断改进产品性能和表现的"弹性"客户;第四,对客户的评估态度具有适应性,并且能在与客户的合作问题上发挥作用;第五,认真考虑合作关系的财务前景,这是对最好的潜在客户的一个重要的资格认证;第六,应该知道何时需要谨慎小心,企业尤其要特别警惕三种类型的客户,即那些只有一次购买历史的客户,过于自信、权力欲强的客户,没有忍耐力的客户。

(2) 识别有价值客户。在实际生活中,并不是所有的客户都想与企业保持长久关系的,而且,对企业而言,也确实没有必要与所有的客户建立关系。那么,企业的客户到底有哪些类型?我们根据客户的忠诚度,大致可将客户分为两类:交易型客户和关系型客户。交易型客户只关心价格,没有忠诚度可言。而关系型客户更关注商品的质量和服务,愿意与供应商建立长期友好的合作关系,客户忠诚度高。交易型客户带来的利润非常有限,结果往往是关系型客户在给交易型客户的购买进行补贴。因此,识别有价值的客户,首先需要分离出交易型客户,以免他们干扰企业的销售计划。其次,分析关系型客户。一般可将有价值的关系型客户分为三类:一是给企业带来最大利润的客户,对于这类客户最好进行客户关系管理营销,目标是留住这些客户,从而保证不把任何有价值的客户遗留给竞争对手;二是带来可观利润并且有可能成为最大利润来源的客户,对于这类客户开展营销同样重要,因为这类客户也许在企业的竞争对手那里购买商品,针对这类客户开展营销的直接目的是提高企业在他们购买的商品中的份额;三是现在能够带来利润,但正在失去价值的客户,经过一些基本分析,剔除这部分客户可以大大降低企业进行客户关系管理的工作量。

(3) 识别客户的需求。在今天竞争的社会里,为了留住客户,仅满足客户需要是不够的,企业必须了解他们的需求,让他们感到愉悦,因此需要有满足客户需求的方法。具体而言,包括:会见头等客户;意见箱、意见卡和简短问卷;调查;客户数据库分析;考察竞争者;市场调研小组等。

(二) 客户关系的建立

1. 客户关系的定义

客户关系是指企业为达到其经营目标,主动与客户建立起的某种联系。这种联系可能是单纯的交易关系、通讯联系,也可能是为客户提供一种特殊的接触机会,还可能是为双方利益而形成某种买卖合同或联盟关系。客户关系不仅仅可以为交易提供方便、节约交易成本,也可以为企业深入理解客户的需求和交流双方信息提供机会。客户关系具有多样性、差异性、持续性、竞争性、双赢性的特征。

2. 发展客户关系

要留住客户,提高客户的忠诚度,可以在正确识别客户的基础上按照以下三个步骤发展客户关系。

(1) 对客户进行差异分析。不同的客户之间的差异主要体现在两点:第一,客户对于企业的商业价值不同;第二,客户对于产品的需求不同。因此,对客户进行有效的差异分析,可以帮助企业区分客户,了解客户需求,进而更好地配置企业资源,改进产品和服务,牢牢抓住客户,取得最大的利润。

(2) 与客户保持良好的接触。客户关系管理的一个主要组成部分就是降低与客户接触的成本,增加与客户接触的收效;前者可以通过开拓"自助式"接触渠道来实现,用互联网上的信息交互来代替人工的重复工作。后者的实现需要更及时、充分地更新客户的信息,从而加强对客户需求的透视深度,更精确地描述需求画面。具体地讲,也就是把与客户的每一次接触或者联系放在"上下"的环境中,对于上一次接触或者联系何时何地发生,都应该清楚了解,从而可以在下次继续下去,形成一条连续不断的客户信息链。

(3) 调整产品或服务以满足每个客户的需要。要进行有效的客户关系管理,将客户锁定在"学习型关系"之中,企业就必须因人而异提供个性化的产品或服务,调整点不仅仅是最终产品,还应该包括服务,如提交发票的方式、产品的包装样式等。

3. 提升客户关系

客户关系的进展程度与企业客户关系和服务水平紧密相关,客户关系提升的过程是营销和管理精细化和信息化的过程。由此,我们认为 CRM 可以通过实现客户的忠诚度提升客户关系。用 CRM 来维护客户关系,应遵循四个原则:一是给客户以亲切感并进行感情投资;二是给客户更多方便和更多选择;三是提供个性化的服务,更有效地满足客户需求;四是提供快速、有效的服务,建立快速反应机制。

4. 客户关系生命周期

客户关系生命周期,通常指的是一个客户与企业之间从建立业务关系到业务关系终止的全过程,是一个完整的关系周期。它从动态角度研究客户关系,描述了客户关系从一个阶段向另一个阶段运动的总体特征。客户关系生命周期分为考察期、形成期、稳定期和退化期。

考察期是关系的探索和试验阶段。在这一阶段,双方考察和测试目标的相容性、对方的诚意、对方的绩效,考虑如果建立长期关系双方潜在的责任、权利和义务。双方相互了解不足、具有不确定性是考察期的基本特征,评估对方的潜在价值和降低不确定性是这一阶段的中心目标。在这一阶段,客户会下一些尝试性的订单。

形成期是关系的快速发展期。双方关系进入到这一阶段,表明在考察期双方相互满意,并建立了一定的相互信任和交互依赖。在这一阶段,双方从关系中获得的回报日趋增多,交互依赖的范围和深度也日益增加。双方逐渐认识到对方有能力提供令自己满意的价值和履行其在关系中担负的职责,因此愿意承诺一种长期关系。

稳定期是关系发展的最高阶段。这一阶段,双方或含蓄或明确地对持续长期关系作出了保证。这一阶段有如下特征:双方对对方提供的价值高度满意;为能长期维持稳定的关系,双方都做出了大量的有形和无形的投入;进行高水平的资源交换。因此,在这一阶段双方的交互依赖水平达到整个关系发展过程中的最高点,双方处于一种相对稳定的状态。

退化期是关系发展过程中关系水平逆转阶段。关系的退化并不是

第六章 现代企业销售管理

总发生在稳定期后的第四阶段,实际上,任何一个阶段关系都可能退化,有些关系可能永远越不过考察期,有些关系可能在形成期退化,有些关系则越过考察期、形成期而进入稳定期,并在稳定期维持较长时间后退化。引起关系退化的可能原因很多,如一方或双方经历了一些不满意、发现了更合适的关系伙伴、需求发生变化等。退化期的主要特征有:交易量下降,一方或双方正在考虑结束关系,甚至物色候选关系伙伴等。

(三) 客户保持

客户保持是指企业通过努力来巩固及进一步发展与客户长期、稳定关系的动态过程和策略。客户保持需要企业与客户相互了解、相互适应、相互沟通、相互满意、相互忠诚,这就必须在建立客户关系的基础上,与客户进行良好的沟通,让客户满意,最终实现客户忠诚。

1. 客户保持的方法

(1) 注重质量。长期稳定的产品质量是保持客户的根本。高质量的产品本身就是优秀的推销员维护客户的强力凝固剂。这里的质量不仅是产品符合标准的程度,还应该是企业不断根据客户的意见和建议,开发出真正满足客户喜好的产品。因为随着社会的发展和市场竞争的加剧,客户的需求正向个性化方向发展,与众不同已成为一部分客户的时尚。

(2) 优质服务。在激烈的市场竞争中,服务与产品质量、价格、交货期等共同构成企业的竞争优势;由于科技发展,同类产品在质量和价格方面的差距越来越小,而在服务方面的差距却越来越大,客户对服务的要求也越来越高。虽然再好的服务也不能使劣质产品成为优等品,但优质产品却会因劣质的服务而失去客户。

大多数客户的不满并不是因为产品质量本身,而是由于服务问题。客户能够用双眼观察到的质量往往比产品或服务的质量重要得多。他们往往把若干因素掺杂在一起:产品或服务的可信度与一致性、运货的速度与及时性、书面材料的准确度、电话咨询时对方是否彬彬有礼、员工的精神面貌等,这些因素都很重要,其中一些甚至非常关键。有人提出,在竞争焦点上,服务因素已经逐步取代产品质量和价格,世界经济已进入服务经济时代。

(3) 品牌形象。面对日益繁荣的商品市场，客户的需求层次有了很大的提高，他们开始倾向于商品品牌的选择，偏好差异性增强，习惯于指名购买。客户品牌忠诚的建立，取决于企业的产品在客户心目中的形象，只有让客户对企业有深刻的印象和强烈的好感，他们才会成为企业品牌的忠诚者。

(4) 价格优惠。价格优惠不仅仅体现在低价格上，更重要的是能向客户提供他们所认同的价值，如增加客户的知识含量、改善品质、增加功能、提供灵活的付款方式和资金融通方式等。如客户是中间商，生产企业通过为其承担经营风险而确保其利润也不失为一种具有吸引力的留住客户的方法。

(5) 感情投资。一旦与客户建立了业务关系，就要积极寻找商品之外的关系，用这种关系来强化商品交易关系。如记住个人客户的生日、结婚纪念日、企业客户的厂庆纪念日等重要的日子，采取适当的方式表示祝贺。对于重要的客户，对于其负责人要亲自接待和走访，并邀请他们参加本企业的重要活动，使其感受到企业所取得的成就离不开他们的全力支持。对于一般的客户可以通过建立俱乐部、联谊会等固定沟通渠道，保持并加深双方的关系。

2. 客户保持管理的内容

尽管越来越多的企业管理层意识到维护企业客户的重要性，但是，究竟应该从哪些方面着手来实施这一理念呢？

(1) 建立、管理并充分利用客户数据库。客户数据库是客户关系管理中的一项重要技术，企业必须重视客户数据库的建立、管理工作，通过数据库的利用，分析现有客户情况，并找出客户数据与购买模式之间的联系，为客户提供符合他们特定需要的定制产品和相应服务，并通过各种现代通信手段与客户保持自然密切的联系，从而建立持久的合作伙伴关系。利用数据库来开展客户关系管理，具体包括：

第一，客户行为分析。客户的行为分析可以划分为两个方面：整体行为分析和群体行为分析。整体行为分析用来发现企业的所有客户的行为规律。然而，只有整体行为分析是不够的，企业的客户千差万别，根据客户的行为,可以把企业的客户划分为不同的群体,发现群体客户的行为规律。通过行为规律分析,能够为企业在确定市场活动的时间、地点与合作商等方面提供确凿的依据。

第二,重点客户发现。主要是发现能够为企业来带潜在效益的重点客户。这些重点客户的属性特点包括:有价值的新客户;同一客户有更多次的消费;同一客户更多地使用同一种产品或服务。根据这些属性特点企业就可以挖掘出重点客户,然后做好保持和提高这些重点客户的忠诚度工作。

第三,市场性能评估。根据客户行为分析,企业可以准确地制定市场策略和市场活动。然而,这些市场活动是否能够达到预定的目标是改进市场策略和评价客户行为的重要指标。因此,客户关系管理中必须对行为分析和市场策略进行评估。同样,重点客户发现过程也需要对其性能进行分析,在此基础上修改重点客户发现过程。这些性能评估都是建立在客户对市场反馈的基础上的。

(2)通过客户关怀提高客户的满意度与忠诚度。客户关怀应该包含在客户从购买前、购买中到购买后的客户体验的全部过程中。购买前的客户关怀活动主要是在提供有关信息的过程中沟通和交流,这些活动能为以后企业与客户建立关系打下基础。购买期间的客户关怀与企业提供的产品或服务紧密地联系在一起,包括订单的处理以及各个相关的细节都要与客户的期望相吻合,满足客户的需求。购买后的客户关怀活动,主要集中于高效地跟进和圆满地完成产品的维护和修理的相关步骤。售后的跟进和提供有效的关怀,其目的是促使客户重复购买,并向周围的人多做对产品有利的宣传,形成口碑效应。

(四)客户流失和挽回

1. 客户流失的原因

客户流失是指企业的客户由于种种原因不再忠诚,转而购买其他企业的产品或服务的现象。客户流失的原因主要来自企业自身和客户两个方面。具体而言有以下几种类型:

(1)过失流失。由于企业自身工作中的过失,引起客户的不满而造成的流失称为过失流失。比如,企业形象不佳、产品质量不好、服务态度恶劣等。由于企业自身存在问题，就无法满足客户的基本需求，进而损害客户的利益，因此，客户自然会选择新的供应商。过失流失在客户流失总量中所占的比例最高。

（2）员工跳槽。很多企业强调销售额、销量，而不注重企业与客户的关系管理。由此造成在很多时候，企业与客户的关系转变成了企业的业务员与客户的关系，企业对客户缺乏影响力。当业务员因为跳槽离开企业的时候，这些客户也会跟着业务员离开，由此带来的是竞争对手实力的增强。

（3）竞争流失。由于企业竞争对手的影响而造成的流失称为竞争流失。市场上的竞争突出表现在价格战和服务战上。竞争对手采取优惠、特价、折扣等措施，或是竞争对手推出功能和质量更好的产品和服务，将原来属于本企业的客户挖走。

（4）主动放弃。一种情况是指企业主导放弃客户。由于企业产品技术含量提高，升级换代，目标客户群体发生改变，从而主动放弃部分原来的客户。另一种情况是由于客户的需求不断发生变化，当客户发现现有企业不能满足其新需求时，自然会选择其他的供应商，而放弃现有的供应商。

（5）恶意离开。在有些情况下，客户会对企业提出额外的要求。例如，一些客户自恃实力强、购买数量大，会向企业要求更低的价格、更长的账期、更快的送货服务等额外要求，如果这些额外的要求得不到满足，客户就会选择离开。

（6）自然流失。由于客户的经济情况改变或发生地域上的迁徙等，将会被迫和企业断绝交易关系。这种类型的客户流失不是人为因素造成的，也是不可避免的，应该在弹性流失范围之内。

2．流失客户的挽回

客户背后有客户，流失一位重复购买的客户，不仅使企业失去这位客户可能带来的利润，还可能损失与受其影响的客户交易的机会，此外，还可能会极大地影响企业对新客户的开发。因此，当客户关系出现倒退时，企业不应该轻易放弃流失的客户，而应当重视他们，积极对待他们，促使他们重新购买企业的产品和服务，与企业继续建立稳定的合作关系。

（1）建立客户流失预警体系。一般情况下，客户不会突然离开自己的供应商，客户在流失之前一般都会有一定的迹象或征兆，所以企业在平时就要注意定期对客户的购买行为进行分析，以便能够及时发现客户的异常行为，制定相应的补救措施防止客户流失。首先，要对客户的购买频率进行分析，通过对客户购买频率的分析，可以了解客户购买行为规律，掌握客户每年中大致的购买时间。如果说客户以前的购买频率很有规律，而突然与企业长时间没有进行交易了，那么企业就要加紧与客户联系，找出其中的原因并加以改进，以防止客户流失。其次，对客户的交易量进行分析，如果客户与企业的交易量一直都是很稳定或呈上升趋势，那么就说明企业与客户之间的关系是正常的，但如果客户与企业的交易量突然下降，且一直呈下降趋势，企业就要分析其中的原因，并制定相应的策略来防止客户流失。

（2）重视客户抱怨管理。客户抱怨是客户对企业产品和服务不满的反映，它表明企业经营管理中存在缺陷。客户抱怨是推动企业发展的动力，因为它实际上是企业改进工作和提升客户满意的机会。企业必须真诚地欢迎那些抱怨的客户。一般而言，企业在处理客户抱怨时应该坚持以下几个原则。

第一，重视客户的抱怨。有抱怨和不满的客户，实际上是对供应商有期望的客户。因此，企业应对客户的抱怨行为给予肯定、鼓励和感谢，并尽可能地满足客户的要求。为此，在处理客户投诉或抱怨时，不要忽略任何一个问题，因为，通过对每一个问题的诊断，可以发现企业内部经营和管理中可能存在的问题。

第二，分析客户抱怨的原因。员工面对客户的抱怨，要保持一种平常的心态，努力做一个忠实的倾听者，从客户抱怨中找出客户抱怨的真正原因及其期望的结果。

第三，及时解决并做好记录。对于客户的抱怨，企业应及时加以处理，否则容易使客户觉得自己的问题没有得到企业足够的重视。对于客户的抱怨与解决情况，企业应做好记录，并定期进行总结，作为提升产品品质和服务质量的依据。

第四，追踪调查客户对抱怨处理的反映。在处理完客户的抱怨后，企业要积极与客户进行沟通,了解客户对企业处理客户抱怨的态度和看法,以便提升客户对企业的忠诚度。

(3) 制定合适的价格策略。对于已经流失的客户,企业要制定合适的价格策略以便能够挽回这些流失的客户。研究发现,企业的价格策略、企业与客户的第一次关系,特别是关系的长度、最近企业与客户交往的时间和客户最后一次与企业交往的价格,在重新获得那些流失的客户和保持客户关系中起着非常重要的作用。企业应该根据原有客户对价格的敏感度去制定相应的策略来获得那些流失的客户。

(4) 采取服务补救措施。服务补救是指企业员工在为客户提供服务的过程中,对因失误而引发的客户抱怨所采取的弥补性、挽救性行为。恰当、及时的服务补救措施和真诚、主动的服务补救行为,可减弱客户的不满情绪,有效化解矛盾,最终赢得客户的满意,换取客户的忠诚,提高企业声望。

首先,要及时向客户道歉。客户认为,最有效的补救就是企业一线员工能主动地出现在现场,承认问题的存在,向客户道歉(在恰当的时候可加以解释),并将问题当面解决。因此,企业应该及时道歉,安抚客户的情绪,尽量避免因客户的愤怒使服务补救难度加大。

其次,要快速反应。一旦企业发现失误,必须在失误发生的同时迅速解决失误。否则,没有得到妥善解决的服务失误会很快扩大并升级。如果不能当场解决服务失误,就应坦诚地告知客户,企业正在努力,需要一段时间。当问题得到解决后,应告知客户解决的结果和企业从这次失误中所得到的经验教训,以及将来如何避免此类事情的发生。

最后,员工授权。企业对一线员工应进行充分的授权,使员工有一定自主解决客户问题的权限。授权可以增加员工的责任感,提高其工作的主动性、积极性和创造性,迅速、及时地解决客户问题。如果没有充分的授权,一旦遇到问题,员工就无法采取行动,只得将矛盾搁置,等候管理层的处理意见,这不仅可能延误时间,导致客户不满,还可能由于信息传递的问题导致决策失误而彻底失去客户,降低了服务补救的能力。因此,企业人力资源部应就企业政策、产品保证、倾听技巧、平息怒气及处理人际关系的技巧等方面培训员工,授予员工一定的权力,让他们在一定的范围内自行处理某些问题。同时，企业应鼓励并奖励那些提出有效服务补救建议的员工，以提高员工的积极性，从而充分提升企业服务补救的能力。

 复习与思考

主要概念

销售管理　销售计划　客户关系管理　客户满意　客户忠诚度　客户关系　客户生命周期　客户保持　服务补救

复习题

1. 如何理解销售的概念？
2. 简述企业销售活动的过程。
3. 销售计划的制定包括哪些步骤？
4. 企业销售目标包括哪些内容？
5. 简述工作负荷法运用的方法。
6. 如何有效配置销售人员？
7. 常用的激励方式有哪些？
8. 如何理解客户关系管理？
9. 简述客户关系管理的内容。
10. 客户保持有哪些方法？
11. 如何挽回流失客户？

第七章 现代企业跨国经营管理

学习目标

完成本章学习后,你应该能够:
- 了解现代企业跨国经营的含义与特征
- 理解现代企业跨国经营的发展过程
- 理解现代企业跨国经营依据的理论
- 掌握现代企业跨国经营的主要形式
- 掌握现代企业跨国经营战略模式
- 理解现代企业跨国经营组织与控制
- 理解现代企业跨国经营的风险管理

引导案例

Lief公司的跨国经营战略

Lief国际有限公司是一家中澳合资企业,它在澳大利亚500家大公司的排名榜上有份,目前该公司已经成为澳大利亚第二大进出口贸易集团。

Lief公司是由中国化工进出口总公司与澳籍华人李福重先生联合创办的合资企业,公司注册资本1 000万澳元,实付资本300万澳元,

第七章　现代企业跨国经营管理

其中,中方占股70%,澳方占股30%。公司初创时期资金短缺,中澳双方共同出资50万澳元作为启动经费,使公司运作起来。由于经营管理有方,这笔启动资金使Lief公司的业务越滚越大,经营业绩越来越佳。

Lief公司的起步是艰难的,创业开始时期,公司充分利用中澳双方的经济互补性来开拓市场,在两国经贸交往史上创造了好几项第一。例如,Lief公司将第一船中国生产的原油推向澳大利亚与新西兰市场,共17.1万吨,总价3 800万澳元。后来随着情况的变化,又将第一船澳大利亚和巴布亚新几内亚的原油卖入中国市场。

依靠中国化工进出口总公司的支持与密切合作以及采用有效的推销手段,Lief公司控制了中国石蜡在澳大利亚57%和新西兰92%的市场、中国糠醛在澳大利亚100%的市场。资金充裕以后,Lief公司积极在中国市场投资,目前已在上海和华南地区投资11家企业,总投资额超过420万美元,合资兴建的外向型企业均取得了良好的投资效益。例如,Lief公司和国内的两家厂商合作,用黄豆和大麦生产精制的色拉油和麦芽,这两家合资企业每年从澳大利亚进口5万吨黄豆和6万吨大麦,产品除了返销澳大利亚市场之外,还销往其他许多国家和地区。另一家合资企业进口澳大利亚的肠衣,在中国制作香肠,返销澳大利亚,获利丰厚。Lief公司还利用澳洲农牧产品丰富的资源优势经营农牧产品,也取得了极佳的经济效益和社会效益,Lief公司的子公司Lief粮食有限公司已经发展成为澳大利亚最大的谷物公司,好几年都被南澳大利亚州政府评为年度最佳粮食出口公司。

随着经济实力的发展壮大,Lief公司还采取了市场国际化和商品多样化的业务发展方针。现在Lief已经逐渐发展成为一个经营范围广泛、具备相当的融资能力的跨国公司。目前,Lief公司在澳大利亚总部所在地悉尼市和阿德雷市拥有8家分公司,在新西兰的奥克兰市,美国的纽约、坦帕、洛杉矶、佛罗里达,德国的汉堡,阿联酋的迪拜,泰国的曼谷,南非的约翰内斯堡,中国的香港、台北、上海、广州、北京、天津、青岛等地设立了分公司和办事处,经营范围包括石油、化工、化肥、粮食、畜产、轻工、五金矿产、船务、运输、房地产等27个大门类的产品,与60多个国家和地区的426家客户建立了业务往来关系。由于公司在国际贸易中保持着良好的信誉和知名度,公司与国际上四家大银行签订了贸易融资协议,其中,法国国家巴黎银行融资5 500万美元,澳纽银行融资3 000万澳元,中国银行融资5 700万澳元,日本三菱银行融资5 500万澳元。这些融资协议的签订,使公司的贸易周转金达到1.52亿澳元,极大地提高了公司的贸易支付能力。

经中国化工总公司批准,Lief公司将在澳大利亚的悉尼市购置一幢18层大楼,命名为Lief大楼并作为公司总部,指挥公司在全球的经营业务和活动。

随着国际市场的开拓,企业要面向国内和国际两个市场。一些企业已由国内经营转向跨国经营,并取得了成功。同时,近年来国外一批知名的跨国公司已纷纷进入我国市场。这样,跨国经营问题日益为人们所关注。跨国经营是企业扩大经营范围、向国际化经营方向发展的重要方面。

第一节 跨国经营概述

现代企业所从事的跨国经营在理论上是一个什么样的概念?跨国经营有哪些本质特征可以作为鉴别真正意义上的跨国经营?这些内容将在以下展开介绍。

一、跨国经营的概念

跨国经营是指企业以国际市场为活动场所,通过对外直接投资开创国外经营基地或在国外设立机构,从事跨国生产、销售、服务等国际化经营活动。

在这个概念中需要界定的内容有以下三项。

(一)跨国经营不仅仅指企业的涉外经营活动

涉外经营一般是以国内作为基地,在国内经营基础上加上进出口经营。它并不一定需要在国外具有经营基地。

(二)跨国经营也不单单指跨国公司的经营活动

似乎只有成为跨国公司,才能谈跨国经营。但跨国公司的形成需要经历一个较长的时间过程,按国际通行标准认定要有国外业务和业绩的一定量的积累。而在达到跨国公司这一标准之前,该企业已经进行了较长时间、大规模、大范围的跨国经营活动。故单纯地把跨国经营理解为跨国公司的经营活动有失准确。

(三)跨国经营最本质的特征

跨国经营最关键、最重要的特征是企业对外直接投资并开创国外经营基地。进出口经营和涉外经营一般不采用对外直接投资的手段和方式,最多涉及间接投资问题,特别是不会突破以本国为生产经营基地及大本营的特征。所以,从对外直接投资并开创国外经营基地这个最本质的特征上来界定跨国经营,是比较准确和合理的。

二、跨国经营的特征

(一)经营范围扩大化

从经营范围看,跨国经营现在已突破了仅仅局限于有形产品的狭窄范围,技术、劳务、金融、保险等无形产品,也成为国际市场上不可忽视的贸易对象。跨国经营意味着企业在产品的生产和销售、取得资源、研究开发等方面的经营活动已扩大到世界范围。

(二)经营环境复杂化

当企业进入国际市场时,它所面临的是新的经营环境、不同的顾客和强有力的竞争对手。而不同的国家或地区在政治体制、经济结构、法律制度、文化传统等方面往往存在着很大的差异。国际市场的供求关系往往随一个或几个不可控因素的变化而变化,呈现出不确定性,这些都增加了企业经营环境的复杂性。

(三)市场竞争激烈化

科学技术和生产力的发展使国际市场的性质起了变化,即由有利于生产者的卖方市场转变为有利于消费者的买方市场。消费者收入增加,他们在购物时变得更为挑剔。各国的生产企业为了争取顾客,它们之间的竞争日益激烈化,特别是拥有强大实力的跨国公司的出现,更增加了企业在国际市场上竞争的难度。

三、跨国经营的发展阶段

跨国经营是国际分工、国际交换和世界市场发展的必然结果。在国际分工由商品国际化到资本国际化的发展过程中,跨国经营的发展一般经历了四个阶段。

(一) 产品出口阶段

这是跨国经营的起步阶段。在这一阶段,企业的经营地点和经营方针仍然立足于国内,仅通过出口产品间接地接触国际市场。

(二) 国外销售阶段

随着出口产品比重的不断提高,企业直接在国外设立销售机构,但商品生产仍在国内进行。

(三) 国外投资阶段

企业直接在国外投资办厂,把一部分产品的生产转向国外,使生产和销售一体化。此时,企业的经营地点已变为国内国外并重,经营活动也由生产和销售产品逐步扩大到技术转让、合作经营、合资经营等多种形式。

(四) 跨国公司阶段

随着国际投资和国际合作的发展,产生了跨国公司。它是跨国经营的高级形式。跨国公司是指通过对外直接投资,在两个以上国家或地区设立分支机构或子公司,控制着这些实体的各种资产,并且在母公司统一战略指导下,从事生产、销售、服务等各项业务的企业。跨国公司可分为资源开发型跨国、制造型跨国、服务型跨国等几种类型。

20世纪60年代以来,由于通信技术、航空喷气技术、计算机等现代科学技术的发展,为跨国公司发展提供了前所未有的有利条件。发达国家的跨国公司得到了迅速的发展,发展中国家的跨国公司也有所发展。不少跨国公司进行了全球性扩张,其资产、销售额和利润大幅度增加。可见,跨国公司对国际市场具有举足轻重的影响。

四、跨国经营的理论

第二次世界大战后,西方学者开始注意到跨国公司的对外直接投资活动,并相继提出了一系列理论进行解释,其中主要理论有以下五种。

(一)垄断优势理论

垄断优势理论是1960年美国学者海默首先提出的。海默认为,一家公司之所以对外直接投资,是由于它具有一种或数种当地厂商所缺少的垄断优势,而且这种垄断优势足以抵消跨国经营所产生的障碍、可能发生的风险和额外增加的成本,并且能获取满意的利润。

跨国公司面临的直接投资风险主要有:东道国的民族企业较之前往投资的跨国公司所具有的优势而导致的风险,因为民族企业更了解和适应本国的经营环境,而跨国公司在了解并适应东道国的环境时需付出一定的代价;东道国的政府和消费者对外来资本会有歧视;跨国公司还要冒汇率变动的风险等等。因此,跨国公司所具有的垄断优势一定要足以抵消以上种种不利因素,才能在竞争中战胜当地民族企业。

对于企业的垄断优势,海默等多位学者归纳为技术优势、管理优势、资本优势、规模优势等。

垄断优势理论对企业对外直接投资从事跨国经营的条件、因素作了科学的分析和说明。垄断优势理论对于指导和推动发达国家的企业进行跨国经营起到了积极作用。但该理论无法解释不具备技术等垄断优势的发展中国家的企业为什么也日益增多地向发达国家进行跨国经营的情况。

(二)内部化理论

这个理论是由英国学者巴克利和卡森两人在1976年提出的。他们把自己的理论建立在由美国学者科斯于1937年提出的交易费用学说的概念基础上。科斯认为,只要企业能在内部组织交易并且其费用低于公开市场交易的成本,企业就应该将交易内部化,即以统一的行政管理取代市场机制。巴克利和卡森把科斯的市场交易内部化思想扩大到企业的对外直接投资领域,丰富和发展了内部化理论。

巴克利和卡森认为,不仅实际上存在不完全竞争的最终产品的市场,更重要的是存在中间产品的不完全竞争市场。中间产品不仅包括原材料、零部件、组成件、协作配套件,而且包括与中间产品和最终产品生产密切相关的各种技术、知识和信息。中间产品市场的不完全竞争性主要是由政府的关税、贸易壁垒、外汇管制与汇率政策等所引起的。这样，在外部市场上出售这种中间产品，不是不能为企业获得满意利润，就是交易成本过高或时间过长，而且知识技术在外部交易中还可能失密。企业要实现利润最大化，就必须使中间产品在企业内部自由转移，从而促使企业逐步扩大规模，并走向海外，建立跨国公司，在较大的范围内形成自己的一体化空间和内部交换体系，把公开的市场交换转变为不公开的内部交易。如果企业有能力做到这一点，则不仅打破了东道国政府关税和种种贸易壁垒的阻碍，减少了通过公开市场进行交易的风险和成本，也使企业可以用最低的成本把技术优势转移到国外的子公司，并且可以使技术得到保护和保密，这便是企业对外直接投资进行跨国经营。

内部化理论指出，有国家、地区、行业、企业这四种特定因素在不同程度上相互交织影响和促进着企业内部化过程。内部化理论并不排斥企业的技术优势，相反它认为技术和知识都可视为中间产品，可以在企业内部转移，保持技术垄断优势。但内部化理论更强调用低成本在企业内部转移这种优势的能力。

内部化理论基于中间产品市场的不完全性来分析企业对外直接投资的条件和原因，比起垄断优势理论有所发展。首先，这种理论较符合生产过程的实际，能在一定程度上对发展中国家的跨国经营的现象作出解释；其次，这种理论用动态分析取代静态分析，强调企业优势的内部转移和应用，也比较接近实际情况。但对于内部交易为什么非要跨国界，缺少从国际经济环境方面进行的分析说明，这是这一理论的缺陷。

（三）产品生命周期理论

美国哈佛大学教授弗农在 20 世纪 60 代中期提出了产品生命周期理论。他认为企业对外直接投资是伴随产品生命周期运动展开的，是对出口产品方式的替代。他指出，企业生产的产品按生产技术应用状况可分为新产品、成熟产品、标准化产品三个阶段。

第七章 现代企业跨国经营管理

1. 新产品阶段

新产品是体现新技术、新工艺、新材料、新能源的产物。在这一阶段,厂商最关心的是新产品的功能和质量,尽可能满足用户需求和给用户带来最大效用,以及对自己的高新技术进行保密和保护,防止竞争者跟进。至于研制开发的费用、制造成本的差异、生产新产品的地点选择,并不放在重要地位来考虑。关键在于开拓和占领市场,使新产品成为占领市场的突击队和中流砥柱,这才是厂商最为关注的。在市场上,用户对新产品一般不在乎价格,也无从比较,所以在新产品阶段,厂商获利丰厚,不仅供应国内需求,而且也享有出口的垄断地位。

2. 产品成熟阶段

这个阶段的产品生产已经稳定,规模也较大,但竞争厂商开始跟进,仿制者和竞争者增加。企业在寻求法律保护和提高产品差别化,以提高国内竞争力的同时,开始在国外直接投资建厂生产,要求就近就地销售产品,力图通过节省关税、运输费用和营销费用来降低总成本,开拓新市场。此阶段跨国经营的企业主要集中在发达国家,并以此为基地就近向发展中国家出口产品和直接投资建厂。

3. 产品标准化阶段

此时产品本身及其生产技术都已标准化,产品所体现的新技术已经为大多数国家厂商所掌握,不仅在发达国家已经普及,而且已扩散到一些发展中国家。在这一阶段,新产品首创国企业所具备的技术优势逐渐消失,在激烈市场竞争中占优势的是产品的价格。这样,一方面促使发达国家的企业在跨国经营时向具有低工资或丰富资源的发展中国家挺进,以保证产品的价格最低;另一方面,也造成发展中国家向发达国家出口标准化产品成为可能。当生产该产品的不同国家的企业在全球市场上竞争激烈且处在僵持状态时,具有技术创新国家的某些企业就开始投资研制生产更新的产品,产品生命周期又开始了新一轮的循环。

产品生命周期理论把技术和产品结合起来,运用动态分析方法,从垄断和区位条件来解释企业对外直接投资进行跨国经营的原因,具有客观的价值,表明外部环境条件也是导致企业跨国经营的重要因素。

不过,该理论主要适用于初次进行跨国经营的、生产最终产品的企业,对于已经多次和广泛在全球进行跨国经营的企业行为,难以进行解释。

(四)国际生产折中理论

1977年,英国经济学家邓宁综合了垄断优势理论、内部化理论和区位理论的科学内核,并把三者结合起来,弥补每一种理论的缺陷,提出了国际生产折中理论。邓宁认为,促成企业跨国经营是所有权优势、内部化优势和区位优势三者综合作用的结果。

1. 所有权优势

所有权优势实际上是指企业的垄断优势,指某企业拥有东道国企业不具备的资产所有权。资产所有权可分为有形资产和无形资产两种,特别是无形资产所有权具有独占性、排他性、垄断性的特点,常使拥有更多更高无形资产的企业实际处在垄断地位。但邓宁认为,所有权优势并非一定导致企业进行跨国经营。

2. 内部化优势

内部化优势来自内部化理论。拥有所有权优势的企业在利用其优势时有两种方法:一是企业在内部利用,即进行优势内部化;二是把这种优势出售给别的企业。采用何种方法要看市场状况。当市场不完善,交易费用较高时,企业可能会进行内部化;而当市场竞争完善时,内部化的动机就会减弱。单纯具有所有权优势的企业,并非一定能发挥这种优势的最大效能,只有同时具有所有权优势和内部化优势的企业,才能获取垄断优势所带来的最大效益和效能。但是邓宁认为,所有权优势和内部化优势都只是企业对外直接投资的必要条件,而不是充分必要条件。

3. 区位优势

这种理论由沃尔特、艾萨德等提出,认为企业对外直接投资是为了得到区位优势。所谓区位优势属东道国所有,它包括两个方面:一是指东道国不可移动的要素禀赋优势,例如地理位置适中,自然资源丰富,劳动力成本低等;二是指东道国政局稳定,社会安定团结,有优惠吸引投资的政策等。邓宁认为,寻求区位优势是企业的本能,它决定了企业对外直接投资的流向。如果一个企业同时具备所有权优势和内部化优势,并且能确认和获取在某个国家或地区的区位优势,该企业就具备了对外直接投资进行跨国经营的充分必要条件,跨国经营就成为该企业不容置疑的最佳选择。

国际生产折中理论把企业跨国经营的主观因素和客观因素结合在一起分析,所得出的跨国经营的动因的结论比较符合实际,减少了前述单个理论解释跨国经营的片面性。但是邓宁同海默及弗农等学者一样,都是以发达国家厂商作为研究对象,理论成果对于解释和指导发达国家厂商的跨国经营具有重要作用,但是对并不具有三种优势的发展中国家企业如何能到发达国家进行跨国经营,却缺少有说服力的解释和说明。

(五)比较优势理论

日本学者小岛清在对美国和日本的企业跨国经营进行对比研究的基础上,于20世纪70年代中期提出了比较优势理论。小岛清认为,美国企业对外直接投资进行跨国经营,主要是在美国具有比较优势的产业和行业,而且是建立在贸易替代的基础上。这种跨国经营的模式,使美国的出口被对外直接投资所代替,致使美国的出口减少,国际收支逆差加大。而日本的投资模式与美国大不相同,对于具有比较优势的部门、产业和行业,日本主要在国内集中发展,使产业规模和结构更加合理,通过不断扩大出口来获得比较利益;而对于处于比较劣势的部门、产业和行业,就通过企业的跨国经营,到比较优势更大的国家进行生产经营,维持和促进这些企业的规模及发展。例如,日本的资源开发产业许多是对外直接投资进行跨国经营的。对于制造业企业的对外直接投资,不仅没有替代国内同类产品的出口,而且会带动与此产品相关的其他产品的出口。所以,日本企业的跨国经营实际上是补充日本比较优势的一种手段。

小岛清的比较优势理论,较有说服力地解释了日本企业对外直接投资的动因,也较好地说明了美国出口贸易条件恶化、出口量减少的原因。比较优势理论启迪人们,并非拥有垄断优势的企业才能进行跨国经营,具有比较优势或者寻求比较优势的企业,都可以进行跨国经营。只要采用的战略和对策正确,对外直接投资与出口贸易并不相互矛盾和制约,完全可以做到相互补充、促进、共同发展。比较优势理论的出现,对发达国家的中小企业和发展中国家的企业是一个鼓舞:跨国经营绝不只是少数国家实力超群的大企业的专利品,发展中国家的企业完全可以也应该对外直接投资进行跨国经营。

第二节　跨国经营形式

跨国经营的形式有多种多样,现代企业在不同的发展阶段所具备的实施跨国经营的能力和资源是有所不同的,企业需要根据自身的实际情况以及所面临的各种环境情况来选择可以采纳的跨国经营的形式。

一、产品出口贸易

产品出口贸易又称贸易式经营,它是企业跨国经营的初级形式,严格地讲,从事进出口贸易还不是真正意义上的跨国经营。企业往往先通过贸易进行试探,积累经验,在国内外建立流通渠道和业务关系,为进一步进入市场铺平道路,它是企业跨国经营的起点。

这种形式的跨国经营风险小、成本低、简便易行。即使是有经验和实力的跨国公司,对一些市场容量较小,直接投资风险较大的国家和地区,仍然采取产品出口的形式进行跨国经营活动。

产品出口具体有以下三种形式。

(一) 间接出口

间接出口是指生产企业不直接对外,只是通过本国中间商经销或代理出口产品。间接出口有三种做法。

(1) 企业把自己的产品交给国内外贸公司,由它们负责外销。这种做法,生产企业不必考虑贸易风险,可以专心抓好生产。

(2) 企业把产品委托给国内外贸公司代理,由它们代表生产企业将产品推向国外。这种做法,外贸公司只收取佣金,所得价款全部交付生产企业,盈亏由生产企业承担。

(3) 企业委托某一家已在国外设立销售机构的生产企业代销,付给一定的佣金。当这两家生产企业的外销产品之间无竞争性,甚至能相互补充时,就宜于采用这种做法。

(二) 直接出口

直接出口是该生产企业设立出口部门,向国外的中间商出口产品,或与国外的零售商甚至用户直接挂钩,或在国外设立分支机构就地推销。这样,一切对外出口业务都由企业自己承担。这种形式可直接向外商宣传本企业产品并能用长期观点看待出口外销问题。但进行外销活动往往需要更多的人力、时间和经费。直接出口有以下五种做法。

(1) 通过交易会、展销会等直接接受外商的订货。

(2) 直接与外商进行合作生产,按照外方要求组织生产,产品由外商拿到国际市场上去销售。这种做法有来样加工、来料加工、来件装配三种方式。

(3) 参与外国政府或企业对某一工程项目招标的投标,如被选中,即可按合同规定的要求出口所需要的有关设备等产品。

(4) 利用国外的经销商和代理商。利用国外经销商就是生产企业把产品卖给它,由它把产品再销往国外。国外代理商只负责把生产企业的产品介绍到国外,找到买主后,拿走一定的佣金。利用国外的经销商、代理商,可以较快地将产品打入国际市场,也可以节省市场调查费用,但生产企业不能要求它们专门为本企业服务。

(5) 在国外设立自己的销售机构。这种做法可以深入地了解国外市场。销售人员由企业派出和指挥,易于贯彻本企业的要求。但缺点是进入市场的速度较慢,而且费用较大。为了节省费用,也可由几家企业联合在国外设立一个共同的销售机构。

(三) 补偿贸易

补偿贸易是国际贸易中以产品偿付进口设备、技术等费用的贸易方式。先是买方以贷款形式向卖方购进设备、技术等,投产后在商定的期限内,逐年以所生产的产品或其他商品偿还贷款本息。采用这种方式,买方在外汇资金短缺的情况下,可不付或少付外汇去引进较先进的设备和技术,而且由于补偿贸易中的回销产品是建立在长期合同基础上的,对方有义务购置这一部分产品,这就保证了买方产品出口的稳定性。这对缺乏外汇和外销渠道的发展中国家更为可行。按照支付办法的不同,补偿贸易还可分为直接补偿、间接补偿、部分补偿三种方式。

二、非股权经营

非股权经营又称契约式经营。它是指在不涉及股权或企业产权的条件下,通过契约转让无形资产而进入目标国的经营方式。这里的无形资产即知识产权,包括工业产权和版权两大项。如将无形资产的转让折算成股本投入,则变成直接投资。非股权经营包括许可证贸易和合同安排。

(一)许可证贸易

许可证贸易是国际技术贸易中最常见的一种方式,是指通过与国外一方签订许可证协议,允许对方使用本企业的专利技术、专有技术、商标等进行生产,然后从对方收取许可费。这种方式一般可以提供专利技术的许可、专有技术的许可、商标许可等三种许可。

签订许可证协议实际上是一种把技术使用权转移给外国企业的技术出口方式。运用这种方式通常只转让无形资产的使用权,而不转让所有权。

采取许可证协议的经营方式,优点是企业不必进行生产和营销方面的大量投资就能较容易地进入国际市场,因此费用低、障碍少、风险小。缺点是取得的收益往往比直接出口产品或海外直接投资所得收益相差较远;供方因不在目标市场直接经营而控制力量弱,因放弃其他进入方式而机会成本大,因技术的扩散而导致潜在竞争强烈。

(二)合同安排

这是 20 世纪 70 年代以来被广泛采用的一种新的国际市场进入方式。进入企业通过对技术、管理、销售渠道等各种资源的控制,并通过签订一系列合同为东道国提供各种服务,与东道国企业建立起密切联系,并从中获得各种利益。合同安排具体有以下四种。

1. 制造合同

制造合同即跨国公司与国外生产企业签订合同,由跨国公司向后者提供订单和生产技术,并由后者进行生产活动。其优点是对外投资少、风险小,但不易找到合作伙伴。

2. 管理合同

管理合同即跨国公司以向东道国企业提供管理服务的方式,介入该企业的经营活动并收取管理费的一种合同安排。通过管理合同安排,东道国企业可以获得先进的管理经验和管理技术,提高经营效益,跨国公司则可利用对东道国企业在经营管理方面的实际控制,将其纳入自己的全球战略。

3. 工程项目合同

工程项目合同即跨国公司为外国政府或企业从事道路交通、水利等工程建设,在提供设备、材料的同时,还提供设计、工程管理等项服务。在工程建设期间,项目管理由跨国公司负责,工程完工后,管理权即交付给东道国政府或企业。

4. 交钥匙项目合同

交钥匙项目合同即跨国公司与东道国有关方面签订合同,由跨国公司为东道国建造一个完整的项目或工厂体系,承担从设计、施工、安装、调试到验收的全部建设内容,试车成功后,整个工程或工厂体系移交东道国管理。交钥匙项目合同对资金、技术、施工管理等方面要求较高,作为承包商的跨国公司必须具备较强的实力才能获得这种合同。这种合同利润丰厚,而且有利于带动成套设备的出口,其主要缺陷是在合同执行过程中遇到东道国的干涉和阻力较多。

三、股权经营

股权经营又称投资式经营,是指企业直接投资参与经营活动的运作方式,是真正意义上的跨国经营,也是跨国公司的主要经营形式。股权经营有独资、合资、合作三种经营方式。

(一) 独资经营

独资经营是指企业在某东道国直接投资、独自开办企业并进行经营管理活动的方式。企业在东道国开办的企业,主要有海外子公司和分公司两大类,它们都能独立进行生产经营活动。企业在东道国设立的办事处等机构,一般不属于跨国独资经营企业范畴,只从事联络、协调、调研等事务工作。

独资经营意味着跨国企业在国外市场上单独控制着一个企业的生产和营销。独资经营的主要优点在于:可以使跨国企业获得100%的所有权,全部利润归其所有。由于它拥有对于公司经营活动的全部决策权和控制权,有利于贯彻母公司的全球发展战略,有利于技术与经营方针的保密,保证产品质量和信誉,有利于更直接、更全面地积累国际营销经验。独资经营的缺点是企业投入的资金最多,风险也最大,且往往不受东道国政府和公众的欢迎。一般当公司拥有技术优势时或在当地难以找到理想的合作伙伴时,采用独资经营的较多。

1. 国外子公司和分公司

子公司和分公司都是跨国独资企业,但两者存在显著的区别:

(1) 子公司在东道国是独立的法律实体,分公司被视为企业的一部分,在东道国不是独立法人;

(2) 分公司的开办手续简便,一般只需在东道国工商管理部门登记注册即可进行营业,而子公司的创建要按照东道国关于外资企业申办营业的法律和程序进行,环节多,需要的文件、材料多,需要审核批准;

(3) 子公司通常能在东道国较顺利地开展生产经营活动,并享受到某些方面的优惠政策,而分公司不具备东道国法人地位,在开展生产经营活动时会遇到很多麻烦,在享受的待遇方面肯定不如子公司。

上述区别的客观存在,使得企业在组建跨国独资企业时一般选择开办子公司。当然,如果是国际知名企业,采用开设分公司的形式在东道国进行生产经营活动,不仅开办容易,而且也受当地用户欢迎。为了迅速进入和占据东道国市场,分公司也不失为一种好的选择。

2. 跨国独资企业的方式

企业在东道国直接投资组建生产经营独资企业的方式有创建和收购两种。两种方式可以相互替代,每种方式都有自己的特点和优点,也有自己的缺点,企业需权衡利弊,作出正确的选择。

(1) 创建与收购。创建方式是指企业在东道国直接投资建立一个新的企业,一切可以完全按企业自己意愿行事。收购方式是在东道国购买现存企业并接管和控制该企业的一种方式,是目前组建跨国独资企业的普遍和通行的方式。创建方式与收购方式在优缺点上往往是互为倒置的,故收购方式的优点和缺点也正是创建方式的缺点和优点。

收购方式的优点,可归纳为以下几点:

第一,可以迅速进入该国,并获取生产经营基地;

第二,可以充分利用原有东道国企业的资源和优势;

第三,可以迅速扩充企业产品种类和经营范围,有利于开拓市场;

第四,减少企业对外直接投资的数额,用较低价格买到生产经营必需的资产;

第五,容易获得资金融通的便利。

收购方式的缺点,主要有以下几点:

第一,被收购企业资产的评估很难准确,收购方与被收购方对资产的估价差距过大。主要是由于评估的依据和标准、财务账目中人为制造虚增虚减、无形资产的价值很难准确评估等方面的原因造成的;

第二,被收购企业原有模式不适应跨国经营企业的要求,按跨国经营企业的要求进行调整,改革的阻力大,费用高;

第三,被收购企业的地理位置和规模对跨国经营企业有所限制;

第四,受原有的契约和传统关系的束缚,企业被收购后,原有的供应商、推销商、客户和职工的某些契约和传统关系如果中止,可能会使跨国独资新企业在公共关系方面和经济方面都受到损失。

创建方式的优缺点与收购方式的优缺点互为倒置。

(2)选择收购与创建方式应考虑的因素。收购方式与创建方式各有自己的优缺点,并且互为消长。在选择何种方式创办跨国独资企业时,每种方式的优缺点是最需考虑的因素,但并非是唯一因素。其他应考虑的因素包括跨国经营企业内在因素和外部环境因素。

第一,企业内在因素。当跨国经营企业具有工业产权与知识产权优势时,一般采用创建方式在东道国建立独资经营企业。这时,跨国独资新企业通过新技术、名商标的垄断,通过新产品的开发创新和先进的现代化管理技能和方法,能使新企业不断开拓市场、不断发展壮大自身。

当企业采用多品种生产和多样化经营战略时,往往采用收购东道国生产不同类别产品的企业和经营不同领域和项目的企业。这样做是在不增加或少增加改造费用的情况下,使得跨国经营企业能更好地满足市场不同层次、不同方面用户的需要,有利于提高企业的竞争力。

企业从竞争的策略考虑,有时也采用收购方式,以使自己处在有利地位。例如,收购一个现实的和潜在的竞争对手来改善自己的竞争地位,强化自己的竞争力量。

当跨国经营企业处在高速发展时期时,短时间内对技术人员、管理人员、熟练工人和生产设备的需求迅速增长,往往通过收购当地企业的方式能最快地满足需要,保证企业持续、高速地发展。相反,如果跨国经营企业处在缓慢发展阶段,就不一定要赶时间、争速度,用收购方式来迅速获取资源。

第二,外部环境因素。一般来说,无论发达国家还是发展中国家,对外国企业在本国以创建方式投资建厂,都比较欢迎和鼓励,而对以收购方式建立生产经营基地,则持审慎的态度。对收购企业的行为限制,各国政府宽严程度不一,如美国较宽松,日本管制严格。东道国政府对外国企业的收购行为进行法律、经济和行政干预,主要是担心以下几种情况的出现:收购会减少竞争,造成垄断;低价收购会造成本国资产廉价外流;减少该产业或行业的生产规模和生产能力,妨碍本国民族工业的发展。所以要想成功地收购当地企业,必须消除东道国政府的上述种种疑虑。

在发达国家和新兴工业化国家,企业的设备、技术、管理、人员等单项和整体素质都比较高,所以到这些国家去跨国经营,往往采用收购方式建立基地。发展中国家企业的情况正好相反,即使具有少数接近发达国家企业整体素质的,也绝不是被收购对象,更谈不上有挑选余地,所以到发展中国家开办独资企业,往往倾向创建方式。

当世界经济景气,国际贸易和国际投资活动增长较快时,可能带动与国际经济依存较大的母国经济的增长。这时,母国的企业会加快跨国经营的进程,更多采用收购方式在国外建立据点。而东道国经济不断增长的良好环境,也促使母国企业用收购方式迅速进入该国市场,分享由于经济发展和市场需求增长而带来的经济利益。

此外,产业特征也是影响收购和创建的外部环境因素之一。一般地说,第一产业采用收购方式的比例较高,而第二、第三产业采用创建方式的较多。在第二产业中,具有高新技术的制造行业,采用创建方式在国外独资设厂的较多,而采掘行业、劳动密集行业采用收购方式比例较高。对东道国来说,适用于新兴工业、朝阳工业的,一般采用创建方式在该国建立跨国独资企业;如果是传统工业、成熟工业,一般采用收购方式创立跨国经营基地。

(二) 合资经营

合资经营是在独资经营方式基础上的质的飞跃。合资经营方式是适应东道国和跨国经营企业双方需要并能接受的一种方式。

1. 合资经营的概念和特征

合资经营是指跨国经营企业与东道国企业在东道国法律管辖范围内,共同投资组建的生产经营企业,并且共同管理、共享利润、共负亏损、共担经营风险的一种经营方式。它的本质是一种股权经营方式。

合资双方(有时为多方)共同投资在东道国组建的合资经营企业,具有下列基本特征:

(1) 企业的投资者至少来自两个或更多国家或地区;

(2) 组建的合资企业具有东道国国籍的法人地位,是一个独立的经济实体;

(3) 各方提供现金、设备和知识产权以建立合资经营企业的独立资产,各方提供的任何资产都折算成一定股份,并按股权份额分享利润,分担亏损;

(4) 根据协议、合同、章程,建立合资经营企业的管理组织机构,共同管理企业。

合资经营方式是以资产为纽带将各方联结起来组成新企业,具体形式通常有股份有限公司和有限责任公司两种。规模较大的合资经营企业通常采用股份有限公司的形式;规模有限的合资经营企业往往采用有限责任公司的形式。

2. 合资经营的优点

合资经营的优点可以从跨国经营企业和东道国企业两方面来分析。

(1) 跨国经营企业。对于跨国经营企业而言,合资经营具有以下优点:

第一,合资经营比独资经营更容易进入东道国,更能减少或避免政治风险;

第二,合资经营企业除了可以享受对外资的一些优惠之外,还可以获得国民待遇,即可以享受与东道国企业的同等待遇;

第三,可以利用东道国当地合伙者与政府及社会各界的公共关系,取得企业生产经营所需的各种资源,顺利开展各种经济业务活动;

第四,合资企业生产的产品往往是东道国进口替代的产品和紧缺的产品,具有稳定的销售市场,能给投资者带来长期的、稳定的、丰厚的利润。

(2) 东道国企业。对于东道国来说,特别是发展中国家,引进外资采用合资经营方式有以下好处:

第一,可以弥补东道国资金的不足,且不增加国家债务负担,通过合资方式利用外资,无需还本付息,而且使用期限也很长,一般20—30年,有些可长达50年;

第二,东道国参与合资经营的企业,一般可用厂房、现存设备、场地使用权作为资本投入,还可以用投产后的产品及收入作为提成费支付引进外方技术的转让费,也可以用补偿贸易的形式从外方进口必需的原材料、中间产品,这样可以极大节省资金和外汇的支出;

第三,由于合资经营方式是共同投资、共同管理、共享盈利、共担亏损和风险的,所以能使双方关心投资项目,加强各方的通力合作和协调配合,把合资企业办得更有成效;

第四,可以引进外国的先进技术,加快国内技术进步的进程,特别是通过引进外国一些高新技术产业和产品,填补国内的空白,尽快缩短在这些行业、领域内与先进工业国的差距;

第五,可以学习发达国家企业实行的现代化管理方法、技能、经验,

并且在东道国内逐步推广和普及,从而促进管理上台阶、上水平,从管理中获取更大的效益;

第六,合资企业的产品出口,外国投资者比较积极主动,因为这关系着企业的外汇平衡问题,即合资企业长期生存和发展问题;同时也关系到外资本息的支付,利润与工资的外汇支付问题,有时外国投资者还负责产品返销国际市场;无承诺返销协议的,也可充分利用外方现有的国际销售渠道,打入国际市场,扩大出口创汇;

第七,有利于扩大东道国劳动就业的机会,同时也促进了东道国劳动者素质的提高;

第八,促进了东道国经济发展。合资经营企业在组建时,就进行了充分的可行性研究,一般发展前途和投资收益都是很乐观的,因而能促进该国经济的发展。同时,一个合资企业往往能带动相关的产业和企业同步发展,从而振兴东道国经济。经济的发展和振兴,也为东道国带来各种税收、土地使用费及其他非货币的社会效益。

合资经营方式因为对合资各方都有众多好处,所以是目前国际投资较普遍采用的形式。要使上述优点充分体现,关键在于以下两点:一是各方的利益目标要尽可能一致与协调;二是要选择资信可靠、基础和水平符合条件的合资伙伴,避免合资企业在创建中和运行中的先天不足,导致无法发挥合资经营的各种优势。

(三)合作经营

合作经营也是外国投资者与东道国投资者合营的一种方式,它的本质是契约方式的经营。当这种合营方式建立在股权基础上时,就是合资经营方式;而建立在契约基础上时,就是合作经营方式。

1. 合作经营的特征

(1)合作经营的各方对合作经营事业的投资可以是现金、有形资产和无形资产,只要经过合作各方一致同意的资源都可以作为投资,所以出资方式更加灵活。

(2)合作经营各方的投资不折算成股本,对各方投资额大小及所占比例也无限制性规定,各方的权益和责任是按契约或合同来规定的,并非按出资多少和比例大小来分享权益和分担责任。

（3）合作经营企业通常是松散的联合体，不具有东道国的法人地位，而是沿用合作各方原法人身份进行合作，资产所有权和处置权仍归各出资方所有和处置。

（4）合作经营企业的管理往往不是共同管理，而是以一方为主、其他方协助的管理模式，所以，在该企业内不建立董事会，只设置联合管理委员会，该管委会的职责也只限于对各方执行合作协议或合同的检查、监督和协调。

（5）合作经营企业纳税方法与合资经营企业不同，它可以先分利，然后由合作各方分别按税法规定缴纳所得税。

（6）合作经营企业合作期满后不再分割剩余资产，剩余资产一般归东道国投资方所有，或者按合同规定处理。合作各方或一方要在合作期满前收回其出资时，往往采取快速折旧或扩大利润分成办法，通过协商并纳入到合同中去。

2. 合作经营的优点

合作经营作为一种特有的合营方式，在一定程度上也具有合资经营方式的一些优点，除了这些，合作经营还具有以下优点：

（1）由于合作经营各方投资比较灵活，使缺少资金和技术的发展中国家，可以用场地使用权、基础设施、实物和劳动力资源作为合作经营的投资，而外商也可以少用资金，多用先进技术和设备以及知识产权作为投资，这就使各方投资合作的可能性增强。

（2）合作经营能较好地满足外国合营者十分关注的投资回报，合作经营方式不仅可以采用快速折旧来回收投资，而且还允许外国投资者从利润中预提一部分作为投资本息先行回收，这样，投资回收期可以缩短，投资风险可以减少，对外国合作者有较大的吸引力。

（3）合作经营的审批手续比合资经营简便，管理方式往往是东道国企业一方为主，外方并不参与管理和控制，仅仅起协助作用，所以很少发生冲突和对立的问题。

3. 合作经营应注意的问题

合作经营方式是建立在契约基础上的，故订立具有法律效力的合同文件对合作各方都至关重要。为充分发挥合作经营方式的优点，要

十分负责和慎重地协商并拟定合同条款。在草拟和订立合作经营基本合同时,应该注意以下问题:

(1) 应遵循平等互利原则;

(2) 条款应力戒理论化、抽象化,而要具体化、可操作;

(3) 出现争议问题时,解决的法律依据和程序必须明确,因为同样一个问题,各国法律可能有不同解释,东道国法律与国际公约和国际惯例有时也存在差异;

(4) 合作经营的期限及期满后财产的处理,在合同条款中必须确定清楚,对于提前结束合作,也必须规定明确的条件以及债务、资产处理方式。

合作经营方式由于不涉及股权控制及共同管理问题,加上这种方式投资回收较快,所以对于东道国外资很难进入或者不愿进入的某些产业、部门、领域,常常采用合作经营方式能促成实现。从这个意义来讲,独资经营和合资经营有时无法达到的事业,往往可以采用合作经营方式办成。所以,合作经营方式无论在竞争领域,还是在非竞争领域,都有广阔的发展前途。

第三节 跨国经营管理

在选择和采用合适的跨国经营形式之后,对跨国经营实施的管理是否有效便成为更为重要的问题。形式是表象,管理是实质。因此,跨国经营的战略选择以及跨国经营的控制与管理便显得十分重要。

一、跨国经营的战略选择

企业进行跨国经营决策时,首要问题就是选择一个比较有利的国际目标市场,据此在经营目标、经营区域、经营行业等方面作出正确的战略抉择。

(一) 跨国经营的战略目标选择

企业跨国经营的战略目标选择有四种模式。

1. 资源导向型

资源导向型是指企业为了获取本国短缺的各种自然资源,如矿石、石油等而进行的跨国经营。

2. 市场导向型

市场导向型是为保护和扩大原有国外市场或开辟新的国外市场而进行的对外直接投资活动,包括产品市场导向和服务市场导向两种载体模式。

3. 生产要素导向型

生产要素导向型是指为了利用充足的生产要素,特别是廉价的劳动力而进行的跨国经营活动。把劳动密集型产品的生产转移到劳动力充裕而价格低廉的国家或地区去,可以取得低成本优势。

4. 技术与管理导向型

技术与管理导向型是为了取得技术与管理等知识资产而在外国进行的经营活动。由于各国一般不愿把先进技术和管理经验转让出去,到这些国家去投资办厂就可利用当地的科研机构和人才、信息等资源。

对于我国企业而言,应将重点放在选择产品市场导向模式和必要的资源导向模式,适当考虑技术与管理导向模式。

(二)跨国经营的区域战略选择

对跨国经营的区域战略选择,美国公司的模式是:美国—发达国家—发展中国家,这样选择是出于获得最大利润的动机。日本公司的模式是:日本—发展中国家—发达国家,这样选择是出于占领更多的海外市场的动机。

我国企业在跨国经营区域战略选择过程中,应结合战略目标模式和企业自身的优势来选择适用的模式。

对于产品市场导向模式,企业跨国经营的区域应以发展中国家为主,然后逐步向发达国家发展。

对于服务市场导向模式,企业跨国经营的区域选择应以发达国家及高收入的石油出口国为主,因为这些国家的工业发展水平和国民收入很高,对服务业的需求也很大。

对于资源导向模式,由于各国资源条件不同,总体的战略思考应当是选择资源丰富、投资环境较好的国家。例如,矿产资源开发以澳大利亚为主。

对于技术与管理导向模式,企业应选择欧美和日本等发达国家,因为全世界的新技术主要来源于它们。据统计,在世界技术输出市场中,美国、日本、欧盟就占了80%以上。

(三)跨国经营的行业战略选择

我国企业在进行跨国经营的行业战略选择时,应注意以下几方面的问题。

1. 选择贸易与制造业

因为我国制造业的海外企业从事的国际贸易,所需资金相对较少,风险也较少,开拓国际市场有利于随后生产零部件企业的建立。制造业中应以轻工装配型为主。这是因为制造业的国际协作空前发展,已由单机生产协作分解到零部件生产协作,如推销母公司产品和零部件、采购设备、原料等。

2. 对海外资源开发投资应谨慎行事

因为资源开发投资额大、周期长,运输量大,政治社会敏感性强,而且有些资源性产品可用合理价格从国际市场上买到,所以对海外资源开发投资要周密分析、权衡利弊、慎重从事。

3. 对于服务性行业的选择要结合自身优势

对于服务性行业应选择我国拥有经营优势和传统技术的行业,如承包工程、餐饮业、旅游业等来开展跨国经营。

4. 关于经营多样化问题

国外大型跨国公司大多采用多样化经营的战略,这是为了充分利用国际市场机会,减少经营风险。我国的海外企业如果在规模与管理经验上还没有优势,便不宜在行业方面过于多样化。但经营范围又不宜过于单一。一般应以一业为主,适当多样经营,最好是新的行业应与本行业的生产、技术、销售等有某种关联,这样有利于发挥企业的优势。

5. 对于进入方式

作为资源转移过程,企业进入国外目标市场可以有两种方式:一是全过程一步到位;二是分步进入。前者适用于企业优势突出并有较大风险承受能力的企业；后者一般适用于企业实力较差,风险承受能力较小的企业。我国多数企业宜采用后一种方式。

作为企业组织系统的海外延伸的子公司的建立方式,也有两种选择：一是创建新企业；二是收购当地企业。对于收购和创建两种方式的选择,是在对两者的特点进行分析及对企业内部因素和外部环境系统分析的基础上作出的决策。一般来说,我国大多数企业外汇资金不太丰裕,宜采用创建方式。只有少数实力雄厚的大型企业才适宜采用收购方式。

二、跨国经营的组织与控制

在跨国经营中,如何选择适宜的组织结构以及如何对众多的海外子公司进行控制与管理,是企业面临的重要课题。

（一）跨国经营企业的组织结构选择

跨国经营企业的组织结构是与企业的国际化程度相联系的。在产品出口阶段,可设立外销科或外销处。当公司业务除产品出口外,又在国外从事不少技术合作和投资项目并设立了一些子公司时,就得设立一个与国内产品事业部地位相当的国际业务部来统一管理,以协调出口、许可证贸易、对外投资及其他国际经营活动。当公司的海外销售额和利润额已占整个公司总额的1/3或更多时,即可将国内经营和国际经营融为一体,采用全球性组织结构。全球性组织结构中又有职能、产品、地区、混合和矩阵等几种不同形式,跨国经营企业可根据其战略、规模和地区分布等因素来加以选择。

根据跨国经营企业的经营活动情况,可以将跨国经营企业的组织结构分为以下三种形式。

1. 出口部组织结构

这种形式通常采取在总公司下设一个出口部的组织形式,全面负责对外业务。同时,通过派出机构或建立子公司,在国外开展生产、推销和技术服务活动。母公司对子公司一般不直接进行控制,子公司拥有较大自主权。两者之间的联系是母公司总经理与子公司经理间的个人联系。

其优点是子公司可自主地根据所在国的社会、经济、环境情况,作出决策并进行及时调整,容易被东道国接受,有利于实现子公司经营目标。缺点是母公司与子公司之间沟通不畅,难以根据总体目标和格局进行统一协调。

2. 国际事业部组织结构

这种形式就是在总公司下设一个国际事业部。通常由副总经理主管,总经理负责,主要职责是制定跨国经营政策和全球战略,负责出口、技术转让和国外直接投资业务,协调各经营实体的跨国经营活动。

其优点是能克服生产部门产品策略的局限性,进行全球产品策略的规划;便于总部有效地加强对国外公司的控制;有利于国内外经营活动的逐步结合。缺点是国内部门与国际部门自成系统,难以协调配合,国际事业部作为一个部门难以担负其应有职责。

3. 全球性组织结构

这种形式就是由企业总部从全球的角度协调整个企业的生产与销售,统一安排资金,统一分配利润。其特点是将国内和国外的经营决策权集中于企业总部。总部的任何组织部门都按世界范围设置,既管理国内分支机构也管理国外分支机构。

全球性组织结构包括产品、地区、职能三种分部形式,以及混合与矩阵两种综合形式。

(1) 产品组织结构。这是按产品种类或生产线设立总部下属分部的一种组织结构。

其优点是:能够统一协调同一产品的国内外经营活动;有利于提高产品的国际竞争力;能充分发挥产品生产的技术优势。缺点是:部门经理一般由有国内业务专长的人担任,难以适应跨国经营的特殊要求;企业内不同部门间的活动难以协调;各产品部自成体系,容易造成人、财、物的浪费等。

这种组织结构适用于规模庞大、产品系列复杂、技术要求较高、需就地制造以及需对用户提供技术服务的企业。

(2) 地区组织结构。这是按地区划分设立分部的组织结构。总部确定全球性的经营战略,并控制全球机构,各地区部门主持本地区各种产品的生产经营活动和各种职能机构,总部监督各地区分部的执行。

其优点是:各国外市场均有专门部门从事生产经营管理,对跨国经营给予充分重视;强调国外子公司的利润中心地位,有利于其独立发展;简化了总部对全球经营的管理,提高了管理效率。缺点是:产品的变动与技术的转移在各国间难以协调;需要大量国际市场经营管理人员,组织成本高;容易形成地区本位主义。

这种组织结构形式比较适用于产品线有限,产品高度标准化、市场销售条件、技术基础和制造方法较为接近的跨国企业。如食品加工、医药和石油等企业。

(3)职能组织结构。这是按职能划分的组织结构。一般有生产、销售、财务三个部门。生产部主要负责产品的开发、生产标准化、质量控制等方面的管理;销售部主要负责与生产部的协调、产品在国内外市场的营销,控制总部在国外市场的销售机构和经销商;财务部主要负责总部在全球的资金筹措和调拨、利润安排、风险管理等。企业总部及总裁确定全球目标和策略,各副总裁控制和主持本职能部门的国内外一切事务,直接向总裁负责并报告工作。

其优点是:有利于提高职能部门工作的专业化水平,增强国际竞争能力;避免机构重叠和人才浪费;有利于部门间的配合与协调。缺点是:要求各职能部门都拥有熟悉企业不同产品的管理人员,加大了管理难度;各职能部门对企业在不同地区进行经营活动前景的预测结果差异较大,容易造成不准确的评估;不便于进行地区间的协作和多样化生产经营。

这种组织结构形式比较适合经营产品品种少、产品市场所涉及的地区范围和需求量已趋平稳、不会因竞争而发生较大变化的企业。

(4)混合型组织结构。这种结构兼有前三种结构的特点。经营某些产品的企业由产品部门控制;经营其他产品的子公司由地区部门控制;财务则由职能部门控制,在世界范围内协调。

其优点是:能更好地适应市场状况和多样化经营,灵活性强。缺点是:组织结构不够规范,容易造成管理上的混乱;部门间的差异大,难以合作与协调;不利于企业在世界范围内树立完整形象。

(5) 矩阵式组织结构。这是一种对生产经营活动实行交叉管理的组织结构。该结构综合运用产品、地区、职能三种组织结构形式,在总部职能管理机构下,由各产品部与地区部交叉管理共同控制企业在世界各地的所有国外企业。

其优点是:应变能力强,稳定性大;有利于促进各层次各部门管理的协调与合作;能综合处理各个环节与各种环境下的各种事件。缺点是:组织结构复杂,多重领导可能导致管理效率降低;各部门各层次管理的协调成为企业经营成败的关键,协调不好会影响企业战略目标的实现;机构庞大,管理组织的运行成本较高。

这种形式适用于受到产品压力和各国环境约束的企业。

(二) 跨国经营企业的组织控制

1. 跨国经营企业的内部管理体制

跨国经营企业在进行国际化经营决策时,主要的内部管理体制就是集权与分权的问题。一般有三种内部管理体制可供选择。

(1) 以母国为中心的内部管理体制。这是一种集权式的管理体制,即一切跨国经营的大政方针、战略决策、发展规划、策略措施都由公司总部统一决策。国外各子公司按照公司总部制定的方针、政策、计划进行生产经营活动。公司总部通常任命本国人员担任子公司主管,国外子公司的业绩用公司总部的会计体系和母国的货币进行考核评价。

(2) 多元中心的内部管理体制。这是一种以各子公司为中心的分权式管理体制。在这种体制下,公司总部仅对重大方针、政策、战略、规划,以及投资、财务等有决定权,有关生产、技术、营销、供应等重要问题都由子公司自主决策;子公司的高层管理人员仍由母公司聘任,但以当地人为主;子公司的业绩用国外标准衡量,用子公司所在国的货币评价。这样,子公司拥有较大的经营自主权,可独立捕捉市场机会。

(3) 全球中心的内部管理体制。这是一种集权和分权相结合的管理体制。它的集权和分权程度介于以上两者之间。即在保证公司总部有效控制的前提下,给子公司较大自主权,以调动其积极性。公司的战略决策及关键性经营活动集中统一于公司总部,具体生产经营活动的组织由子公司自主进行。全球中心的管理体制淡化了公司身份的国籍性,着重反映全球性经营活动。

一般来说,凡公司规模较小、产品种类比较单一的,宜采用母国中心或多元化中心的管理体制;当公司规模扩大、产品种类增多时,全球中心的管理体制就比较适用。

2. 跨国经营企业组织控制的内容

跨国经营企业的组织控制就是总部对其子公司一系列生产经营活动的控制,它是企业经营目标顺利实现的一个前提条件。跨国企业组织控制的内容包括股权控制、人事控制和要素控制。

(1) 股权控制。股权控制,主要有通过独资或拥有多数股权取得控制权,取得相对多数股份的控制权,以连环持股的方式取得控制权,对等股权配以"无投票权股份契约",运用契约取得控制权,以债权人的身份取得控制权等。

(2) 人事控制。人事控制,就是企业总部对各部门和各国外子公司人员的聘用、变更、培训、升迁等方面进行控制。决定跨国企业的人事控制力度,主要考虑子公司的管理能力、总部对子公司的依赖程度、总公司的历史与规模等因素。

(3) 要素控制。要素控制,主要有财务控制、营销控制、生产控制、后勤控制、研究控制、采购控制、项目控制等。

三、跨国经营企业的财务管理

跨国经营企业的财务管理,是指企业从自身全球整体利益出发,对有关财务问题所进行的计划、组织、协调和控制等活动。比之于国内企业的财务管理,其理财环境更为复杂,发展机会更多,面临的风险更大。跨国企业财务管理内容有国际融资管理、国际投资管理、国际结算管理、外汇风险管理、国际营运资金管理、国际会计管理、国际税务管理。

这里,主要讨论跨国经营企业的资本筹措管理、营运资金管理、外汇风险管理、税务管理及货币换算等问题。

(一) 跨国经营企业的资本筹措管理

资本作为一种重要的经营资源,是企业从事经营活动的物质基础和前提条件。在现代经营活动中,资本筹措是企业扩大生产经营规模、

第七章 现代企业跨国经营管理

增强市场竞争力的先决条件。跨国经营企业的资本来源是多种多样的,其筹措渠道则可分为资本内部筹措和资本外部筹措两大类。

1. 内部筹措

内部筹措是跨国经营企业在其内部资本积累的基础上,不借助外部资金,通过有计划地协调所属各公司的内部资金流动,以求尽可能减少企业资金成本和风险的一种筹资方式。从资金来源看,内部筹措的方式主要有母公司提供的资本、子公司内部的资本和子公司间的资本三种。

2. 外部筹措

外部筹措是指跨国企业面向国际市场,充分利用外部环境,凭借企业在国际国内的经济网络和信息来源,有选择地从企业外部吸收资本。从资本使用时间上,可把它分为短、中、长期资金筹措。

短期资金筹措,一般指对融资期限在1年以内资本的筹措,筹措方式主要有欠账赊销、短期商业本票、银行借贷等。中期资金筹措,指对融资期限在1—7年资本的筹措,主要方式有银行中期贷款、抵押贷款、出口信贷、租赁融资。长期资金筹措,一般指对融资期限在7年以上资本的筹措,主要是通过发行企业债券、股票和进行长期借贷来实现的。

筹资途径与具体形式的选择,通常依据资金成本的大小和企业对资金的需求程度来进行。

(二) 跨国经营企业的营运资金管理

营运资金也称流动资金,是企业为了日常经营需要占用在短期资产上的资金,主要包括现金、应收账款、短期证券和存货。

营运资金管理一般从两个角度入手:一是流量管理,即企业确定总体范围内营运资金的最佳货币组合和安置地点;二是存量管理,即对现金、应收账款、存货、短期证券和短期债务的水平及它们的组合结构的管理。管理的目标是合理配置和有效使用资金,减少资金成本,在全球范围内实现利润最大化。

(三) 跨国经营企业的外汇风险管理

由于跨国经营企业的经营活动与外汇密切相关,因此具有一定的风险。外汇风险管理是跨国企业财务管理的重要内容。

1. 外汇风险的四种类型

（1）交易风险。交易风险，即跨国企业在商品或劳务的买卖、国际信贷业务、远期外汇交易流动中，由于汇率波动对现行营业流动短期资金流量产生影响，引起债权债务变化造成的损益。

（2）收益风险。收益风险，即汇率变化引起跨国企业未来成本、价格、销售变化，从而影响未来收益变化的潜在危险。

（3）会计风险。会计风险，也称账面、折算或评价风险，指的是跨国企业进行会计处理和对外债权债务决算时，将外币折算为本币过程中产生的账面损益的差异。

（4）税务风险。税务风险，即汇率变动影响企业的收益，从而对所得税产生的影响。

2. 外汇风险的内部管理方法

外汇风险的内部管理方法有：采取经营多元化，分散销售市场、生产地点和原材料来源；选择有利的计价结算货币；调整进出口价格；提前或延期结汇；进行易货贸易；调整财务报表。

3. 外汇风险的外部管理方法

外汇风险的外部管理方法主要有：规定保值条款，进行期权交易、远期外汇交易、掉期交易、互换交易，利用借款，参加货币风险保险、要求保付代理业务等。

（四）跨国经营企业的税务管理

世界各国规定的税种繁多，定义与实质也有差异，但按征税对象的性质可将税种归为四类：一是流转税，如增值税、消费税、营业税；二是所得税，如公司所得税、未分配利润税、社会保险税、个人所得税；三是财产税，如房产税、土地税等个别财产税和财富税、资本税等一般财产税；四是行为税和特别税，如车船使用税、资源税、关税等。

跨国经营企业经常要以合法手段与形式，来减轻或消除其纳税义务，这种行为称为跨国经营企业的合理避税。避税的形式主要有以下几种。

1. 采取转移价格避税

跨国经营企业的各类内部贸易往来的商品价格、借贷款利息、租金、专利等特许权使用费、劳务费以及分摊的管理费用等,称为跨国经营企业内部贸易的转移价格。一般来说,企业可以通过抬高或压低内部价格,减少处于高税赋子公司的利润,从而减轻其税赋,达到避税的目的。

2. 选择组织形式避税

跨国企业对外投资可选择子公司或分公司两种组织形式进行避税。分公司的有利条件是:注册手续简单;财务处理宽松,东道国不要求财务全部公开,可以减少审计等麻烦;可免去对利息、特许权使用费、股息征收预提税;经营亏损冲销总公司的盈利,可免去双重征税。不利条件是:享受不到东道国为子公司提供免税期或其他投资鼓励政策的优惠;利润须在当年汇回,无法获取延期纳税的好处;在转移定价上更易引起当地税务部门的关注;缺少利用两国税率差异避税的灵活性;向总公司支付的利息或特许权使用费一般不允许从纳税收入中扣除。子公司则反之。

3. 避税地避税

避税地是指对人们取得的国际所得或财产提供免税或低税待遇的国家和地区。避税地大致有三种类型:一是完全免除所得税、财产税、遗产税;二是对来自境外的收入全部免税;三是对外国经营者给予特别税优惠。主要手段是在避税地建立名义上的附属公司或基地公司,如信托公司、销售公司、控股公司、收付代理人等,通过转移价格,将所得或财产转移到基地公司账上,减轻和避免企业的总体税赋。

四、跨国经营的运行规范

跨国经营的运行规范,是指为保证跨国企业的有序运行而对其实施的协调、控制、监督和管理的有关协定、守则、法则、政策法律及其他规范的总称。当前国际上的一些规范主要是某些国际组织建议的规范和地区性的协定、准则等。主要有:《联合国跨国公司行为守则》、安第斯公约国家第 24 号决议、世界银行的《公约》和《准则》、关于限制性商业做法的多边协议、经合组织国家的《宣言》和《准则》、国际劳工组织关于跨国公司问题的宣言、国际商会的《准则》、世界贸易组织协议、卡尔沃条款和德拉戈主义等。

 复习与思考

主要概念

　　跨国经营　补偿贸易　非股权经营　股权经营　合资经营　合作经营

复习题

　　1. 跨国经营有什么特征？
　　2. 跨国经营经历了哪些发展阶段？
　　3. 产品出口贸易包括哪些主要形式？
　　4. 非股权经营的形式有哪些？
　　5. 股权经营包括哪些形式？
　　6. 如何进行跨国经营战略目标选择？

第八章 现代企业经营成果控制与分析

 学习目标

完成本章学习后,你应该能够:
- 了解利润的构成
- 了解利润成果的影响因素
- 理解利润分配的内容和顺序
- 理解利润控制的方式
- 理解企业诊断的类型、内容
- 掌握企业经济效益评价指标

 引导案例

红豆集团的"挖潜月"活动

红豆集团很早就开始转型发展,尤其是近两年,企业生产经营做了重大调整,即"由生产经营型向创造运营型转变和从资产经营型向产融结合型转变"两大战略转变。两个转变的核心其实是企业管理理念、管理行为和管理模式的转变(即向管理要效益),并取得了显著成效。2008年,在面临世界金融危机的严峻形势下,集团逆势而上,产销实现207亿元,2009年1—10月销售增长16.5%,最为困难的服装出口也

同比实现了两位数增长。

红豆集团每年制定的"挖潜月"活动即是为了追求这种管理的"最佳状态"。在挖潜月里,企业采取多种措施鼓励每一位员工参与到企业管理中来(包括物质奖励和精神奖励),提建议、出点子、找问题、挑毛病,此举极大调动了员工的生产积极性和创造性,仅在2008年挖潜月活动中,企业就收到各种合理化建议1134条,实施502条,为企业增效1470万元。红豆袜业青年技术人员通过开发纳米新品,使产品利润提高近20%;而红豆印染厂技术部门通过开发新型代碱剂,不仅可以减少COD(一种污染物)排放,质量得到保证,还可以年降低成本24.4万元。

企业生产经营活动的主要目的,就是要不断提高企业的盈利能力,增强企业获利能力。在激烈的市场竞争中,企业只有不断地盈利,才能生存和发展,永远立于不败之地。企业管理系统中,利润的管理占有非常重要的地位。

第一节 企业利润与影响因素

利润是企业在一定期间生产经营活动的最终成果,也就是收入与费用成本相抵后的差额,收入小于成本费用为亏损,反之则为利润。

一、利润的构成

企业的利润,就其构成来看,既有企业通过生产经营活动而获得的,也有因对外投资活动引起的,还包括那些与生产经营活动无直接关系的盈亏。不仅如此,不同类型的企业,其利润构成也有一定的差别。我国企业会计准则规定,企业的利润主要由营业利润、投资净收益和营业外收支净额三个部分组成。当期利润总额扣除所得税,即为当期的税后利润,也即净利润。

（一）营业利润

营业利润是企业利润的主要来源。营业利润主要由主营业务利润和其他业务利润构成。

1. 主营业务利润

主营业务利润，也称基本业务利润，指企业经营活动中主营业务所产生的利润。企业的主营业务收入减去主营业务成本，再减去主营业务收入应负担的流转税金后的余额，通常称为毛利。工业企业主营业务利润指产品销售利润。

2. 其他业务利润

其他业务利润指企业经营主营业务以外的其他业务活动所产生的利润。具体地说，指其他业务收入减去其他业务支出的差额，其他业务支出包括其他业务所发生的成本费用以及应由其他业务负担的流转税。

3. 营业利润

主营业务利润与其他业务利润之和再减去期间费用，即为营业利润。营业利润是考核企业管理者的经营业绩的重要指标。

（二）营业外收支净额

营业外收支是指与企业生产经营活动没有直接关系的各项收支。它是企业利润总额的一个组成要素。营业外收支包括营业外收入和营业外支出两个方面。

1. 营业外收入

营业外收入是与企业生产经营活动没有直接关系的各种收入。它表现为企业资产的增加，但又并不需要为此付出代价，也无相关费用与之匹配，因此不同于营业收入。营业外收入具体包括：固定资产盘盈、处理固定资产收益、资产再次评估增值、接受捐赠收入、罚没收入、确实无法支付而按规定程序转作营业外收入的应付款项等。

2. 营业外支出

营业外支出，是指不属企业生产经营费用，与企业生产经营活动没有直接的关系，按规定应从企业实现的利润总额中扣除的支出。具体包括：固定资产盘亏、处理固定资产损失、资产评估减值、非常损失、罚没支出等。

二、影响利润成果的因素

要对利润成果进行有效的控制,须先了解可以对其产生影响的各种因素。通常,利润＝收入－成本。

在这个关系式中,对收入和成本进行分解,便有:

利润＝(销售价格－单位变动成本)×销售量－固定成本

这个式子反映了利润和销售量、销售价格、单位变动成本、固定成本总额四者之间的关系,从中可以知道它们对利润的影响是:

(1) 在销售价格、单位变动成本和固定成本总额三者都不变的情况下,销售量越大,利润越大;反之,利润越小。

(2) 在销售量、单位变动成本和固定成本总额三者都不变的情况下,销售价格越高,利润越大;反之,利润越小。

(3) 在销售量、销售价格和固定成本总额三者都不变的情况下,单位变动成本越低,利润越大;反之,利润越小。

(4) 在销售量、销售价格和单位变动成本三者都不变的情况下,固定成本总额越低,利润越大;反之,利润越小。

此外,产品品种结构对利润的变化也有一定的影响。现代企业的生产几乎都是多品种生产,如果利润高的产品份额大,总利润额就大;反之,总利润额就小。以上所指利润成果,是每一个资金运动过程收入和成本的绝对差额。但仅仅以此理解利润成果是不够的,因为任何一个企业对利润的追求实际在于获得所投入资金的充分报酬,因此,利润成果的大小还应用投资利润率来衡量:

投资利润率＝销售利润率×资金周转率

由于任何企业的资金都是从资金占用和资金来源两方面反映的,因此,资金占用和资金来源结构不同,也会影响资金成果。

从资金占用来说,企业的资金无非是占用在这样一些形态上:固定资产、银行存款、现金、原材料、在产品、产成品、应收账款等。它们在资金运动过程中具有不同的周转速度,或者有的资金占用过多,如原材料、应收账款、产成品等,必然要用更多的资金来满足生产经营的正常需要,这些都会影响到资金运用最终成果的大小。

从资金来源来说,企业通常有自有资金和非自有资金两类来源。它们在资金来源中占的比重不同,也会影响企业资金成果。下面以假设的 A、B、C 三个公司为例,来看资金来源结构与资金成果的关系。

假设 A、B、C 三个公司的总资本均为 100 万元,且三个公司的资金使用效果都一样,即资金利润率都为 6%,其他资料列示在表 8-1 中。

表 8-1　A、B、C 三个公司资金利润率资料(一)　(单位:万元)

	A 公司	B 公司	C 公司
	自有资金 100%	自有资金 50%	自有资金 25%
企业资金利润率	6%	6%	6%
付息前包含税金的利润	6	6	6
应付利息(8%)	0	4	6
税前利润	6	2	0
税金(50%)	3	1	0
纯盈利	3	1	0

表 8-1 说明在企业资金利润率都一样的情况下,资金来源结构不同,必然影响资金成果:自有资金占的比重越大,资金成果越大;自有资金占的比重越小,资金成果越小。但这是不是说企业就不能够运用非自有资金进行生产经营活动了呢?实际上,在很多情况下企业也恰恰因为错失引入非自有资金的良机而损失了本可得到的一部分利润。将前例稍作变动,即将原来 A、B、C 三个公司资金利润率,变为表 8-2 列示的情况。

表 8-2 说明如果企业资金能够得到较好的使用,便可较多地借入资金。例如,A 公司和 C 公司,虽然资金来源结构有很大不同,但 C 公司资金使用效果好,尽管引入了大量的非自有资金,但仍然有和 A 公司同样的资金成果。

表 8-2　A、B、C 三个公司资金利润率资料(二)　　　(单位：万元)

	A公司	B公司	C公司
	自有资金100%	自有资金50%	自有资金25%
企业资金利润率	6%	7%	12%
付息前包含税金的利润	6	7	12
应付利息(8%)	0	4	6
税前利润	6	3	6
税金(50%)	3	1.5	3
纯盈利	3	1.5	3

第二节　利润的控制与分配

一、利润的控制

利润控制是指企业为了实现利润目标,而对影响利润的各种因素的形成,实施控制的过程;也是对利润中心各影响因素的实际状况,及其与实现目标所要求的各因素的控制标准所形成的差异的控制过程。

(一) 单因素控制与联合控制

对各影响因素,可以实施单独控制,也可以进行联合控制。

1. 单独控制

单独控制,主要是对产销量、单位价格、固定成本和单位变动成本,依据其与利润的关系,假定其他因素保持不变,而确定目标利润所要求的实现条件,以此作为控制标准,而控制变量与控制标准及其差异,是控制的对象,并就此实施控制的过程。这种单一控制变量及其与控制标准所形成的差异的过程,是由特定的生产经营条件所决定的,其差异的消除往往受到较大的局限性,利润控制的效率也大大受到限制。

2. 联合利润控制

联合利润控制,是根据利润与其影响变量,如产销量、单位价格、单位变动成本、固定成本之间的内在联系,按照一定的程序,实施综合控制。其基本依据是量本利方程式,选择某一个控制变量作为控制的起点,如假定其他变量保持历史水平,或称为控制水平,确定产销量可以实现的尺度,然后规定目标销量作为该变量的控制标准,实施差异控制,然后将这种差异不能消除的部分,逐渐分解消化到其他控制变量,进一步消除利润与目标利润之间的差异。如逐渐分解到成本部分,进一步消化分解到固定成本部分、物价部分等。

这个过程,由于需要不同部门的协同奋斗,所以某一个环节不能完成控制标准,会增加其他部分差异控制的工作量;但由于利润差异是在多个共同环节得到消化分解,相对来说,可能容易得多。

(二) 利润控制的责任主体

利润控制的责任主体,既要对生产和销售负责,又要对成本和收入负责,但没有责任对资产投资的水平承担责任,这就是利润控制的责任主体,又称为利润中心。

利润控制,是由利润中心来实施的。利润中心有两种类型:一类是自然的利润中心,它直接向外部出售产品,在市场上进行购销业务,例如某些公司采用事业部制,每个事业部均构成自然的利润中心;另一种是人为的利润中心,它主要是在企业内部按照内部转移价格出售产品,如大型钢铁公司的采选、烧结、炼铁、炼钢、轧材等各个生产部门的产品主要在公司内部销售,这些生产部门即可称作人为的利润中心。

对利润中心的利润进行计量和控制时,需要解决两个方面的问题:(1)利润指标的选择,包括各种成本以什么标准进行分配;(2)利润中心之间以什么价格转移商品,即内部价格制定的标准问题。这两个问题解决得是否合理,是关系到控制过程是否顺利的关键。

二、利润分配

利润分配,是按照一定的标准和程序将企业所实现的利润在不同的利润分配项目之间进行分解的过程。利润分配的不同政策,对企业的财务状况会带来不同的结果。

(一) 利润分配的项目

按照我国《公司法》的规定,公司利润分配的项目包括以下部分。

1. 盈余公积金

从净利润中提取而形成的,用于弥补公司亏损,扩大公司生产经营或转增公司资本的一项资金来源,即为盈余公积金。它可以分为法定盈余公积金和任意盈余公积金。《公司法》规定,公司应当从当年实现的税后利润中按10%的比例提取法定盈余公积金,只有当该项资金累计达公司注册资本50%时,才可不再提取。任意盈余公积金的提取由股东会根据需要决定。

2. 公益金

公益金,是从净利润中形成,专门用于职工集体福利的资金。公益金按税后利润的5%—10%的比例提取形成。

3. 股利(向投资者分配的利润)

在前两个项目提取之后,公司才可向股东支付股利和向投资者分配利润。股利的分配应以各股东持有股份的数额为依据,并严格遵守同股同权的原则,并且"有利润才分股利,无利不分"。经过股东大会特别决议,也可以盈余公积金支付股利,但留存的法定盈余公积金不得低于注册资本的25%。

(二) 利润分配的顺序

公司向股东分配股利,应按一定的顺序进行。按我国《公司法》的有关规定,公司的利润分配应按下列顺序进行。

(1) 计算可供分配的利润。将本年实现的净利润与年初未分配利润合并,计算出可供分配的利润。如可供分配利润为负数,则不能进行后续程序。如果可供分配利润为正数,则进行后续分配。

(2) 计算法定盈余公积金。按抵减年初累计亏损后的本年净利润计提法定盈余公积金。提取法定盈余公积金的基数,不是可供分配的利润,也不一定是本年的税后利润。只有不存在年初累计亏损时,才按本年税后利润计算应提取数。

(3) 计提公益金。

(4) 计提任意盈余公积金。
(5) 向股东支付股利和向投资者分配利润。
(三) 股利支付方式
股利支付的方式有多种,常见的有现金股利、负债股利、股票股利等三种方式。企业可根据需要灵活选择。

第三节　企业诊断与经济效益评价

一、企业诊断的概念与作用

"诊断"一词来自医学,它是指医生通过对病人的询问、检查,分析寻找出病因,并开方治疗的整个过程。企业同一切有生命的机体一样,在它的生存和发展过程中,也会不可避免地发生各种各样的疾病,只有及时诊断、正确治疗,才能保证它健康的发展。

企业诊断是指企业内部或外部具有现代管理科学知识和丰富实践经验的诊断人员亲临企业现场,与企业管理人员密切配合,运用科学的方法,找出企业经营管理中存在的主要问题,分析问题产生的原因,提出切实可行的改善方案,并指导实施的谋求企业不断发展的一种改善企业经营管理的活动。"企业诊断"不仅包含着"诊断、治疗"的消极意义,还包含着"增进健康"的积极意义。

二、企业诊断的类型

(一) 按诊断内容划分

企业诊断按诊断内容划分,有综合诊断、部门诊断和专题诊断。

综合诊断就是从企业整体出发,对经营管理上带有战略性、全局性和综合性的问题进行诊断,为企业的经营方针、目标、经营战略、经营规模、机构设置等一系列综合活动进行全面的诊断。

部门诊断是指对企业生产经营管理系统中的某一部门或几个部门进行的局部性诊断,如对生产、质量、财务、物资供应、销售等部门进行的诊断。这类诊断涉及的业务范围具体，重点突出，具有时间短、见效快的特点，尤其是对那些关键部门的诊断，可以对企业全局产生积极的影响。

专题诊断是指企业就某一专题（或项目）进行的诊断，一般是针对企业生产经营过程中存在的某一关键问题或某些薄弱环节进行的诊断，如对重大投资、成本控制、产品转向、促销活动、设备更新等项目的单项诊断。专题诊断涉及面较窄，但具有时间短、针对性和技术性较强的特点，因而见效快，适用于基础管理好的大型企业。

（二）按诊断主体划分

企业诊断按诊断主体划分，有自我诊断和外部诊断。

自我诊断就是企业内部组织有丰富管理经验和诊断技能的管理和技术人员，组成诊断组，对本企业进行诊断。自我诊断有保密性好、机动灵活、节约开支的优点。其不足之处是看问题容易带偏见和局限性，一般适用于技术人才和管理人才多、有诊断能力的大型企业。

外部诊断是指企业在生产经营活动中遇到自身难以解决的问题或当内部诊断人员难以保持公正时，向诊断机构或有关部门提出申请，邀请外部人员对企业进行的诊断。请"局外人"来诊断，身份比较超脱，不受企业内部人际关系的影响，能够客观考察和认识问题，如能与企业内部知情者密切合作，效果更好。但由于诊断人员对企业情况不熟悉，需要的诊断时间较长，且企业要支付一定的诊断费用。这种方法对中小型企业比较适合。

（三）按发起者划分

企业诊断按发起者划分，有指令性诊断与自发申请诊断。

指令性诊断，也称制度性诊断，是指企业的上级主管部门、质检部门、财政和审计部门等对企业进行定期或不定期的免费性诊断。这种诊断，体现了上级对下级企业所进行的督促、检查、帮助和指导。例如，结合企业整顿，开展活动，帮助企业实现扭亏为盈等。此外，企业的利益相关者，如与企业进行交易的另一方、银行信贷部门、协作单位等，为了确保自己的利益，而对企业进行的诊断，也属于指令性诊断。

自发申请诊断，是指企业根据自己的需要，主动向企业诊断机构申请,邀请诊断人员对企业进行诊断。这是一种需要付费的诊断,是企业依靠社会力量提高素质的自觉行动。

三、企业诊断的内容

企业诊断的内容因诊断类型不同而有所侧重,但总体上包括分析和实施指导两方面的内容。

(一)诊断分析

即从企业整体出发,对企业经营管理概况、外部环境和内部条件进行分析,找出存在的问题,查明问题的原因,提出改善方案,具体包括以下内容:

(1)企业概况分析。它是指对企业几年内的生产经营状况、各项技术经济指标进行定量和定性的分析,如对生产、销售、财务、物资、劳动、工资等方面的分析,通过分析,了解企业经营管理的现状,找出企业成长、衰退的原因,为制订改善方案提供依据。

(2)企业外部环境分析。企业所处的外部环境,包括自然环境、经济环境、技术环境等,外部环境分析主要是通过对这些因素的调查分析,制定出适应这些因素的措施。

(3)企业内部条件分析。它主要包括企业的经营方针,经营思想,管理组织,领导者状况,人、财、物各要素和企业发展能力(如市场开发、产品开发、信息反馈能力)等内容。

(二)实施指导

即通过诊断分析,对提出的企业改善方案的实施进行指导。这是企业经营诊断的一个重要内容。在实施过程中,诊断人员要亲自深入企业,以不同的形式给予指导,协助企业圆满地完成方案的实施工作。

四、企业常见病的诊治

(一)企业常见病的症状

人处于病态,往往有各种反应和症状,比如血压升高、体温升高、四肢无力、消化不良等。同样,企业在生产经营活动中一旦潜伏着危机,也会和人一样有一定的前兆。企业病态的主要症状表现为:自有资金不足,靠借贷进行简单再生产;过度的设备投资,造成资金呆滞;资金外流,流动资金周转困难;企业做出经营决策需要的时间较长,往往失掉良机,或者多次出现错误决策;缺乏创新和开拓精神;产品质量下降,产品在市场上滞销等。

(二) 企业常见病的种类

1. 企业衰退症

企业衰退症是指企业的生产经营形势每况愈下,收益逐渐减少或处于停滞不前的状态,企业失去或基本失去扭转被动局面的能力,其主要症状表现为:生产增长率低于同类企业平均水平;市场占有率逐渐降低;资金利润率低于银行借贷利率;人均利润下降;产品成本不断上升;劳动生产率低于同类企业的平均劳动生产率;财务状况不佳,长期负债经营,生产经营资金匮乏,甚至开不出员工工资;企业组织指挥失灵,协作关系不好。

2. 企业衰败症

企业衰败症是指企业长期处于亏损状态,濒临破产边缘,其症状表现为:连年亏损,入不敷出,维持再生产困难,负债接近或已超过资产;员工士气低落,管理基本处于瘫痪状态;开工不足,产品积压或原材料严重短缺。

3. 企业短期行为病

所谓短期行为病,就是企业追求利润最大化,甚至在损害长期利益的情况下追求近期利润目标的实现。短期行为病是目前企业的常见病、多发病,其病症主要表现为:利润动机急剧强化,追求利润最大化已经成为企业行为的最直接动因,为获得利润不择手段地拼人力、拼设备,进行"掠夺式经营";企业在处理积累和消费的关系上,往往过多地(或优先地)考虑消费问题而忽视企业的积累问题,在人才开发方面,只重视使用而忽视培养提高;企业缺乏长远的战略目标,抱残守缺,只求近期效益,不顾引进新技术、开发新产品,得过且过,企业缺乏后劲;企业投资重搞短期项目,担心投资会影响近期利益的取得,因此不敢越雷池半步,不愿对长期有利的项目进行投资,甚至借故拒绝投资。

（三）企业常见病的诊治方法

企业经营管理系统的疾病，类似人体系统的疾病，如企业领导班子严重内耗，类似人体中枢神经的疾病；企业资金周转慢，类似人体血液循环系统患病；企业产品滞销，类似人体消化系统患病。为此，诊断人员应运用系统分析的方法分析病因，针对病因，对症下药。具体诊治方法有以下两种：

（1）自我完善法。指企业完善经营机制，练好内功，增强抵抗疾病的能力，依靠自己的力量解决企业问题的方法。

（2）扶助法。指企业主管部门和有关经济管理部门，用扶持的办法帮助企业治病。这种方法主要是通过引导和指导形式，帮助企业端正经营方向，改善企业管理，纠正不合理的企业行为，促进企业健康发展。

五、企业经济效益评价

讲求经济效益，就是指在一定的条件下，用一定量的投入获得较大的产出，或者说以较小的投入获得同样多的产出。可见，提高和讲求经济效益就是节约劳动时间。在市场经济条件下，投入与产出的比较，主要是价值形态的比较。提高经济效益，主要表现为同等条件下盈利的增加。按照建立现代企业制度的要求，财政部在1995年推出了一套企业经济效益评价指标体系。

1. 销售利润率

销售利润率是企业利润总额与企业销售收入净额的比率。它反映企业销售收入中为社会劳动新创造价值所占的份额。

$$销售利润率 = \frac{利润总额}{产品销售净收入} \times 100\%$$

该项比率越高，表明企业利润在销售收入中所占份额越多，为社会新创造价值越多，贡献越大，企业增收节支、增产增收、创造利润的能力也越强。反之，该项比率如果过低，甚至为零或者负数，则说明企业获利能力较差，甚至出现亏损。

2. 资产报酬率

资产报酬率也称资产收益率或投资报酬率,是企业在一定时期内的净利润与资产总额的比率。

$$资产报酬率 = \frac{净利润}{资产总额} \times 100\%$$

这一指标值越高,说明企业资产获取的报酬越多,企业的盈利能力越强;反之,则说明企业盈利能力越弱。

3. 资本收益率

资本收益率表示投入资本金所能获得的利润额。它是考核、评价企业获利水平高低的一个综合性经济效益指标。它的值越大,表示企业的获利能力越强,而且通过数年资本收益率的变动趋势,可以了解企业发展前景,预测未来获利水平,通过利润总额的构成变动对获利能力的影响分析,可抓住获利关键,指出企业的获利重点。

$$资本收益率 = \frac{净利润}{实收资本} \times 100\%$$

实收资本是企业实际收到投资者投入的资本总和,包括国家投资、其他单位投资和个人投资等。

4. 资本保值增值率

$$资本保值增值率 = \frac{期末所有者权益总额}{期初所有者权益总额} \times 100\%$$

该指标反映了所有者投入企业的资本的保值增值情况。

资本保值增值率等于100%,为资本保值;资本保值增值率大于100%,为资本增值。

5. 负债比率

负债比率又称资产负债率,是企业负债总额对资产总额的比率。它表明企业资产总额中,债权人提供资金所占的比重。这一比率越小,表明企业的长期偿债能力越强。

$$负债比率 = \frac{负债总额}{资产总额} \times 100\%$$

负债比率也表示企业对债权人资金的利用程度。如果比率较大,从所有者来说,仅利用了少量的自有资本,运用了较多的债务,在经营状况良好的情况下,可获得较多的财务杠杆利益,但同时也承担了较大的财务风险。但如这一比率过大,则表明企业的债务负担重,企业的偿债能力缺乏保障,债权人的权益存在风险,一旦资产负债率超过100%,则说明企业资不抵债,有濒临倒闭的危险,债权人将遭受损失。

6. 流动比率

流动比率是指企业流动资产与流动负债的比率。

$$流动比率 = \frac{流动资产}{流动负债} \times 100\%$$

这一比率是衡量企业短期偿债能力通用的指标之一。它表明企业单位流动负债有多少单位流动资产作为偿还保障。一般说来,流动比率越高,说明企业偿还流动负债的保障系数越高,短期偿债能力也就越强。但事实上,流动率并非越高越好,如果流动比率过高,则可能是滞留在企业流动资产上的资金过多,从而可能影响企业的生产经营能力;另外,流动比率过大,也可能是存货积压或滞销的结果;还可能是企业管理当局为装饰门面,而有意包装伪造这一比率。例如,故意把接近年终时要进的货,推迟到下年初再购买,或者年终故意把借款还清,等到下年初再大量举债等。按照国家惯例,流动比率达到2∶1左右才表明企业财务状况较为稳妥。

7. 速动比率

速动比率是指企业速动资产与流动负债的比率。

$$速动比率 = \frac{速动资产}{流动负债} \times 100\%$$

速动资产=流动资产-存货-预付账款-待摊费用

这一比率用以衡量企业流动资产中可以立即用于偿付流动负债的财力。速动比率可用作流动比率的辅助指标。有时企业流动比率虽然较高,但流动资产中易于变现、可用于立即支付的资产很少,则企业的短期偿债能力仍然较差。因此,速动比率更准确地反映了企业的短期偿债能力。根据经验,一般认为速动比率为1∶1较为合适。它表明企业的每1元流动负债,都有1元易于变现的资产作为抵偿保障。如果速动比率过低,说明企业的偿债能力存在问题;但速动比率过高,则又说明企业因拥有过多的货币性资产,而可能失去一些有利的投资和获利的机会。

8. 应收账款周转率

该指标是反映企业应收账款流动程度的比率。它是反映企业资金运用能力的资产周转指标。

$$应收账款周转率 = \frac{赊销净额}{平均应收账款余额} \times 100\%$$

应收账款周转率可用来测验企业利用信用开展销货业务的松紧程度,评价企业对客户的收款效率和客户的偿债能力。若应收账款周转率过高,说明企业信用条件过严,没能扩充信用范围,会对销售业务不利;若过低,则信用条件过松,表明收款效率不高或客户的支付能力薄弱。

9. 存货周转率

存货周转率是产品销售成本与平均存货额的比率。

$$存货周转率 = \frac{产品销售成本}{平均存货额} \times 100\%$$

存货周转率表示在一定期间内,从存货转为应收账款的速度,即企业存货转为产品销售出去的速度。该指标的大小既可以反映企业的产品推销水平和销货能力,又可以验证现行存货水平是否适当。

10. 社会贡献率

该指标是衡量企业运用全部资产为国家或社会创造或支付价值的能力。作为社会主义国家的企业,除了评价企业盈利水平高低、财务状况好坏外,还必须衡量企业对国家或社会的贡献程度大小。

$$社会贡献率 = \frac{企业社会贡献总额}{平均资产总额} \times 100\%$$

企业社会贡献总额,即企业为国家或社会创造或支付的价值总额,包括工资（含奖金、津贴等工资性收入）、劳保退休统筹及其他社会福利支出、利息支出净额、应缴增值税、应缴产品销售税金及附加、应缴所得税、其他税收、净利润等。

11．社会积累率

该指标是衡量企业社会贡献总额中有多少用于上缴国家财政。

$$社会积累率 = \frac{上交国家财政总额}{企业社会贡献总额} \times 100\%$$

上缴国家财政总额包括应缴增值税、应缴产品销售税金及附加、应缴所得税、其他税收等。

如何全面、客观、公平地评价企业经济效益情况,关键是要掌握评价的方法。经济效益指标体系的评价方法和步骤如下：

首先,对这些指标分别确定标准值。一般来讲,标准值的确定应参照以下两个方面：一是适当参照国际上通行的标准,如流动比率为200%、资产负债率为50%。但考虑到我国企业整体效益水平偏低,与国际上发达国家的企业差距较大,国际通行的标准值仅能是一个参考依据。二是我国企业在最近3—5年的行业平均值。综合上述两个因素,目前应以我国企业各项财务指标的行业平均值作为标准值。

其次,根据指标的重要程度,确定各项指标在标准值下的权数比分。假定10项经济效益评价指标在标准值下基本分数总和为100分,各指数的权数比分依次定为：销售利润率20分,总资产报酬率12分,资本收益率8分,资本保值增值率10分,资产负债率10分,流动比率(或速动比率)10分,应收账款周转率5分,存货周转率5分,社会贡献率12分,社会积累率8分。

最后,根据企业财务报表,分项计算10项指标的实际值,然后加权平均计算10项指标的综合实际分数,计算公式如下：

$$综合实际分数 = \sum 权数比分 \times \frac{实际值}{标准值}$$

需要说明的是,用这种方法进行评价必须一一计算各项指标的分数。遇有异常值时,应规定一个上下限,或对该指标进行调整,然后确定企业经济效益的综合实际分数值。

 复习与思考

主要概念

利润　企业诊断

复习题

1. 企业利润的构成有哪些?
2. 简述企业利润控制的方法。
3. 简述企业诊断的作用及诊断程序。
4. 简述企业经济效益指标体系的内容。

第九章 现代企业管理中的伦理问题

 学习目标

完成本章学习后,你应该能够:
- 了解企业与消费的关系
- 了解环境伦理的基本原则
- 理解企业与员工之间的伦理问题
- 理解企业产品、定价、促销中的伦理问题
- 掌握企业对员工的伦理责任
- 掌握员工对企业的伦理责任
- 掌握消费者信任的建立
- 掌握可持续发展与企业共同责任

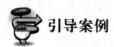 **引导案例**

城市灰霾天

2008年3月10日至11日,广东省出现大范围灰霾天气,气象部门发布了灰霾预警信号。刚刚过去的2007年,深圳灰霾天气达231天,2006年是164天。

中国已成为世界上大气污染最严重的国家之一,国际通行的衡量

空气污染的标准,是测量每立方米空气中所含的悬浮微细粒子。世界卫生组织的标准是 20 微克。中国只有 1% 的城市居民生活在 40 微克的标准以下,有 58% 的城市居民,生活在 100 微克标准以上的空气中。广州也达到 100 微克。相比之下,纽约才二十几微克。

"过去,很多人都只知道雾,而不知道霾。本来雾主要是由水滴组成的,而霾主要是由干粒子组成的,不过现在雾和霾已纠缠在一起了。"中国气象局培训中心王强教授说,"我们在北京看到的这个过程有比较明显的周期性,在稳定的天气条件下,随着排放的污染物浓度越来越大,霾就会越来越重,由于霾是干的气溶胶粒子,如果水汽增多,就会凝结变成雾滴,霾就是由一个逐渐的积累过程转化成雾的。雾形成了以后,经太阳一晒,即使水滴蒸发了,霾却还留在空气里,所以雾又转化成了霾。"雾和霾的转化,对近地面层的结构产生了很重要的影响,使得雾和霾的转换能长久地持续下去。如果污染物不断地积累,浓度也会越来越高,那么对人的危害也会越来越大。

在王强教授眼里,雾在变黑。"里面的化学污染物对人体的损害非常大,它更反映了城市污染的真实情况。"国家环保部环境规划院的赵越博士,对 2004 年 1 月至 2005 年 9 月北京市 8 个城区、近郊区的死因数据、大气污染和气象数据进行分析,得出结论:大气污染对北京市民的两大疾病——呼吸系统疾病和心血管系统疾病——造成的死亡率影响,分别为每天增加 41 人和 59 人,过早死亡的经济损失分别为 2 550 万元和 3 691 万元。

2005 年初,国家环保总局在全国 10 个省市启动了绿色 GDP 试点工作,然而以环境核算和污染经济损失调查为内容的绿色 GDP 受到地方的普遍抵制,不少省份要求退出核算试点。由于工厂不支付与污染相关的成本,因此中国出口产品价格尤其低廉。有些国际企业"国内一套、国外一套",用双重标准对待污染问题,说明我们自己的标准过低,处罚太轻,监管不严。

据《大气污染防治法》,大气污染事故罚款最高限额为 50 万元;据《环境影响评价法》,违反环评擅自开工建设罚款上限 20 万元。不要说与跨国公司在本国动辄上亿元的污染罚款相比,就是在中国本土而言,违法成本也远低于守法成本。而在国外,一家企业要是超标排放,当地环保部门、法院、媒体、一些环保组织、社区、员工都会采取行动来阻止企业的这种行为。在国外各种因素都在制约企业的表现,而中国现在还没有形成制约企业污染排放的强大力量,其中部分原因是公众缺乏获取环境信息的有效渠道。

第一节 企业与员工关系中的伦理

企业与员工间的伦理,即指企业与员工相处过程中应当遵守的道理,是处理企业与员工之间关系应有的道德规范和准则,也包括员工个人对企业组织应有的道德规范和准则,是一个双向的关系。企业与员工的伦理问题既包括不符合伦理规范的企业行为,也包括企业内部员工违背社会道德的个人行为;既包括企业对员工的伦理失范行为,也包括员工对企业的伦理失范行为。在这里,我们都统称为企业与员工的伦理问题。

一、企业与员工之间的伦理问题

(一)企业与员工伦理问题的主要表现

企业与员工的伦理问题的表现形式众多而且复杂,主要包括企业内部的不正当交易、泄漏商业机密、侵犯员工隐私、性骚扰、员工安全隐患、员工歧视,以及员工与上级之间的行贿、受贿、员工欺骗、偷盗等。这几年,随着我国资本市场的蓬勃发展和劳动者维权意识的提高,企业员工的欺诈和内幕交易、员工待遇和员工安全成了广受社会关注的企业伦理问题。

1. 员工的欺诈行为

企业内部员工对企业的欺诈往往因其熟知企业的规则和防范体系而具有更强的隐蔽性,同时由于潜伏的时间长而容易造成更大的破坏性。内部欺诈已逐渐成为当前企业尤其是银行等金融企业的防范重点。员工欺诈是一种主动与企业对抗、与集体意志背道而驰的不道德做法,是以牺牲企业所有员工利益为代价的一种赌博行为。如 2008 年 1 月份曝光的法国兴业银行受骗损失 49 亿欧元的案件中,交易员盖维耶尔正是利用自己对后台电脑系统的熟知来藏匿自己的不轨行为。对于这家创建于拿破仑时代、经历了两次世界大战并最终成为法国商界支柱之一的机构而言,此次蒙羞很可能是致命的。

2. 员工的内幕交易

内幕交易是指企业内幕人员和以不正当手段获取内幕信息的其他人员违反法律、法规的规定,泄露企业内幕信息,根据内幕信息买卖证券或者与外人勾结买卖证券的行为。内幕交易行为人利用其特殊地位或机会获取内幕信息进行证券交易,达到获利的目的。内幕人员的这种不道德行为违反了证券市场"公开、公平、公正"的原则,侵犯了投资公众的平等知情权和财产权益,给企业的社会声誉造成了不可挽回的负面影响,不仅直接损害了企业投资人的利益,也使企业的其他员工承受了巨大的精神压力。这种丑恶的行为反映出的是少数员工的利欲熏心,企业组织不过是他们为个人牟利的工具,完全失去了对企业应有的责任心。如 2007 年国内 A 股市场的杭萧钢构内幕交易案中,杭萧钢构证券事务代表与公司离职人员里应外合进行证券内幕交易,严重扰乱了证券市场,损害了企业的社会公信度。

3. 员工待遇问题

目前,"员工待遇低"已成为外国消费者抵制"中国制造"的主要借口之一,以前价廉物美的中国商品形象受到质疑,反倒被指为"血汗工厂"的产物。近几年,珠三角、闽东南地区相继出现的"民工荒"现象同样反映出国内劳动工资水平长期低水平徘徊,劳动者权益缺乏保障的问题。用工不规范、劳动者权益受到侵害是导致我国局部地区用工短缺的重要因素。2005 年底深圳市在企业工资发放情况大检查中,发现欠薪企业 653 家,占被调查企业总数四成以上,涉及员工 10 万多人次,欠薪总额达 1 亿多元。

4. 员工安全问题

员工安全,狭义上是指企业应确保员工的工作环境安全,工作环境中的事物不会对员工的身体或心理造成危害,而广义上还包括员工持续地具有胜任某项职务或工作的能力。员工安全问题在实际生活中屡屡出现,严重地危害着雇员的身心健康。如20世纪20年代美国曼维尔公司就为了保证其盈利水平,故意隐瞒其主营业务——石棉生产对员工可能造成的严重的身体危害,也没有采取任何安全措施以减少这种危害,从而导致大量的工人由于吸入石棉纤维而患病甚至死亡。员工安全问题体现的是企业对员工生命和健康的保障,是企业对员工的一种责任。

(二) 出现伦理问题的主要原因

企业伦理问题的出现涉及环境、组织和个人等多方面的原因,其中与企业相关的原因主要可归为以下几点。

1. 企业及员工的伦理意识比较淡薄

目前,我国制造业处在全球价值链的低端,产品竞争靠的是资源优势,包括劳动力价格的低廉,企业经营的行为短期化,不少企业无心顾及对员工、对环境、对社会应有的责任。

2. 企业缺乏对员工的伦理教育

由于大多数企业都是以最大化创造利润为导向的,企业通常会注重对员工工作技能和经验的培训,以提高员工的工作效率和效果;但对员工思想品质方面的培训则非常少,一方面是认为伦理教育对企业增加利润难以见效,不愿意投入金钱和时间;另一方面是担心员工的伦理意识提高了之后,会对企业提出更多更高的要求。

3. 企业内部缺乏相应的伦理惩罚机制

从经济人的角度看,不论是企业还是员工,其最基本的目的就是获得利益。因此,企业或个人在决定和选择自己的伦理行为时,必然会同时考虑行为发生所伴随的成本和收益,进而权衡得失。这就需要企业内部建立起伦理赏罚机制,增加伦理行为的收益,同时增加反伦理行为的成本,从而促进个体行为符合伦理要求。

二、企业对员工的伦理责任

当前国际上普遍认同的企业社会责任理念是:企业在创造利润、对股东利益负责的同时,还要承担对员工、对社会和环境的责任,包括尊重商业道德、生产安全、职业健康、保护劳动者的合法权益、节约资源等,最终实现企业的可持续发展。具体而言,企业的社会责任主要体现在对环境、投资者、员工、顾客、社区等方面的责任。

一般来说,企业对员工的责任主要包括法律层面的雇主责任和道义层面的雇主责任。

1. 法律层面的雇主责任

法律层面的雇主责任是企业作为法人组织所必须承担的责任,具有法定性和强制性,企业履行社会责任不分时间、地域,跟企业的发展阶段没有必然的联系。

雇主责任是以雇佣关系为前提的一种民事责任。雇主责任包括两个方面的内容:一是雇主对雇员在从事雇佣活动时所受损害应承担的民事责任;二是雇主对雇员在从事雇佣活动时致第三人损害时应承担的民事责任。

2. 道义层面的雇主责任

道义层面的雇主责任则是属于道德性质的企业责任,它不像法律层面的雇主责任那样具有法制性和强制性,而是企业的自愿行为。道义层面的雇主责任的最主要表现形式就是对员工的伦理关怀。

总体而言,企业对员工的责任主要体现在以下四个方面:

第一,营造一个良好的工作环境,尊重员工的生命权。工作环境的好坏直接影响到员工的身心健康和工作效率。企业不仅要为员工营造一个安全、关系融洽、压力适中的工作环境,而且要根据本单位的实际情况为员工配备必要的设施。严防安全生产事故,为职工提供安全、健康、卫生的工作条件和生活环境,保障职工职业健康,预防和减少职业病和其他疾病对职工的危害等相关内容,已被写入"社会责任国际标准(SA8000)"。

第二,保障员工就业。承担社会责任的企业首先应该对职工的就业保障负责,提供持久稳定的工作岗位。索尼公司对每一个新进入的员工都要讲述一个传统故事:在公司艰难创业时期,一个美国大买主曾经要负责美洲业务的盛田昭夫分别报订购 5 000 台、1 万台、3 万台、5

万台和10万台收音机的单价。一般说来,总是订货越多单价越低。但盛田昭夫经过计算之后却报了一个奇怪的单价:5 000台是常规价,1万台要给折扣,3万台价格开始上升,5万台的单价居然高于5 000台,10万台的单价最高。所有的人都大惑不解。盛田昭夫解释说,要是我们签了10万台的合同,就得建新的工厂、购进设备和招聘工人,如果第二年签不到续订合同,公司就会陷入困境。他郑重声明:"在日本,我们不能按订货的上升和下降来聘请员工和解聘员工。我们对员工负有长期的义务,员工对我们也是这样。"索尼的员工一开始接受的不是"感恩教育",而是"责任教育"。尤为重要的是,他们的"责任教育"是对等的。身处这样的企业文化之中,员工首先想到的不是解聘的危机,而是基于被认同、被尊重而产生的骄傲、自豪和承担义务的慷慨。

第三,定期或不定期培训员工。有社会责任的企业不仅要根据员工的综合素质,把他们安排在合适的工作岗位上,做到人尽其才、才尽其用,而且在工作过程中,要根据情况的需要,对他们进行培训,这样做既满足了员工自身的需要,也满足了企业发展的需要。要想使企业继续发展,不但要创造好的工作环境,还要对他们进行定向培训,给他们应得的待遇,真正做到以环境留人,以待遇留人,以感情留人。

第四,维护员工的合法权利。我国《劳动法》明确规定,"劳动者享有平等就业和选择职业的权利、取得劳动报酬的权利、休息休假的权利、获得劳动安全卫生保护的权利、接受职业技能培训的权利、享受社会保险和福利的权利、提请劳动争议处理的权利以及法律规定的其他劳动权利"。应该认识到,法律规定工人应享有的最基本的权利,也是企业应履行的最基本的义务,是每一个企业必须遵循的社会责任的底线。

对我国多数企业而言,履行社会责任拥有光荣传统,"全心全意依靠员工办企业"的方针,就是对企业提出的政治责任、社会责任。随着《劳动合同法》《就业促进法》等相关法律的实施,强化企业社会责任更是大势所趋。面对经济全球化,对职工负责、对社会负责、对生态环境负责,将成为中国企业未来发展的主流。

三、员工对企业的伦理责任

企业要想成就百年基业,责任必须贯穿始终。在强调企业对员工履行责任的同时,也必须重视员工对企业应尽的责任。只有企业责任而不谈员工责任的企业不可能成为一个健康向上、士气高昂的企业。正所谓"天下兴亡,匹夫有责",企业的兴衰,每位员工都有责任。在世界500强的企业中,"责任"是最为关键的理念和价值观,同时也是员工的第一行为准则。

员工的责任感要求员工具有做出承诺、遵守承诺并为之负责的"主人翁"精神,要求员工在现在或者将来为自己的承诺付出努力,而不是被动地对已发生的事情进行解释。具备这样的责任感,员工就能够帮助自己、协助他人尽一切努力去克服困难,实现企业的目标。具体而言,员工履行对企业的责任主要包括以下几个方面:

首先是正视困难,不回避困难。员工要有勇气正视当前面临的形势,不论这种形势看起来多么严峻。做不到这一点,员工将无法对面临的现实问题作出有效的回应。在绝大多数困局之下,员工的头脑里清楚地知道,承认现实意味着他们必须作出某种改变,而大多数员工都会惧怕甚至抗拒这种改变。这种改变往往始于选择从不同的角度看待当前的形势,也常常意味着需要承认自己犯了某种错误,或者自己本可以做更多的事情,但却没有这样做。要想实现突破,往往需要员工与以往的行为或态度决绝。这意味着任何感觉受到伤害的人都必须尽快忘记伤害,正视现实。

其次是敢于对结果负责。不少员工常常视困境为偶然,但处于顺境时,却自然而然地邀功请赏。主人翁精神不应取决于当前所处的形势。如果你有选择地为某些情况承担责任,却拒绝为其他情况承担责任,就不可能培养出真正的责任感。这种偶发的责任感不仅有碍他人对其面临的形势负责,也将使他们深陷受害者循环。利维•斯特劳斯公司CEO哈斯指出,员工敬业和满意是企业强大的基础。他说:"你必须创造一种环境,让每个人都觉得自己是公司的代表。如果员工不知道公司主张什么,没有最出色地完成交易的意愿,公司注定要栽跟头。"

最后是强调执行。员工责任感意味着愿意为实现预期结果承担所有责任，并着手完成。强调执行能够赋予员工责任感，使员工勇于不仅为各种活动、情境或感受承担责任，也为取得预期的结果承担责任。当员工将责任感的理念与取得更好结果这一目标相结合时，就为个人及企业的行为树立起了一盏指路灯。

第二节 企业与消费者关系中的伦理

企业与消费者之间本是平等互利的关系，然而，为了在短期内获取更多的利润，企业往往利用其信息优势或资源优势在产品、定价、促销等方面对消费者采取缺乏道德的行为，这些行为使消费者的权益受到侵害，使消费者对企业产生不信任感。我们有必要从企业的自律、社会的约束和企业与消费者的互动等三个方面入手，提高企业的道德伦理水平，重建消费者的信任。

一、企业与消费者的关系

在现代激烈的市场竞争中，有些企业日益发展壮大，有些企业却由强变弱甚至消失了。其中的原因是多种多样的，有的是因为宏观经济环境变动的影响，有的是因为财务管理或资本运作的问题，而企业如何对待和处理与消费者的关系无疑是最重要的因素之一。一般而言，企业与消费者的关系包括经济关系、法律关系和伦理关系，在这三者中，以经济关系为主，而通过法律和伦理进行调整，且伦理的重要性日益上升。

（一）企业与消费者的经济关系

企业生存与发展的前提是获得合理的利润，而这种前提只有在企业输出的产品和服务被广大的消费者认可和购买后才能实现。从这个角度出发，企业在市场中的竞争本质上也就是要更有效地争取更多的消费者。因此，企业必须通过市场调研充分了解消费者的欲望与需求，在此基础上，研发和生产符合市场预期的商品，并运用合适的定价策略和促销策略扩大市场份额。同时,随着科学技术的进步、经济的快速发展和人们生活水平的提高,消费者的需求也在不断变化,如对产品和服务的要求越来越高、偏好越来越多样化和个性化等。企业应该紧跟上述趋势,不断改革和创新,在综合衡量成本与收益的基础上,有选择地满足这些变化的需求。

从消费者视角看,消费者的大部分物质需要和一些精神需要也只有通过购买企业的产品和服务才能得到满足,如家具、汽车、电脑、电影和书籍等。因为随着专业化分工的不断深化,企业逐渐取代个人和家庭而承担起生产者的角色,个人只是从属于某一个组织而从事社会化生产,只参与某种产品整个流程的某一部分甚至某个零件的生产。因而,单个消费者无法通过自给的方式满足自己日常生活中的各种需要,只有通过购买企业的产品和服务才能提高生活质量。

综合上述分析,企业和消费者实际上是一种交换关系,消费者通过企业获得各种生活需要的满足,企业通过为消费者提供产品和服务获得利润。然而,在这种交换中,企业和消费者的地位不是对等的,企业往往拥有更多的优势,有可能实行夸大、隐瞒和欺诈等不法和不道德行为,需要通过法律和伦理进行规范。

(二)企业与消费者的法律和伦理关系

在现代社会,企业被越来越多地要求对环境和慈善等问题发表看法和采取行动,企业的社会责任问题已经成为热点。这当然是企业发展中的必然要求,但这并没有否定企业的本质是经济组织,盈利是企业生存和发展的前提。在商品日益丰富的背后,是企业之间竞争的白热化,企业盈利与企业激烈竞争之间存在着严重的矛盾,这种矛盾容易使企业通过不正当手段去获取利益。

而且,企业和消费者之间存在事实上的信息不对称,使得企业在信息优势和生存发展压力的双重作用下,极可能通过有意误导、夸大事实、故意隐瞒和蓄意欺诈等方式谋求竞争优势。因此,需要通过法律和伦理调整企业与消费者的经济关系,保护消费者的正当权益。

1993年10月31日第八届全国人民代表大会常务委员会第四次会议通过的《消费者权益保护法》对消费者的权利和企业的义务作了具

体的规定。然而,法律不是面面俱到的,在法律的范围外,还存在着"灰色地带"。面对企业的欺诈、以次充好、短斤少两等行为,许多消费者也不愿意耗费大量的时间、精力和金钱对企业进行诉讼。但这并不意味着消费者毫无办法,由于可供消费者择的替代产品和服务越来越丰富,消费者可以对不满的企业"用脚投票",拒绝购买该企业提供的产品和服务。这实际上已经直接影响到了企业的生存和发展。如果企业背离与消费者交换的伦理原则,也许短期内会获得更多收益,但长期来看无异于"杀鸡取卵",企业将最终因为失去消费者而走向衰败甚至消亡。因此,能否用讲伦理的方式恰当处理与消费者的冲突对企业的成败越来越重要。事前防范、事中处理和事后总结这些伦理问题,对于企业维系老顾客和发展新顾客起着不容忽视的作用。

二、产品中的伦理问题

(一)产品定位中的伦理问题

企业的产品是以满足消费者的需求为目的的,无论"顾客永远是对的"还是"顾客是上帝",抑或"顾客是亲人",这些观念都是要求企业无条件满足顾客的需求。这些市场营销观念相对于企业为中心的生产观念、产品观念和推销观念是巨大的进步。然而,与当今环境变化吻合的社会营销观念告诉我们,企业的任务是确定目标市场的欲望和需求,并以保护或提高消费者及社会福利的方式,比竞争者更有效地满足目标市场的期望。也就是说,企业的产品定位不仅要考虑满足消费者的需求,也要考虑其他利益相关者的利益和公共利益。

1. 产品设计中的伦理问题

产品的设计基本上决定了产品的质量、美观及其使用方便性等,在设计过程中,除了秉持科学态度,严格按照自然规律进行产品设计外,设计人员还要遵循一定的伦理准则。而在实际中,为了追求产品的形式美或更多的功能,伦理准则通常被抛弃在一旁。

(1)忽视维护消费者的安全。安全需要是人的基本需要,而企业进行产品设计的根本目的是为了满足消费者的需要,生产出适销对路的产品。因此,产品设计不能只考虑鲜艳的颜色和漂亮的外观,更要注意产品的安全性,以保护消费者的生命财产安全。特别是当产品采用高科技手段时,在设计中更要充分考虑其中可能的隐患,因为知识更新的速度在加快,大多数消费者在这方面的知识会有所欠缺。而很多企业的产品设计对此没有予以足够的重视,或者只考虑比较显性的安全问题,而忽视可能的、潜藏的问题。

(2) 人性关怀缺失。在保证安全性的前提下,产品的设计应该更进一步,要充分考虑消费者的审美特征和使用习惯,使最终产品不仅富有美感,使用时也操作简便、容易上手。设计人员在产品设计中要自觉将技术理性和人文关怀进行结合。在西方兴起的工业设计就是这样一种人文的产品设计理念,它"融合客观规律的科学之真、为人目的的技术之善、赏心悦目的情趣之美于一体,开创了真善美相结合的新产品设计"。

(3) 生态环境保护不足。为了满足消费者多样化的需求,使企业获得更多的收益,现代的产品设计多以新颖多变的形式出现。然而,这种设计是以浪费资源和能源、加剧环境污染和生态破坏为代价来换取消费者一时的喜好和眼前短暂的商业利益的,不具有可持续性,其典型例子就是在 20 世纪后期愈演愈烈的"一次性消费""用后即弃"。这种不计后果的设计浪费之风,不仅破坏了现代人的生存环境,也完全没有考虑子孙后代的资源需要。企业的产品设计应该及时转变方向,注意设计中的环保问题。

2. 产品生产中的伦理问题

产品的质量不仅由设计过程决定,产品的生产过程也是产品质量的重要保证。为消费者提供品质优良的产品不仅是企业获利的手段,也是企业的根本目的和基本的伦理责任。然而在现实中,由于利益的驱动,企业生产中往往出现违背此目的和责任的不道德行为,主要表现为:不进行产品设计,直接以市场的畅销产品为样本进行仿制或者套用他人品牌的行为;在生产中偷工减料、粗制滥造或者原材料以次充好的行为。前者的后果是假冒产品,后者则为伪劣产品。这些产品不仅侵害正当企业的名誉,使它们的利益蒙受巨大的损失,而且不可避免地给消费者和整个社会带来损害,从造成的后果来看,轻则浪费资源和消费

第九章 现代企业管理中的伦理问题

者的钱财,重则使消费者的生命财产受到威胁,甚至会影响整个社会的价值观。

3. 产品包装中的伦理问题

(1) 标签说明不清楚或造假。在产品包装标签中,企业应对产品的生产者、产地、有效期限、使用方法、售后服务、性能、用途、质量、价格、规格、等级、主要成分等内容进行准确清晰的表述,不能缺失或含混不清,更不能含有欺骗消费者的虚假信息。同时,如果产品的搬运、存储、开启、使用等方面有特殊的要求,如易碎或不能倒立等,应在包装上标以醒目的安全警示。然而,不少产品的包装标签上或者故意遗漏一些重要信息、提供虚假信息对消费者进行误导,或者对应有的安全警示不加以标注。

(2) 包装的过度和浪费。在消费主义盛行的大环境下,企业容易追求过度包装。当包装的成本远低于它所带来的社会价值或经济价值时,这种过度的包装只是带来浪费,一般来说,商品包装成本不应超过商品总成本的15%—20%,包装费用若占到总成本的30%以上,即属过度包装。近年来,月饼的豪华包装就饱受批评,这些豪华包装不仅浪费资源、破坏环境,而且使消费者产生到底是"买椟"还是"买珠"的错觉,归根结底,消费者需要的是月饼,而不是要把包装盒买回去欣赏。

三、产品定价中的伦理问题

由于定价行为直接与消费者的经济利益相关,容易受到包括媒体和管制机构在内的社会各界的密切关注,这也使得定价中的伦理问题变得很突出。一般来说,可以将定价中的伦理问题分为四种,分别是垄断性定价、串通性定价、掠夺性定价和欺诈性定价。

(一) 垄断性定价

垄断性定价是指处于自然垄断或行政垄断地位的企业采取远高于产品成本的定价行为,而不是指企业由于最先进入某一市场或产品创新性而采取的高价行为,因为后者的超额利润会吸引别的企业进入,从而使价格不断降低。垄断性定价不仅使产品的供应不足,使消费者的合理需求得不到满足,而且使消费者为了获得这种产品而额外付出,直接损害了消费者的经济利益。在这种垄断背景下,还容易滋生贿赂、拉关系等问题。我国企业现阶段在关系群众切身利益的公用事业价格、公益性服务价格和自然垄断经营的商品价格方面仍然实行政府指导价或政府定价,其中又以政府指导价为主,这就为上述垄断企业制定垄断价格提供了空间,从实际来看,在电信、铁路、民航、燃气、自来水、教育、医疗等领域的定价仍然存在垄断高定价的问题。

(二) 串通性定价

串通定价行为一般通过同行企业之间暗中协商、互换价格信息,将产品的价格固定在统一水平上进行,或者统一默认行业领导企业的定价。因而,串通性定价是一种损人利己的行为,应当受到道德谴责。如据 2007 年 11 月 8 日《第一财经日报》的报道,在成都市医药商会及所属 19 个会员单位的策划下,该商会于 2007 年 8 月 17 日召开理事会,研究并通过了《确定第一批名优药品统一市场零售价的决议》和《成都市医药商会推荐品种违规销售处罚规定》;2007 年 9 月 1 日起,成都市医药商会推荐的 3 种药品统一市场零售价开始在其会员单位及直营店执行。而这 19 家药品连锁机构占据了成都市药品零售市场 90% 的份额,这种串通性定价会对消费者的权益产生怎样的侵害是不言而喻的。

(三) 掠夺性定价

掠夺性定价又称为排挤性定价,是指企业在某个时期内,以低于或接近于成本的价格在某个市场大量销售产品,以达到排挤竞争对手的目的。企业采取这种策略,是想在短期内通过承受一定的损失,迫使其他企业退出,以形成垄断。这种策略不仅妨碍了正常的市场竞争秩序,对消费者的利益也不一定有所裨益,反而可能损害消费者的利益。2005 年,液态奶生产企业爆发激烈的价格大战,一时间牛奶贱如水,使行业平均利润率大为下降,部分中小企业出现生存困难。这些行为不仅妨碍公平竞争,也让消费者在获得短期利益的同时,产生心理困惑。

(四) 欺诈性定价

欺诈性定价是指企业以不正当的价格手段,欺骗消费者并使其经济利益受损的行为,包括虚假价格标示、虚构原价、不履行价格承诺、不标示价格附加条件等。具体表现在:在日常生活中,它们通常以"促销价""优惠价""清仓价"等字眼出现,但实际上是先提高原价,再进行打折,所谓的"优惠价"甚至可能比原价还高;企业囤积居奇,并捏造和散布涨价信息,借机哄抬价格的行为;企业采取抬高等级、短缺数量、以假充真、以次充好等欺诈行为,虽然名义价格没有变动,但价格却被变相提高了。这些行为不但愚弄了消费者,而且侵犯了消费者的知情权。

四、产品促销中的伦理问题

现代商品日益丰富,针对某一特定的需要,消费者可以有多种选择。在这种条件下,企业提供优良的产品和有吸引力的价格,可以使产品接近消费者,但要消费者购买产品,企业还需要与消费者沟通,这种沟通就是促销。企业的促销组合主要有以下三种工具:人员推销;广告;公共关系。在这里主要探讨人员推销中的伦理问题。

推销人员是任何业务拓展的最前沿,他们与顾客进行直接的、单独的接触。一方面,他们是组织提供的产品或服务的拥护者;另一方面,他们要拥护顾客,要竭尽全力让组织的产品或服务迎合顾客的需求。尽管组织和顾客都希望推销人员在某种程度上具有忠诚度,但组织和顾客都希望推销人员有不同的期望,正是这些不同的期望经常使推销人员陷入伦理的两难境地。推销人员在同时面对所属公司和顾客两方面的要求时,经常由于销售工作本身的特性而带来很多伦理问题。

(一)故意误导

在推销活动中,推销人员迫于完成任务的压力或受到高额提成的诱惑,常常利用消费者的知识漏洞,采取夸大产品功能的行为,对产品作出不正确的陈述或虚假的承诺。

(二)高压推销

推销对于推销人员来说需要"愈挫愈勇"的精神,因而,在实际推销中,这些推销人员"永不言败",对消费者纠缠不放,即使消费者已经明确表示不需要他们的产品,他们还是频繁出现在消费者的周围,竭尽全力迫使消费者购买产品。这是一种典型的高压推销方式。另一种表现是,由于消费者在购买时通常面临着不确定性,如这种产品能否满足自己的需要、其他企业的产品是否更好等,需要外在的鼓励才能作出决定。因此，一些推销人员就通过"限时销售"或"限量销售"使消费者产生紧迫感，使他们感觉一旦错过将失去一个好机会，感到该物品物超所值而大量购买他们也许本来用不上的东西。上述两种现象都是推销人员人为地给消费者施加大量的压力，从而剥夺了消费者依靠自身主观判断进行决策的机会，这些行为不可以避免地都涉及了伦理问题，都是典型的不道德行为。

（三）消费者差别对待

消费者差别对待包括两层意思：一是对不同的消费者在服务态度或提供方便性上有差异，如推销人员有时给某些顾客比其他顾客更殷勤的服务、为他们提供快捷的送货和更低的折扣、告知他们销售组织内的变化等，而其他顾客可能没有这些优待；二是对同一消费者在购买前后的态度上有差异，如在消费者购买前面带微笑，而在消费者购买后则爱答不理。

五、消费者信任的建立

消费者信任是指消费者在理性分析的基础上，对企业及其产品和服务所形成的肯定、认同和信赖。影响消费者对企业的信任的因素是多种多样的，不仅包括消费者自身的能力、企业所处行业的整体信誉和宏观经济及文化环境等，还包括企业本身的行为和消费者与企业的互动等。因此，消费者信任的建设、企业伦理道德水平的提高应该从企业的自律、社会的约束等多方面同时进行。

（一）企业的自律

2005年，上海市消费者权益保护委员会的一项调查显示：57.3%的消费者对保健食品广告不相信或半信半疑，中国消费者对食品安全信任度低于50%。2007年，中国消费者协会与搜狐财经频道共同举办的网上问卷调查结果显示，超过2/3的网民对商业广告不信任，并且最近一年来受到过虚假广告的伤害。这些调查表明，企业对自身行为的规范还远没有达到消费者的要求，企业仍需不断加强自身修养及行为的自律。

一个受到社会公众广泛赞誉的企业应该是道德高尚的典范，首先要遵守社会公认的伦理规范,并且建立具有本企业特色的伦理体系,以此来规范企业所有员工的行为。其次,必须广泛进行伦理道德规范和理念的宣传和教育,帮助员工树立正确的伦理观念,避免员工的短期行为。最后,应把伦理方面的系列指标放入员工的绩效考核体系中,根据员工行为是否符合企业伦理给予适当的奖惩。这样不但能及时监督和反馈员工的行为,而且能更好地调动员工按伦理规范和伦理理念指导行事的积极性。

(二)社会的约束

从本质上说,企业是一种经济组织,企业的原始动力就是为了逐利,在实际利益的驱动下,企业很可能实行各种不道德行为,并且将其不道德行为的诱因归于大环境,而拒绝为自己的不道德行为承担道德责任。因此,单纯地依靠企业自律来改善企业的道德伦理水平,不具备完全的现实可能性。社会各界也应积极帮助企业提高其道德伦理水平,重塑或改善消费者对企业的信任。

1. 消费者的努力

消费者的消费习惯、权益保护意识等因素对企业的道德伦理水平有着重要的影响。首先,消费者应树立正确的消费理念,自觉抵制各种不健康消费观念的影响,如奢侈消费和超前消费等,从维护国家、企业及自身利益出发,拒绝购买和使用假冒伪劣产品及污染环境的产品。其次,消费者要提高自身的道德素质,因为消费者在与企业交易的过程中同样需要承担一定的道德责任,消费者的整体素质和道德水平,会在很大程度上影响企业的经营决策及其执行方式的选择。因此,消费者也要从自身做起,提高自己的道德修养。最后,消费者要通过各种途径关注关于消费者权益的报道以及参加消费者权益讲座或培训等,加强对自己权益的了解,同时,不姑息任何企业对消费者权益的侵犯行为,对它们进行道德谴责或诉诸法律。

2. 中介机构的配合

在当前我国处于转型经济条件下,社会上各种价值观交织在一起,大环境相对比较复杂,企业要进行符合道德伦理的经营行为,还需要各种中介机构如行业协会和媒体的良好配合。行业协会应针对本行业的特点，制定相应的营销道德准则以及对非道德营销行为的处罚规则，使诚实守信、公开公平、尊重他人、关爱生命成为每一个企业理所当然的道德取向和行为准则，以规范行业中所有企业的经营行为，维护行业的整体利益。媒介应开展多层次、多形式的企业伦理、营销道德和职业道德教育，提高企业家、企业管理人员和企业基础员工的道德素质。同时，还应大力宣传在企业经营中恪守道德伦理和道德伦理水平较高的企业，为其他后进企业树立样板和典范。

3. 政府的监管

如果说消费者的努力和中介机构的配合在某种程度上还只是"软约束"的话，那么政府的监管则是完全的"硬约束"。政府因素主要包括市场法制体系是否完善，政府对企业违法行为采取何种态度。政府必须立法完善，执法有力，这样才会对企业形成一种强制性遵守的压力；反之，则会给某些企业以可乘之机，加剧企业的非道德行为。

第三节　企业与环境关系中的伦理

一、环境伦理的基本原则

环境伦理的基本原则，是人类重新认识人与自然的关系，将过去那种征服自然、改造自然的态度和做法，转化为尊重自然、保护环境、合理利用自然、对自然尽自己的道德责任的态度和做法。人类在技术进步与生产发展的基础上逐步改造着自然界，改变着人类生存的环境，这是"人之为人"的优势。然而，每一次改造都为人类和自然带来许多的不幸，随着人类生产力水平的不断提高，这种不幸也变得越来越严重。恩格斯早在100多年前就警告过："我们不要过分陶醉于我们人类对自然界的胜利。对于每一次这样的胜利，自然界都对我们进行报复。"工业化的迅速发展，给人类带来了严重的负效应。人类在破坏自然的同时，也破坏了自身的生存环境，成为毁灭自身的"杀手"。

自工业革命以来，人类征服自然的能力大大加强，科学技术的运用

第九章 现代企业管理中的伦理问题

推动了社会经济的迅速发展。然而,与此相伴的环境问题也成为社会的重大问题,其中环境污染问题最为突出,诸如由煤、石油、光化学造成的空气污染,由污水造成的水污染,由工业垃圾及生活垃圾造成的固体污染,由现代交通工具和工业设备造成的噪声污染,由火力发电站和原子能发电站造成的热污染,以及由核能工业废弃物造成的放射性污染等,都严重地破坏了人类赖以生存的自然环境,对人类的健康造成严重危害,同时也制约着经济、社会的进一步发展。

例如,英国的首都伦敦是世界有名的"雾都",由于工业废气聚集在城市上空形成的浓雾积年不散,使得该城市交通事故频繁发生,人们多患有呼吸道疾病。1952年12月5—8日,伦敦上空的浓雾受到反旋气流的影响,温度逆增,致使烟雾中心的三氧化二铁促使二氧化硫氧化,产生硫酸泡沫,凝结在烟尘或凝聚源上形成酸雾,酸雾进入人的呼吸道系统导致发病或死亡,4天内因此死亡的达4 000多人,其中45岁以上的人死亡最多,为平时的3倍,因支气管炎、冠心病、肺结核及心脏衰竭死亡者分别为平时的9.3倍、2.4倍、5.5倍、2.8倍,肺炎、肺癌、流感等死亡率也成倍增长。该事件过后的两个月内,还陆续死亡了8 000多人。这便是震惊世界的"伦敦烟雾事件"。

人类为了生存和发展,物质资料的生产是不可能停止的。社会的不断发展,使人类的物质文明和精神文明程度得到了很大的提高,但现代工业、农业的发展而引发的环境污染也严重影响和制约着人类的发展。一方面,由于人类无节制地向自然索取,消耗和破坏了大量的自然资源,导致资源危机;另一方面,大量的废弃物排入自然环境中,超出自然界的净化和自我修复能力,导致环境污染和生态恶化。

"发展必然付出代价",历来是人类所面临的恒久而常新的社会矛盾现象之一。环境污染问题是现代工业文明的产物,它是技术达到一定水平而又不完善所带来的副产品。要想从根本上解决环境污染的问题,人类必须转变以往以自我为中心的观念,在发展生产、提高自身生活水平的同时,注意生态环境的保护与改善。

经过不断的思考,人们开始放弃人与自然对立的传统观念并提出了新的观点,即人类不应再是世界的主宰,他们只能作为地球生态系统的一分子,参与整个生态系统的活动,人类与其所在的环境共同构成一个相互关联的整体,人类的活动必然要依据整体的法则进行,同时也要受到其所在整体的制约。这种共同的法则与制约不是有形的,而是存在于人们内心世界的伦理道德意识。

这种新的伦理观,首先承认人类是整个生态系统中最有智慧和知识的一部分,是自然的一部分,毁灭了人类赖以生存的环境也就等于毁灭了人类自己;它还承认环境为人类提供的资源是有限的,自然环境的容量是有限的,人类在寻求发展、改造自然的时候也必然要尊重自然。其次,它还承认,环境对人类是公平的,每个人都有享受好环境和开发使用资源的权利,同时,每个人也有保护和改善环境的道德义务。再次,环境与资源不仅仅属于我们当代人,而且更应属于后代人。人类不能不公正地甚至自私地只顾当代人的利益,而应在保证当代人生存和发展的同时,为后代人的生存与发展留下适宜的机会,确保自然资源的持续使用,实现人类的持续生存与发展。最后,人类要及时、坚决彻底地纠正以自然界主人自居,把对环境的破坏性改造当作战胜自然的成果的错误观念,要毫不犹豫地摒弃人类几千年来精心构造的在历史文明之中那些无视自然的愚昧、野蛮的旧的伦理文化观念与陈规陋习,建立起一种新的既符合人类持续生存与持续发展需要,又符合生态环境客观要求的人类与环境的新型伦理道德关系。

二、可持续发展与企业共同的责任

(一) 可持续发展理念

可持续发展理念最早出现于世界环境大会,1972年斯德哥尔摩世界环境大会发布《世界环境宣言》,1992年里约热内卢世界环境与发展大会发布《人类环境宣言》,将环境与人类发展问题紧密地联系在一起。会议通过的《里约热内卢环境与发展宣言》和《21世纪议程》将可持续发展由理论推向行动。经过多年的发展和完善,可持续发展理论也得到进一步丰富。最初的可持续发展理论从单纯的环境保护出发,强调人类对生物圈的合理利用和管理,认识到社会发展需要同步考虑生物因素和经济因素、生物资源和非生物资源基础。人类要保证生物资源既满足当代人类需求,还要满足后代的经济发展需求。因此,保持生物及资源的长期延续成为当时可持续发展的中心议题。

从资源管理的角度看,可持续发展是一种策略,要运用所有自然资源,对人、财、物进行综合管理,以增长人类长期财富和福利。人们需要的是长期持久的繁荣,而不是短暂的浮华。可持续发展在满足当代人需要的基础上,还不能对后代人的需要能力构成危害,不能阻碍他们的发展前途,也无权干涉后代维持和改善其生活标准。因此,可持续发展是受自然环境、生态环境、人类社会、经济发展、政治及社会活动多方面影响的动态发展过程。

(二) 可持续发展目的

一方面,可持续发展要保证目前人类生存和发展的需要,在使用生物及环境资源的同时,保护并帮助其恢复发展,使其处于一种稳定有序状态,人类的生存活动不应当对自然及生物环境产生过大的冲击和影响,更不应该破坏和毁灭它们。它们是人类生存的伙伴和必需品,不论是从生存必需的功利思想出发,还是从伦理道德的同等公平角度出发,人类都不能对其大肆使用而不加保护。对资源有使用的权利,也必然相应有保护的义务和责任。生态环境和自然环境都不能在超负荷情况下长时间运行,人类过度的开发和利用资源对其造成的伤害,使其自我恢复功能遭受重创,可持续发展要对其进行修复和补偿。

另一方面,可持续发展强调了时空的公平合理性。时间方面,当今人类的发展不能以牺牲后代的利益为代价,他们的生存发展权利不容剥夺,他们应该拥有与我们现在一样的发展环境,而不是被我们破坏的满目疮痍的世界,他们本应该在我们发展的基础上继续更好地发展,而不是为我们的私利而付出收拾残局的代价。我们对后代应有这种责任,不仅为他们提供生存的机会,还要为他们提供生存的空间和资源。从空间上看,可持续发展强调的是一种公平的和谐发展,世界发展数百年来都处于一种不稳定、不和谐的状态,尽管近代人类社会创造了大量的现代文明,但与文明共存的还有大部分地区的落后和贫穷、资源分布的不均、利益分配的不均。可持续发展是共同发展,而不是单方面的可持续。

人类作为自然中的一个组成部分，不是对自然的控制和主导，而是要寻求与其他部分更为和谐融洽地相处发展。寻求人类愿望与生态系统均保持完整的良好状态，生存环境改善，自然环境也向良性循环方向发展。在改进人类生活质量的同时，也提高环境的质量，至少不能给环境增加过多负担，不使其在超负荷情况下运行。在保持自然环境的条件下，尽量提高资源利用效率，减少不必要的消耗和负担，使经济运行发挥最大效益。尽可能多地使用可循环、可回收技术，减少对环境的污染，保持生态本身的稳定性和自主性，不因为人类的经济活动而增加生态环境的负担，不转嫁污染和消耗，达到一种"天人合一"的境界，融人类于自然，返璞归真。

(三) 可持续发展要求

要达到可持续性发展的美好目标，需要坚持几个基本的原则：公平性原则、持续性原则和共同性原则。公平性原则包括代际内公平和代际间公平。代际内公平即空间性的公平，全人类都享有这种公平权利，对于环境的需求和对于环境的责任是同等的。代际间公平是时间性的公平，当代人的发展和享受不以后代人的牺牲为代价，当代人所拥有的，后代人一样应当拥有。持续性原则是指人类社会的发展和进步不能超越生态环境的承受能力，更不可过分地透支使用。资源的永续利用和维护环境的自我更新是实现可持续发展的前提保证。共同性原则是指在维护生态环境稳定问题上，虽然各个国家和地区的目标和实施方法不同，但在保持世界生态环境的稳定、实施可持续发展战略方面都是相同的，都有不可推卸的责任。总的指导原则是全人类都应该共同遵守的。

(四) 实现中国可持续发展，任重道远

1992年世界环境大会发布《21世纪议程》后，国务院决定由当时的国家计委和国家科委牵头组织有关部门、社会团体和科研机构编制《中国21世纪议程》。1994年3月2日，国务院第十六次常务会议审议通过，并定名为《中国21世纪议程——中国21世纪人口、环境与发展白皮书》，成为指导我国国民经济和社会发展中长期发展战略的纲领性文件。《中国21世纪议程》发布以来，我国各级政府从计划、法规、政策、

宣传、公众参与等全方位进行推动,致力于提高全民可持续发展意识,加强可持续发展教育、宣传和普及;制定了预防为主、谁污染谁治理和强化环境管理三大行之有效的基本政策;确定了我国环保的战略方针,经济建设、城乡建设和环境建设同步规划、同步实施、同步发展,做到经济效益、社会效益和环境效益的统一。

 复习与思考

主要概念

  垄断性定价 串通性定价 掠夺性定价 欺诈性定价 可持续发展

复习题

  1. 如何理解可持续发展?

  2. 简述企业与员工出现伦理问题的主要表现及原因。

  3. 企业与员工之间相互的伦理责任有哪些?

  4. 简述企业产品中的伦理问题。

  5. 产品定价中的伦理问题有哪些?

  6. 简述产品促销中的伦理问题。

  7. 简述产品定价中的伦理问题。

  8. 如何建立消费者信任?

参考文献

1. 李海波、刘学华:《企业管理概论》(第二版),立信会计出版社,2005
2. 赵有生:《现代企业管理》,清华大学出版社,2004
3. 苗长川、杨爱华:《现代企业经营管理》,清华大学出版社、北方交通大学出版社,2004
4. 乔瑞中、刘广斌:《企业管理学》,哈尔滨工业大学出版社,2004
5. 王玉:《企业战略管理教程》(第二版),上海财经大学出版社,2005
6. 王绪君:《管理学基础》,中央广播电视大学出版社,2001
7. MBA 必修核心课程编译组:《新产品开发》,中国国际广播出版社,1999
8. 范云峰:《客户不是上帝》,京华出版社,2003
9. 祁小永、王子健、曹怀扬:《新销售业务管理》,企业管理出版社,2004
10. 曾剑、王景锋、邹敏:《物流基础》,机械工业出版社,2003
11. 胡怀邦、郝渊晓、刘全洲、马源平:《现代物流管理学》,中山大学出版社,2003
12. 董金祥、陈刚、尹建伟:《客户关系管理》,浙江大学出版社,2002
13. 徐汉文、霍谰平:《现代企业经营管理》,东北财经大学出版社,2005
14. 朱永法:《企业经营管理》,科学出版社,2004
15. 贾鹤、王永贵:《产品开发与管理:案例、点评、分析》,北京师范大学出版社,2008
16. 甘华鸣:《新产品开发》,中国国际广播出版社,2002

17. 李承霖:《企业物流管理实务》,北京理工大学出版社,2008
18. 新世纪高职高专教材编审委员会:《企业物流管理》,大连理工大学出版社,2008
19. 施志君:《电子客户关系管理与实训》,化学工业出版社,2009
20. 陈羽:"驱动市场导向、顾客知识获取与产品创新绩效的关系研究",华南理工大学博士学位论文,2012
21. 孙玮林:《销售管理》,浙江大学出版社,2004
22. 马刚、李洪心、杨兴凯:《客户关系管理》,东北财经大学出版社,2005
23. 崔介何:《企业物流》,中国物资出版社,2004
24. 肖刚:《现代企业经营决策学》,中国经济出版社,2001
25. 吴之为:《现代推销学》,首都经济贸易大学出版社,2002
26. 李先国:《经营理论与实务》,香港天马图书有限公司,2001
27. 季辉:《现代企业经营与管理》(第二版),东北财经大学出版社,2010
28. 周祖成:《企业伦理学》(第二版),清华大学出版社,2010
29. 徐大建:《企业伦理学》(第二版),北京大学出版社,2009

图书在版编目(CIP)数据

现代企业经营管理概论/袁蔚,方青云,杨青主编. —2版. —上海:复旦大学出版社,
2015.2(2024.1重印)
ISBN 978-7-309-11242-9

Ⅰ.现… Ⅱ.①袁…②方…③杨… Ⅲ.企业经营管理-高等学校-教材 Ⅳ.F270

中国版本图书馆 CIP 数据核字(2015)第 025947 号

现代企业经营管理概论(第二版)
袁　蔚　方青云　杨　青　主编
责任编辑/岑品杰

复旦大学出版社有限公司出版发行
上海市国权路 579 号　邮编:200433
网址: fupnet@fudanpress.com　　http://www.fudanpress.com
门市零售:86-21-65102580　　团体订购:86-21-65104505
出版部电话:86-21-65642845
江苏句容市排印厂

开本 787 毫米×960 毫米　1/16　印张 17　字数 232 千字
2024 年 1 月第 2 版第 14 次印刷
印数 38 201—42 300

ISBN 978-7-309-11242-9/F·2118
定价:36.00 元

如有印装质量问题,请向复旦大学出版社有限公司出版部调换。
版权所有　　侵权必究